심리 조작의   비밀

심리 조작의 비밀

어떻게 마음을 지배하고
행동을 설계하는가

오카다 다카시 지음
황선종 옮김

어크로스

| 일러두기 |

이 책은 2013년 12월에 출간된 단행본 《심리를 조작하는 사람들》의 개정증보판입니다.

자신의 힘으로 세상을 헤쳐 나가기 위해 필요한 것

하지현 건국대학교 의학전문대학원 교수

몇 년 전 출간된 사회심리학자 로버트 치알디니의 《설득의 심리학》은 대단한 베스트셀러였다. 수십만 권이 팔렸고, 당시 지하철에서도 심심치 않게 책을 들고 있는 사람들을 만날 수 있었다. 정신과 의사인 나도 당연히 읽어보았다.

그런데 상당히 전문적인 내용이라 누구나 손쉽게 소화할 수 있는 만만한 책이 결코 아니었다. 그런데도 많은 사람들이 이 책을 사서 읽으려고 노력했다. 나는 거기서 사람들의 욕망의 속내를 봤다. 누군가를 설득하고 싶다는 욕망, 또 괜히 설득당하고 후회하지 않겠다는 강한 결의를 말이다. 그만큼 사람들은 인간관계에서 타인의 마음을 얻어 내 것으로 사용하고 싶어 하면서도, 한편으로는 타인에게 조종당할까 불안해한다.

이 책은 《설득의 심리학》과 같이 보편적인 사회심리학의 내용을 담고 있지는 않는다. 그보다 테러, 컬트적 종교 집단, 고문, 전체주의적 정치집단과 국가, 최면술과 정신분석 등 흔치 않고 비정상적인 극단적 상황과 이때 사용되는 기법을 분석한다. 그러한 분석을 통해 사람들 사이에 일어나는 심리 조작술의 실체를 보여준다.

병리 현상을 잘 보면 생리적 메커니즘에 대한 통찰을 얻을 수 있다. 평소에는 어떻게 굴러가는지 이해하기 어려운 현상도, 어딘가가 막혀 무너지거나, 한쪽으로 몰려서 균형이 깨지는 등 흐름에 문제가 생기면 그제야 '아, 이게 이런 시스템이구나'라며 깨달음을 얻어 개념이 확 잡힌다. 이 책이 독자들에게 인간의 심리를 설명하는 방식이 바로 이렇다. 그런 점에서《설득의 심리학》보다 친절하고 훨씬 흥미롭다.

저자는 평범한 젊은이가 테러리스트가 되는 과정을 '터널'로 비유해 설명한다. 우선 대상자를 출구까지 빛이 없는, 가늘고 긴 통로 같은 환경에 들어가게 한다. 이 과정에서 외부 환경을 차단하고, 작은 한 점에 집중시켜 그것에만 몰두하게 만든다. 시야가 극단적으로 좁아진 사람은 다른 선택을 할 수 없게 되며, 좁은 터널 안을 세계의 전부라 느낀다. 결국 동료 의식과 자신의 존재 가치 증명이라는 자기실현 욕구가 방아쇠가 되어 거리낌 없이 테러리스트가 되는 것이다.

이런 원리는 사상 개조에도 이용됐다. 미국의 정신과 의사 리프턴은 중국의 강제수용소에서 사상 개조를 받은 사람을 조사했는데, 이때에도 외부와의 접촉을 차단한 채 유일한 도그마만 인정하고 나머지는 모두 부정하며, 신비성을 조작해 당과 지도자를 특별한 존재로 여기게 학습시켰다. 전체주의 이데올로기의 순수성만을 추구한 채 나머지는 모두 불순한 것으로 여기게 하고, 가혹한 자아비판을 통해 자신이 원래 가지고 있던 이념이나 신념을 무력화시켜 성스러운 과학으로 이념을 재무장시킨다. 이념이 개인보다 높은 위치에 자리 잡고 있음을 인정해야만 생존을 허락받고 마침내 사상 개조에 이른다.

아무리 의지가 강한 사람이라고 하더라도 세뇌와 고문으로 피곤해진 상태에서 감각을 차단한 채 뇌에 지나치게 많은 정보와 자극을 준다면 어느 순간 탈진 상태에 도달해 의지력과 현실적 판단력이 무너져버리고 만다. 처음에는 강한 반발과 항의를 표현하지만, 나중에는 너무 피곤해져서 판단할 능력을 잃고 수동적으로 받아들일 수밖에 없어진다.

저자는 이런 일이 예외적인 상황에만 벌어지는 것이 아니라고 주장한다. 1인 가구가 늘면서 고독감을 느끼고 대중매체를 통해 지나치게 많은 정보를 받아들이면서 살고 있는 현대인은 언제든지 원래 자신의 의지와 상관없는 방향으로 세뇌를 당할 위험이 있다는 것이 저자의 경고다. 고개가 끄덕여지는 대목이다.

이 책에는 종교 집단에 빠져 세뇌를 당해 인생을 망치는 여대생의 사례도 등장한다. 저자는 종교 집단의 지도자들을 컬트 구루라

칭하면서 이들처럼 타인을 지배하는 사람들의 특성을 분석하고, 최면술과 정신분석 등의 심리 치료 방법 또한 이런 심리 조작적 관점으로 설명할 수 있다고 말한다. 정신과적으로 보자면 자기애적 인격 상태는 심리 조작에 당하기 쉽고, 의존성 인격 역시 그 희생자가 될 가능성이 많다. 이 근저에 깔려 있는 보편적 심리를 우리는 눈여겨볼 필요가 있다.

저자는 심리 조작의 원리를 상세하게 설명하고 있다. 첫 번째 단계는 정보 입력을 제한하거나 과잉시켜 뇌를 혼란스럽게 만들어 기존의 판단 체계를 무력화하는 것이다. 뇌를 계속해서 움직여 지치게 만들면 되는데, 잠을 재우지 않거나 강의와 토론을 계속하게 하고 집회에 참석하게 하면서 희망과 절망 사이를 오고 가게 하여 정신적으로 소모시키는 등의 방법을 사용한다.

이는 한국에서 다단계 판매업에 참여하는 20대 젊은이들이 처음 모임에 가 합숙 훈련에 참여할 때 겪는 경험과 상당히 유사하다. 정보 차단과 외부와의 격리를 통해 강력한 신념 체계를 불어넣으면 그것이 원래부터 자신의 믿음 체계라 믿게 된다. 그 결과, 누군가의 강요가 아닌, 자신이 원해서 지도자의 뜻에 따라 행동한 것이라고 당당하게 말해 가족들이나 지인들을 놀라게 하는 일이 벌어진다.

이 책을 읽으면서 힘들고 버겁게 살고 있는 많은 현대인들이 자칫 세뇌나 심리 조작의 대상이 되기 쉽겠다는 생각을 하게 되었다. 사회는 지나치게 유동적이고, 우리는 뚜렷한 자의식을 기반으로 한 신념 체계를 마련할 만한 기회가 없이 오직 '공부'와 '경쟁'에만 매몰된 채 자라났다. 그런데 삶에 희망이 보이지 않고, 뇌와 마음은 지칠 대로 지치고 고갈되어 있다면? 순간의 잘못된 판단으로 강한 힘과 의지를 가진 사람의 심리적인 노예가 되거나, 집단의 추종자가 되어 사회통념이나 그 사람의 삶의 궤적에서 볼 때 이해하기 어려웠던 판단과 행동을 하게 될 소지가 충분하다.

그런 사람들이 양산될 가능성이 그 어느 때보다도 커진 것이 지금 우리의 현실이다. 그런 점에서 이 책은 스파이, 세뇌, 고문과 같은 정보전에 흥미를 가진 사람뿐 아니라 인간관계에 대한 보편적 관심을 가진 사람들에게도 읽을 만한 가치가 충분하다. 어떻게 한 사람이 손쉽게 다른 사람의 영혼을 세탁해서 자신의 것으로 만들 수 있는지, 또 그것이 특별한 취약성을 가지지 않은 우리 주변의 그 누구에게도 가능한 일일 수 있다는 것을 안다면, 혼란스럽고 바쁜 세상일수록 자신을 지키면서 이 세상을 살아가는 데 필요한 독립의지와 판단력을 만드는 것이 무엇보다도 중요하다는 것을 뼈저리게 깨달을 수 있다.

세상이 혼란스러울수록 우리는 길을 비춰주는 현인이나 지도자를 간절히 소망한다. 그러나 오롯이 자기 의지로 독립적인 정체성을 유지하며 이 삶을 헤쳐 나갈 수 있는 능력을 갖추는 것이 더 올바른 삶의 방향이지 않을까.

차례

1장 그들은 어떻게 행동을 설계당했나

2장 타인을 지배하는 사람들은 누구인가

독이 되기도 약이 되기도 하는 심리 조작 기술

타인의 심리 상태를 조작해서 지배하거나 착취하는 기술인 심리 조작은 양면성을 갖고 있다. '세뇌'가 대표적이며 심리 조작 기술은 일반적으로 이 의미로 쓰인다. 흔히 심리 조작은 개인에게만이 아니라 집단을 상대로도 이루어진다.

심리 조작 기술을 독재 체제에서만 즐겨 쓰는 기술로 여기기 쉬운데, 실제로는 민주 정체에서도 중요한 기술이다. 대중의 투표를 의사 결정 기반으로 삼는 민주 정체에서는 세상에 유포되는 정보가 정치를 움직인다. 프로파간다나 여론 조작이 대중을 대상으로 한 심리 조작으로서 중요한 역할을 담당하고 있다. 언론 기관은 의식적이든 아니든 대중의 심리를 조작하고 있는 셈이다.

한편 마케팅 분야에서도 심리 조작 기술의 중요성은 나날이 커지고 있다. 현실적으로 상품 그 자체의 가치보다 선전이나 광고에 의해서 구매 행동이나 매출이 좌우되는 것이다. 같은 상품이라도 판매 방식에 따라 날개 돋친 듯 팔리거나 전혀 팔리지 않기도 한다. 고객의 마음을 사로잡을 수 있는가는 상품의 기술적 가치보다 얼마나 매력적인 이미지를 환기시킬 수 있는가로 결정되고 있다.

기업은 물론 영업 사원이나 판매 담당자도 고객의 마음을 붙잡기 위해 심리 조작 기술을 구사하고 있다. 막대한 비용을 쏟아붓는 선전이나 광고에는 종종 심리 조작 기술이 응용된다.

심리 조작 기술은 이와 같이 타인을 조작하는 부정적인 측면이 있지만, 한편으로는 상당히 긍정적인 면도 있다. 자신의 심리 상태를 조절해서 능력을 발휘하거나, 한층 높은 목표를 실현시키는 효용이라는 점이다. 이런 심리 조작 기술은 자신의 능력을 최대한으로 살리거나 곤란한 일과 장해물을 극복할 때 유용하게 쓰인다.

개인에게 쓰이든 집단에게 쓰이든 심리 조작 기술은 사용 방법에 따라 인간을 꼭두각시처럼 조종하는 비인도적인 착취 기술도 될 수 있고, 생활이나 삶의 질을 높이고 인간의 가능성을 확대시켜주는 지극히 유용한 수단도 될 수 있다. 독이 되기도 약이 되기도 하는 극약인 셈이다.

이처럼 심리 조작은 중요하고 매력적인 주제이지만, 막상 책을 쓰기 위해 찾아보니 심리 조작에 대한 책이 서점에 즐비함에도 정작 읽을 만한 책은 극히 드물었다. 심지어 내용이 미심쩍거나 저자의 망상에 가까운 책조차 눈에 띄었다.

그런 책들을 몇 권이나 집어던졌을까. 해외 문헌까지 샅샅이 뒤

져보니 진정으로 읽을 만한 가치가 있는 수준 높은 책은 십여 권에 불과했다. 이 책들의 도움을 많이 받았다. 세상에 공표된 재판 기록이나 CIA의 극비 자료도 참고했다. 그러나 무엇보다 내가 경험한 임상 사례들이 없었다면 이 책은 세상에 나오지 못했을 터이다.

나는 오랫동안 의료소년원에서 일하면서 특이한 사람을 수없이 만났다. 그중에는 반사회적 집단이나 인물에게 심리 조작을 당해 육체적, 정신적, 성적 착취를 받아온 이들이 적지 않았다. 이런 젊은이들을 회복시키기 위해서는 그들이 받은 심리 조작을 풀어야만 했다.

나는 이 희소한 경험을 통해 사회 전반에서 폭넓게 보이는 다양한 심리적 지배로부터 자립할 수 있는 방법을 배웠다. 이 책에 그 정수를 소개하려고 한다. 독자들은 의외로 심리 조작 기술에 보편적인 진실이 담겨 있음에 놀랄 것이다.

2012년에 단행본으로 출간된 이 책은 주제가 특수한 데다 전문적인 내용임에도 불구하고 예상 외로 많은 사람들이 읽어주었으며 기대 이상의 평가를 받았다. 심지어 한국과 중국에서도 번역 출간되어 두 나라에서 독자가 생긴 것도 예상하지 못했던 일이다. 오늘날의 국제적, 정치적인 상황을 돌아보면 의미가 깊은 일이 아니겠는가.

이번에 개정증보판으로 재출간하게 되어 단행본 출간 후 입수한 문헌과 자료를 살펴보았고, 내용을 한층 알차고 새롭게 하기 위해 대폭 고쳐 썼다. 몇 개월 동안 가필 작업에 매달리면서 새삼스럽게 심리 조작이 얼마나 풍요롭고 깊이 있는 주제인지를 느꼈다. 사실 소설보다 기이한 이야기이라서 서점에 쌓여 있는 추리 소설보다 훨씬 재미있으며 인간의 본성에 대해 알려주는 바가 크리라 확신한다.

1장

그들은
어떻게 행동을
설계당했나

테러리스트가 된
엘리트 청년들

21세기는 테러와의 전쟁으로 막을 열었다. 지금도 테러는 세계 각지에서 하루가 멀다 하고 일어나고 있으며, 동서 냉전이 끝난 이 시대에 세계 평화를 위협하고 있다. 그러나 군사적 약자에게는 테러가 강자와 싸우기 위한 목숨을 건 전술이란 측면을 지니고 있다는 점은 부정할 수가 없다.

임무를 위해 목숨까지도 버리는 자살 폭탄 테러는 심리 조작이란 관점에서도 주목받아 왔다. 왜 그들은 자살 폭탄 테러라는 가혹한 임무를 완수한 것일까. 자살 폭탄 테러를 실행하는 이들은 정말 심리 조작을 받고 있는 것일까.

미국에서 9·11 테러 사건이 일어난 뒤부터 이런 의문이 사회적으로 강하게 제기되었다. 그 후 자살 폭탄 테러를 실행한 이들의 배경이나 심리 상태를 조사했지만, 그들이 딱히 정신적으로 불안정하다거나 이상한 심리에 사로잡혀 있었다는 증거를 찾을 수 없었다. 또한 신앙심이 독실한 가정환경에서 자랐거나 광신적인 순교를 바라던 사람이었으리라는 추측도 사실과 달랐다. 오히려 신앙심이 부족하고 무신론적인 경향을 지닌 사람마저 있었다고 한다.

자살 폭탄 테러리스트는 하루하루 살아가기가 힘들고 미래가 보장되지 않는 빈곤층보다 유복하고 혜택 받은 엘리트 계층 출신에 많았으며, 그들은 대부분 고학력에 의사나 엔지니어 등 전문직 종사자였다. 물론 사회의 소수파에 속해 소외감을 느끼며 살아온 사람들도 있었지만, 실제로는 가혹한 박해를 받거나 굴욕적인 체험을 해서 복수를 다짐하는 경우는 드물었다.

이런 특징은 도쿄 지하철 사린 가스 살포 사건을 저지른 옴진리교의 테러범들과도 일맥상통한다. 교조敎祖 아사하라 쇼코는 시각장애인으로 초등학생 때부터 일반 학교에 진학하지 못한 탓에 자신이 불우하다는 느낌과 열등감을 안고 있었지만, 교단 간부 대부분은 일류 대학이나 대학원을 졸업한 엘리트로 굴욕적인 체험을 맛보고 세상을 원망하는 사람들이 아니었다.

또한 테러리스트들은 고독하거나 사회에서 고립되어 있지도 않았다. 알카에다의 테러리스트를 조사한 연구에 따르면 그들 중 4분의 3은 배우자가 있었고, 3분의 2는 아이들이 있었다.

그들은 일반적인 생각과는 달리 꼭두각시 인형처럼 세뇌된 상태가 아니었다. 테러에 실패해서 살아남은 사람을 면담한 조사에 의하면 그들 대부분은 이성적인 사람이었으며 테러 행위를 결심하게 되기까지의 과정을 논리 정연하게 설명했고, 스스로 납득한 상태에서 테러를 결행했다고 말했다.

일반적으로 컬트 교단이나 정치적 종파에 가입하는 사람들은 타인에게 권유를 받아 가입하게 마련이다. 그러나 실제로 자살 폭탄 테러리스트는 테러 조직의 권유로 테러리스트가 된 것이 아니며 대부분 스스로 조직에 접근했다. 테러리스트는 누구라도 원하면 다 되는 것이 아니라 특별한 사람에게만 허락되는 명예였다. 엄격한 심사와 테스트 기간을 거치고 난 뒤에야 비로소 테러리스트가 될 자격이 주어졌다. 이런 배타적인 동료 의식이 테러리스트의 결속을 강화시키고 쉽게 적발되지 않게 했다.

미시건 대학의 스콧 애트런Scott Atran은 9·11 테러 사건의 범인 중 살아남은 자나 알카에다의 멤버를 만나 조사했다. 그들이 자란 세계에서 자살 폭탄 테러리스트는 순교자로서 축구 스타처럼 동경의 대상이며, 따라서 그들은 어렸을 때부터 테러리스트가 될 수 있는 환경에서 자란다고 한다. 만약 누군가에게 권유를 받았다 해도 그것은 하나의 계기에 불과하다. 그들은 신이 자신을 선택하고 기회를 준 것으로 여기고 그 순간이 찾아오기까지 준비하며 기다리고 있던 것이다.

조직폭력단이 활개를 치던 시대에도 이와 비슷한 일이 일어났다. 조직폭력단의 일원이 되는 일을 명예롭게 여기고, 거기에 들어가서 공을 세우려고 혈안이 된 젊은이들이 꽤 있었다. 그 젊은이들이 속한 작은 사회에서는 조직폭력배가 동경의 대상이며, 조직폭력배로서 살아가는 것이 멋진 삶이었다.

한때 조직폭력배 영화가 크게 인기를 끌었다. 그것은 오늘날 디즈니 영화나 미야자키 하야오 감독의 지브리 애니메이션처럼 전 국민적인 오락이었다. 활기가 넘치는 젊은이들은 그런 영화를 보며 자연스럽게 조직폭력배를 영웅처럼 동경했고 그런 삶을 추구했다.

심지어 조직폭력단의 암살자가 되는 것이 삶의 존재가치가 되어 버린 젊은이들도 있었다. 이에 비하면 '성전'에 참가하여 '순교'하는 일은 정치적·종교적으로도 숭고한 의미가 있으며, 국제적으로도 크게 주목받고 세상을 뒤흔들 수 있는 일이었기에 한층 더 큰 정신적 만족을 얻을 수 있던 것이 아니었을까. 그렇기 때문에 그들은 스스로 결심하고 죽음을 각오하며 자살 폭탄 테러를 감행했던 것이다.

그렇다고 해서 그들이 심리 조작을 받지 않았다고 할 수는 없다. 심리 조작을 받은 사람은 주체적으로 결의해서 스스로 책임의식을 지닌 채 행동했다고 생각하기 때문이다. 심리 조작 기술의 수준이 높으면 높을수록 조작을 받은 사람은 자신이 원해서 그렇게 행동했다고 생각한다.

수준이 낮은 심리 조작은 조작한 행위가 드러나고 흔적이 남는다. 그 경우 언젠가 불신의 싹이 트고 심리 조작 기술이 간파되어 풀려 버리게 된다. 하지만 심리 조작이 완벽히 실행되면 모든 일이 필연적이며 행운인 것처럼 느껴지고, 기꺼이 용감하게 '주체적으로' 행동하게 된다.

———

테러리스트들은 언뜻 엘리트에 혜택 받은 계층에서 자란 데다 장래도 유망해 보였는데, 그들에게는 그 외에 몇 가지 중요한 공통점이 있었다. 그들이 어떤 과정을 거쳐 테러리스트가 되었는지를 살펴보면 심리 조작에 대해 좀 더 깊이 알 수 있다.

우선 그들은 이상주의적이고 순수한 경향이 강했다. 또한 사회에서 순탄하게 살아가고 있는 것처럼 보여도, 실제로는 살아가는 데 고통이나 어려움을 느끼거나 사회에 불신을 갖고 있었다. 제대로 적응하지 못해 이미 사회에서 낙오된 경우도 있었지만, 사회에 적응할 수 없는 요소를 잠재적으로 갖고 있음에도 주위에서 알아차리지 못하는 경우도 있었다.

사회적 소수자 집단에 속한 이민자는 소외되기 쉬운 배경에 놓여 있지만, 그들이 사회의 최하층이자 가장 학대받은 사람들은 아니었다. 소수자 중에는 오히려 높은 수준의 교육을 받고 비교적 풍족한 가정에서 자란 이들이 적지 않았다. 여하튼 사회의 주류파에 속해서 아무 부족함 없이 성장하여 엘리트의 길을 걸었든 소수자로서 어렸을 때 사회의 모순을 맛보았든 그들은 어느 시점에서 좌절감이나 소외감을 느끼고 자신의 존재가치나 정체성을 위협받고 있었다.

그들의 순수함과 높은 이상이 재미없는 현실과 순순히 타협할 수 없게 한 것이 아니었을까.

사회에서 자신의 가치를 인정받지 못하고 정체성을 찾아내지 못한 이는 사회의 일반적인 가치관에 맞섬으로써 자신의 가치를 지키려고 한다. 이런 '카운터 아이덴티티Counter Identity'는 사회로부터 버려진 이에게는 인생을 역전시켜서 자신의 가치를 되찾는 환희와 구원의 원천이 되기도 한다. 누구에게도 제대로 된 대접을 받지 못했던 존재가 자신을 받아주고 인정해주는 곳을 만나게 되면 그곳이야말로 살아갈 곳이 된다.

그런 배경과 함께 그들에게 공통된 것은 테러리스트가 되는 과정이었다. 이를 조사한 이스라엘의 심리학자 아리엘 메라리Ariel Merari는 그 과정을 '터널'에 비유했다. 터널을 통과하면서 평범한 이성적 인간은 테러리스트로 변모한다.

그들이 이성적인 보통 젊은이들과 별반 다르지 않았다고 해서 자살 폭탄 테러를 저질렀을 때마저 평범한 젊은이였다고는 할 수 없다. 그들은 일련의 과정 속에서 자살 폭탄 테러를 충실하게 이행할 수 있는 존재로 탈바꿈한 것이다.

그들이 변한 이유를 푸는 열쇠는 터널이라는 장치에 있다. 과연 터널이란 무엇을 뜻하는 걸까? 터널은 가늘고 긴 통로로 외부로부터 완전히 차단되어 있다. 입구에 들어가면 출구까지 빛이 없다. 터널에는 두 가지 요소가 있다. 외부 세계로부터 차단된다는 점과 시야를 작은 한 점에 집중시킨다는 점이다. 터널을 빠져나가는 동안 외부의 자극으로부터 차단되고, 출구라는 한 점을 향해 가는 와중에 어느 지점에서 시야가 좁아지는 시야 협착 증상이 나타난다.

이 두 요소가 평범한 젊은이를 가차 없이 수백 명의 생명을 앗아가는 테러범으로 변모시킨다. 외부로부터 차단된 작은 세계를 마련하고, 하나의 목적만이 눈에 들어오는 시야 협착 증세를 갖게 하는 것이다.

우선 소규모 집단, 즉 배타적인 작은 팀을 준비한다. 이들을 특정 장소에 모아 대부분의 시간을 함께 보내게 하고, 그 이외의 생활은 할 수 없게 한 뒤 외부의 정보를 가능한 한 차단한다. 이 과정에서 공동생활이 모든 것의 기준이 되면 소규모 집단의 규칙이나 가치관에 자기도 모르게 지배당하게 된다.

스콧 애트런은 모로코의 한 시골에서 수십 명의 젊은이가 자살 폭탄 테러에 지원했다는 사실을 알게 되었다. 특별히 테러리스트를 양성하거나 교육한 것도 아니었다. 다른 사람이 지원하자 자신도 지원하고 싶다는 연쇄 작용이 일어난 것이다.

요컨대 자신이 속한 집단의 동료들이 어떻게 생각하고, 어떻게 행동하느냐가 의사결정을 크게 좌우한다. 소규모 집단은 그 자체로 터널의 역할을 해서 거기에 속한 이들의 시야를 다른 선택지가 보이지 않도록 좁혀버린다. 따라서 터널 속에 있는 사람은 터널 안이 세계의 전부가 된다. 이제 자신들이 좁은 터널 안에 있다고 여기지 않고 그곳이 전부라는 사고로 단순화되어 간다.

　스스로 지원한 젊은이를 테러리스트로 양성시킬 때도 이 원리가 사용된다. 지원자는 소규모 집단에서 함께 생활하며 훈련을 받는다. 함께 자고 일어나고 밥을 먹고, 같은 목적을 향해서 교육과 훈련을 받는다. TV도 신문도 없다. 날마다 실시되는 훈련과 동료 외에 다른 자극은 주어지지 않는다. 이미 훈련을 받아 강한 결의를 지닌 선배나 지도 교관이 모델이 되고, 훈련생들은 그들과 똑같이 생각하고 행동하게 된다. 함께 생활하면서 생겨나는 단단한 결속력이 그들의 행동을 더욱더 속박해간다. 여기서 뒤로 물러나는 것은 동료를 배신하는 일이며, 그들에게는 앞으로 나아가는 일 밖에 허락되지 않는다.

테러리스트들의 중요한 공통점
- 이상주의적이고 순수한 경향이 강하다.
- 사회생활에 어려움을 느끼거나 사회에 불신을 갖고 있다.
- 어느 시점에서 좌절감이나 소외감을 맛보고 정체성에 위협을 느낀다.
- 외부와 차단된 채, 하나의 목표를 쫓는 '터널'을 통과한다.

가장 효율적이고
강력한 구동 장치, '터널'

일단 테러를 결심했다 해도 인간이기 때문에 겁을 먹거나 죽음이 두려워질 수 있다. 그런 상황을 미연에 방지하기 위하여 다음과 같은 작업이 이루어진다.

우선 테러를 실행하기 전부터 그를 영웅으로 대접한다. 숭배하는 지도자와 함께 식사를 하고, 사후에 공개할 유언을 비디오로 미리 찍어두고, 그를 위한 기념비도 세운다. 가족도 영웅을 배출한 집으로서 영예를 얻고 경제적인 지원도 받는다.

그의 죽음은 기정사실이 되고 그는 홀로 걷기를 시작한다. 이제 와서 그만두겠다고 발뺌을 하려야 할 수도 없다. 영웅답게 가족과 친구를 위해 임무를 완수할 수밖에 없다.

이것은 자살 폭탄 테러에만 해당되는 일이 아니다. 과거 일본에서도 징집되어 전쟁터로 나갈 때 사람들이 배웅하며 만세 삼창을 하면서 출정을 축하했다. "나라를 위해 훌륭하게 싸우고 오겠습니다"라고 큰소리치며 마을을 나선 젊은이에게 더는 퇴로란 없었다.

싫든 좋든 그가 속한 집단이 이미 그의 목숨을 거두어버린 셈이다. 대개의 젊은이는 자신에게 주어진 임무를 거역할 수가 없다. 왜냐하면 사회적 동물인 인간에게, 소속된 집단에서 인정받는 일은 목숨보다도 중요하기 때문이다. 소속된 집단으로부터 버림받는 일은 죽음보다도 괴롭다.

바로 이런 점 때문에 동료에게 따돌림을 당하거나 학교에서 왕따를 당하는 이들이 종종 죽음을 선택한다. 그들이 작고 도망칠 곳 없는 집단에 소속되어 있을수록 따돌림이나 왕따는 죽음보다 더한 고통이 된다.

학교라는 닫힌 세계도 사람을 막다른 곳으로 몰아넣는 터널로 작용한다. 이 또한 사람이 사회적 동물이기에 생기는 비극이다.

작은 집단에서 생활하는 이에게 하나의 생각만을 끊임없이 주입하면, 그 생각은 그 사람 자신의 생각이 되고, 심지어는 집단이나 동료에 대한 애착 때문에 그 생각을 뒤집거나 주변의 기대에 어긋나는 행동을 할 수 없게 된다. 집단이 그를 죽음으로 내몰고 희생하게 만든다. 사랑하는 집단을 위해 목숨을 바쳐 영웅이 되는 일 외에는 자신의 존재를 증명할 길이 없다. 만약 그 길로부터 도망치면 그는 사랑하는 동료를 배신하게 될 뿐만 아니라 자기 자신을 경멸할 수밖에 없게 된다.

동료에 대한 의리를 지켜야 한다는 집단의 압력과 자신의 존재 가치를 증명하려는 자기실현 욕구. 이보다 더 강력한 구동 장치는 존재하지 않는다.

이런 터널은 위험한 목적뿐만 아니라 세상 사람들이 건전하다고 여기는 목적을 가진 일에도 흔히 사용되고 있다. 가령 운동선수가 되어 팀에 소속되는 일도 일종의 터널에 들어가는 것이며, 일류 학교 진학반이나 우수한 아이들을 모아놓은 학원 또한 터널이나 마찬가지다.

그곳은 닫혀 있는 작은 세계로서 작용하며, 그곳의 가치관이나 규칙이 절대적으로 아이들을 지배한다. 아이들은 일종의 시야 협착 증세를 보이고 그 집단의 목적을 위해서만 살아가게 된다.

아무리 긍정적인 목적을 지닌 터널이어도, 터널인 이상 다양한 부작용이나 위험이 도사리고 있다. 집단의 목적만을 지나치게 우선시해 다른 것은 눈에 들어오지 않게 되고 소홀해지는 것이다. 목적을 달성하지 못할 경우 절망감에 빠져 자살을 시도하거나 모든 것이 끝났다고 생각해서 자포자기 상태에 이르기도 한다.

지나치게 오래 터널 속에서 지내다 보면 외부 세계가 어떻게 돌아가는지 몰라 적응할 수 없게 되는 경우도 있다. 앞뒤 안 보고 목적을 향해 달려갔지만, 훗날 자신이 원했던 일이 아니었음을 깨닫거나 왜 그런 일을 했는지 후회하는 경우도 생긴다.

실제 터널 속에서는 단조롭고 애정이 결핍된 빈껍데기와 같은 삶을 살게 된다. 바깥 풍경이 보이지 않는 곳에서 가장 감성이 풍부한 시기를 보내니 어찌 보면 당연한 일이다. 그에 대한 반동으로 외부 세계로 나왔을 때 터널 속에서 지낸 시간만큼 빈둥거리거나 아무 목적도 없이 지내면서 그동안 잃어버린 무엇인가를 되찾으려고 하는 경우도 많다. 터널은 효율적이고 강력한 교육 방법, 혹은 훈련 방법이지만 다른 많은 것을 희생시킨다는 사실을 명심해야 한다.

아이를 터널에 들여보내는 것은 원하든 원하지 않든 일종의 심리 조작을 거는 것과 같다. 따라서 너무 협소한 터널로 아이를 들여보내서는 안 된다. 얄궂게도 엘리트 학생들이 종종 컬트 교단의 희생자가 되는데, 이는 터널에서 청춘을 보냈기에 바깥의 빛이 눈부셔서 다시 터널 속에서 숨을 곳을 찾는 것일지도 모른다.

아이들이 이런 함정에 빠지지 않게 하기 위해서라도 터널의 폐해를 경계해야 한다. 외부와 접촉하며 다른 활동을 충분히 병행하면서 공연히 서둘러서 어린 나이에 선택지를 하나로 좁히지 않도록, 아이 스스로 시행착오를 겪고 의사 결정을 할 수 있도록 시간을 충분히 주어야 한다. 딴짓을 하느라 시간을 허비하거나 돌림길을 가는 듯이 보여도 결국은 그것이 지름길이 된다.

———

터널은 아이들에게만 한정된 것이 아니다. 상아탑이라 불리는 대학이나 기업을 비롯한 종적 사회 조직도 그곳에서 인정받기 위해 애를 쓰면 쓸수록 터널의 양상을 띠게 된다.

대표적인 곳으로 대학 병원 등이 있다. 교수에게 인정받고, 그 작은 세계에서 출세하는 것이 둘도 없는 성공인 것처럼 착각하게 된다. 다른 모든 것을 제쳐두고 그 세계의 규칙을 지키고, 교수의 명령에 따르며, 교수와 의국을 위해 헌신하고 희생한다. 자신의 일이나 가족의 사정은 물론이고 때로는 환자에게 이익이 되는 일조차도 뒷전으로 미룬다. 권위에 순종하고 보스에게 인정받고 싶은 마음이 강한 사람일수록, 또한 일본 특유의 폐쇄적 사고방식을 갖고 있는 사람일수록 이 의국 제도는 심리적인 구속력을 갖는다.

안타깝지만 지금도 의국 제도에 푹 젖어 있는 사람들이 좋아하는 공통의 화제는 의료 이야기도 환자 이야기도 아닌 인사人事 이야기다. 누가 어느 부서에 갈 것 같다는 이야기로 시간 가는 줄 모른다. 고명한 선생들이 입에 게거품을 물고 그런 비속한 이야기를 주워섬기는 모습을 보고 눈이 휘둥그레진 적도 있다. 그것은 마치 고등학교 수험생이 모의고사 성적에 일희일비하거나 누가 어느 대학에 합격했다는 이야기에 눈을 반짝거리는 모습과 닮아 있다. 자기도 모르게 어느 결에 좁은 가치관에 사로잡혀 있는 것조차 알아차리지 못하고 있는 것이다. 이 또한 터널이다.

한편, 블랙 기업도 터널이라고 할 수 있다. 사회문제가 된 블랙 기업을 낳는 중대한 요인으로 유효구인배율■이 1.0배를 계속 밑도는 긴 취직 빙하기나 그런 상황을 악용하는 기업 윤리 문제를 들 수 있다. 다만 열악한 노동 조건에 희생되고 우울증이나 과로사에 이르게 된 사람들을 보면, 그들이 지나칠 정도로 기업의 가치관을 따르고 기대에 부응하려고 발버둥 쳤던 모습들이 눈에 들어온다. 그들 또한 터널에 빠져 있었던 것이다. 카리스마 지도자가 이끄는 기업이나 조직에서도 자칫하면 이와 같은 일이 일어날 수 있는 것도 어찌 보면 당연하다. 주어진 직무를 다하고 위로부터 인정을 받는 것에 가치를 두는 사람일수록 자기도 모르게 그 조직을 지배하는 공기에 삼켜지고 마는 것이다.

■ 일자리 개수를 구직자 수로 나눈 것. 예를 들어 일자리가 100개 있고, 그 일자리를 원하는 구직자가 200명일 때 유효구인배율은 0.5이다.

'전부 아니면 전무'라는 함정

자살 폭탄 테러 이야기로 돌아가 한 사건을 중점적으로 살펴보자.

저널리스트 샹커 베단텀Shankar Vedantam은 저서 《히든 브레인》에서, 자살 폭탄 테러를 기도했다가 살아남은 로런스 레이턴(통칭 래리 레이턴)에 대해 서술하였다. 저자는 다양한 기록과 자료, 가족의 증언, 법정에서 본인이 증언한 사실 등을 토대로 그의 실상에 접근했다.

레이턴은 남미 가이아나의 포트 카이투마 공항에서 기내에 총을 들고 들어가 비행기를 납치하고 국회의원을 포함한 승객 전원과 함께 추락하기로 계획했다. 하지만 비행기를 납치하는 데는 실패하고, 기내에서 총을 난사하여 국회의원을 비롯해 다섯 명을 살해한 혐의로 치안당국에 체포되었다.

그는 왜 그런 테러를 감행했을까. 사실 이 비행기에는 인민사원 Peoples Temple ˙이란 교단을 조사하러 간 하원의원과 이 의원의 도움으로 교단에서 해방되어 인민사원을 등지고 미국으로 돌아가려는 사람들이 타고 있었다. 레이턴은 그들을 모조리 죽이려고 했다. 레이턴은 인민사원 초기부터 활동한 신도이며 교조 짐 존스에게 총애를 받고 있었다.

■　인민사원은 1953년 짐 존스가 만든 종교 집단으로 1978년 11월 18일 가이아나 존스타운에서 914명이 사망한 집단 자살로 널리 알려졌다.

아무리 그렇다고 해도 총애를 받는 것이 그런 행동에 나선 이유는 될 수 없다. 그에게는 아름다운 아내가 있었고, 심지어 아내는 임신 5개월의 상태였다. 또한 레이턴은 흉악한 범행과는 어울리지 않는 온후하고 상냥하며 지적인 사람이었다. 실제로 그는 어렸을 때부터 폭력적인 행위를 싫어했으며, 설령 맞더라도 결코 되받아치지 않고 주먹을 불끈 쥔 채 꾹 참으며 끝내 맞고만 있었다고 한다. 솔직하고 사람을 의심할 줄 모르며 도덕을 중시하고 약자를 배려할 줄 알았다. 얌전한 성격이라서 사교적이지는 못했지만, 바클레이 고등학교에서 '젊은 민주당원의 모임' 회장에 선출될 정도로 인망이 높았고, 장래 국회의원이 되리라는 기대를 받던 젊은이였다.

여자 친구와 놀기보다는 정치나 사회에 관심을 가졌고, 성실하게 생활했으며 사회의 다양한 문제나 모순에 대해 진지하게 고민했다.

이런 모습은 신좌익New Left이라고 불리는 정치 종파에 들어가서 내부 당쟁과 지하활동으로 인생을 날린 젊은이들의 모습과도 겹친다. 또한 옴진리교 등 컬트 종교에 마음을 빼앗기고 인생을 망친 젊은이들과도 기본적으로 일맥상통하는 부분이 있다.

레이턴은 케네디 암살 사건을 보고 큰 충격을 받았다. 베트남 전쟁을 종결시키려고 한 케네디가 암살된 뒤에 대통령이 된 존슨은 전쟁을 계속하는 길을 선택했다. 이는 레이턴에게 민주정치의 패배를 의미했으며, 민주당과 정치에 환멸을 느끼게 된 계기로 작용했다.

레이턴이 양심적 병역 거부자로서 베트남 전쟁에 출정하기를 거부하자 징병위원회는 이를 인정하지 않았다. 이에 레이턴은 교사인 아내 캐럴린과 함께 징병을 피하기 위해 캘리포니아로 이주했다.

거기서 인민사원을 세운 짐 존스를 만났다. 존스의 인민사원은 베트남 전쟁에 반대하고 인종차별이 없는 세계를 꿈꾸며, 공민권公民權 운동에도 적극적으로 참여하고 있었다. 존스가 내건 이상과 레이턴 부부의 가치관은 공통되는 부분이 많았다.

게다가 존스는 종교적인 카리스마를 타고난 사람이었다. 그는 영적인 능력을 지녔고 사람의 마음을 깊은 곳까지 꿰뚫어 보거나 남들이 볼 수 없는 것을 보았다. 존스의 확신에 찬 태도나 상식을 넘어선 힘에 흥미를 느낀 레이턴 부부는 점차 그에게 이끌리게 되었다.

존스는 자신의 이상을 실현하기 위해 팔다리가 되어 일해줄 신도가 필요했다. 존스는 레이턴에게 자신이 벌이는 운동에 참가할 것을 권유했다. 그는 "당신은 인류를 위해 특별한 일을 하게 될 것이다"라는 말로 사람들의 마음을 사로잡았다. 존경하는 존재에게서 듣는, 자신이 특별한 일을 해내게 된다는 말만큼 설득력이 큰 말은 없을 것이다.

누구나 마음 깊은 곳에는 자신이 특별한 존재이고 인류나 사회의 보편적인 가치에 공헌하며, 삶의 의미를 남기고 싶다는 바람을 지니고 있는 법이다. 이상주의적이고 순수한 사람일수록 그런 바람이 강하다. 존스의 말은 레이턴의 마음에 내재해 있던 바람을 적확하게 찔렀다.

인민사원에 가입한 레이턴은 차별과 싸우고 사회를 한층 좋게 변화시키기 위해 열심히 활동했다. 부당하게 차별받은 사람을 지원하고, 소외된 공적 서비스를 대신해주고, 흑인에게 참정권을 주어야 한다며 공민권 운동을 벌였다. 레이턴은 급여의 대부분을 인민사원에 기부하고, 무보수로 존스의 이상을 위해 밤낮으로 일했다.

당시에 그들이 추구했던 목표는 케네디나 마틴 루서 킹, 그리고 훗날 버락 오바마가 지향했던 목표와 같았으며, 가난하고 어려운 처지에 놓여 있는 사람들을 구하고자 하는 순수한 동기에서 비롯된 것이었다.

———

문제는 인민사원도 다른 교단과 마찬가지로 결코 이상향이 아니었다는 점이다. 온갖 사람이 모여 함께 생활하고 활동하는 이상, 대립과 알력을 피할 수 없었다. 내분마저 일어나 그들이 추구하던 모습과 점점 더 동떨어져갔다. 존스는 여전히 뛰어난 설교를 했지만 현실은 존스가 말한 대로 되지 않았다. 집단생활에 지치거나 이상과 현실의 괴리에 염증을 느끼고 교단을 떠나는 사람들까지 나타났다.

순수한 이상주의자는 결벽이 심해 '전부 아니면 전무'라는 이분법적인 사고나 완전한 선 아니면 완전한 악이라는 양극단의 사고를 갖기 쉽다. 자신들과 같은 신조를 지닌 사람은 선택받은 착한 사람이지만, 그렇지 않은 사람은 모두가 적이며 악이라고 간주했다. 교단을 탈퇴해서 떠나가는 자들은 적으로 돌아선 배신자였으며, 결코 용서할 수 없는 존재였다.

이런 집단의 심리는 두 방향으로 작용한다. 우선 다음에는 또 다른 누군가가 배신자가 되지 않을까 하는 생각에 사로잡혀 눈을 크게 뜨고 주위를 살펴보며 상호 감시를 하는 심리 상태가 생긴다. 이는 자연스럽게 피해망상의 온상이 된다. 일본에서도 전쟁 중에 동네 사람들끼리 '비국민'이 없는지 감시하는 체제가 생겼으며 사람들은 집단적으로 이런 심리 상태에 놓였다.

또 다른 하나는 자신이 배신자가 될 수 없도록 스스로 강하게 억압하는 형태로 나타난다. 배신행위는 가장 역겹고 증오스런 행위라고 교육받고, 주위 사람을 그런 눈으로 감시하던 사람은 자신이 그런 행동을 취하는 것에 강한 저항감을 느끼게 된다.

인류 최초로 조직적인 자살 폭탄 공격을 시도한 집단은 가미카제 특별공격대인데, 맨 처음 자살 폭탄 공격에 나설 때 해군 중장 오니시 다키지로는 이제 일본을 구할 수 있는 길은 몸으로 부딪치는 작전밖에 없다고 설파했다. 이것이 무모한 명령이라는 사실은 수많은 사람이 알고 있었지만, "자네들은 적함으로 돌진해 가줄 것인가!"라는 물음에 못하겠다고 나선 사람은 단 한 명도 없었다. 강력한 집단 압력 속에서 배신자가 되는 일은 목숨을 잃는 것보다 무서운 법이다.

타인을 속인
기만행위의 최후

짐 존스는 수많은 구루가 걸었던 길을 따라갔다. 신도들에게 무조건적인 존경과 복종을 요구했다. 모든 것을 지배하고 완전한 복종을 확인하지 않으면 의심의 눈을 거두지 않았다.

그리고 신도가 무조건적으로 복종하는지 확인하기 위해 시련을 주었다. 그중 하나는 카타르시스라고 불리는 고해성사 기간이었다. 카타르시스 기간에는 다른 신도의 악행을 고발했다. 고발당한 사람이 부정하거나 반론하면 붙잡아 매달아놓았다. 레이턴과 같은 간부도 예외는 아니었다. 몇 시간이나 서서 비난을 받아야 했다.

이렇게 해서 신도 간의 관계는 갈기갈기 찢어졌다. 존스와의 관계만이 침범할 수 없는 영역으로 남았다. 존스는 신도들끼리 물고 뜯게 함으로써 자신의 절대적인 지위를 지키려고 했다. 하지만 결국 이것이 교단 전체를 와해시키는 계기가 되었다.

교단이 무너지는 데 박차를 가한 것은 존스의 성폭력이었다. 그는 자신의 지배력을 보여주기 위해 신앙심을 시험한다는 명목으로 신도들의 연인이나 배우자를 가로채거나 겁탈했다. 그리고 그 일을 카타르시스 기간에 고백하게 했다. 당사자들은 존스가 쓴 각

1 도쿄 지하철 사린 가스 사건의 주모자 3인의 공
개수배 포스터 (©Michael Mandiberg)
2 아사하라 쇼코는 어린 시절부터 또래 아이들을
지배하며 쾌감을 느꼈다. (©thierry ehrmann)
3 오사마 빈 라덴도 부유한 집안에서 태어났다.
(©Day Donaldson)
4 2001년 9월 11일 뉴욕 세계무역센터 테러 사건
5 1977년 1월. 글라이드 기념 교회에서 마틴 루서
킹 주니어 상을 받은 짐 존스 (©Nancy Wong)

본대로 다른 신도들 앞에서 자신이 반해서 존스를 유혹했다고 말했다.

하지만 그런 사기나 기만을 더 이상 묵과하지 못하는 사람들이 나타나기 시작했다. 레이턴의 여동생 데비도 그런 이들 중 하나였다. 그녀는 오빠의 권유로 일찍이 인민사원에 귀의해서 간부와 같은 자리에 있었지만 존스에게 겁탈을 당했다. 그때 존스는 "네가 신성한 존재와 연결되어야 한다고 느꼈다"라며 자신의 행위를 합리화했다.

조직을 견고하게 이어놓은 실밥이 하나둘 터지기 시작하자 핵심 신도들 중에 등을 돌리는 사람들도 나왔다. 인민사원 말기에는 이와 같은 붕괴 징후가 표면에 드러났지만, 그 씨앗은 이전에 충분히 뿌려져 있었다.

결국 데비는 인민사원을 빠져나왔고, 이 일을 계기로 교단은 와르르 무너지게 되었다. 데비는 인민사원이 가이아나에 세운 존스타운은 유토피아가 아니라 강제수용소라고 언론에 고발했다.

존스가 써왔던 속임수가 잇달아 폭로되었다. 우선 그가 시행했던 '치료'의 실상이 파헤쳐졌다. 존스는 다른 카리스마 지도자와 마찬가지로 청중에게 한층 더 강렬한 인상을 주고 놀래주고 싶은 욕구가 강했다. 영적인 힘에 탐닉했으며 황당무계한 마법 같은 힘을 갖기를 바랐다. 이윽고 그는 신앙의 힘으로 몹쓸 병을 치료하는 사람이 되려고 하기에 이르렀다. 그는 환자의 몸에 손을 쑤셔넣고 종양을 빼내곤 했다. 이를 목격한 자들은 예수 그리스도가 재림했다고 믿었다.

물론 이 치료는 속임수였다. 닭의 간을 미리 준비해두고 그것을 마술사처럼 트릭을 사용해서 꺼내 보여준 것이다. 이를 알고 있는 사람은 일부 측근뿐이었지만, 존스가 초능력에 탐닉해서 기만행위를 일삼게 되자 그의 권위는 추락하기 시작했다.

옴진리교의 아사하라 쇼코도 공중 부양으로 세간의 관심을 모았다. 하지만 사람들이 공중 부양이 속임수였다고 의심하면서 점차 사회적으로 고립되자 피해망상에 사로잡혀 결국 아마겟돈을 계획하게 되었다. 이와 같이 주목받고 존경받기 위해 한 기만행위가 교단을 몰락시키는 일은 흔하게 벌어진다. 자신의 능력에 맞지 않는 일을 하기 위해 넘지 말아야 할 선을 넘었을 때 파멸이 시작되는 법이다.

존스 역시 언론의 감시와 비판이 강해지면서 한층 신경질적으로 변했고 결국 망상에 사로잡히게 되었다. 배신자를 격렬하게 비난하고 그것이 외부의 적이 공격해온 결과라고 생각하며, 한층 위기감을 강화시켰다. 이것이 최종적으로 900명 이상을 집단 자살로 내모는 참혹한 결말로 치닫게 된다. 데비는 이러한 위험성을 경고했지만 비극을 막을 수는 없었다.

———

레이턴은 배신자와 그들을 부추긴 외부의 적과 함께 죽으려고 자살 폭탄 테러를 계획했다. 이것은 단순한 보복 행위가 아니라 집단 자살의 연장선상에 있는 행위라고 할 수 있다.

레이턴이 자살 폭탄 테러를 결심하게 된 이유 중 하나는 그런 배신자 중 한 명이 그의 여동생이었기 때문이다. 그의 어머니는 말기 암의 상태로 인민사원에 있었다. 그가 존스에게 어머니를 낫게 해달라고 애원했지만, 데비가 잘못을 저질렀기 때문에 안 된다는 대답이 돌아왔다. 게다가 교단이 궁지에 몰린 이유가 그와 그의 여동생 때문이라고 매섭게 질타를 받았다. 레이턴은 깊은 죄책감에 사로잡혔으며, 명예를 만회할 마지막 기회라고 생각하고 나선 것이 자살 폭탄 테러 임무였다.

그런데 실제 테러를 감행하고 의원과 사람들을 살해한 사람은 레이턴이 아니라 다른 신도들이었다. 하지만 레이턴은 자신이 죽였다고 줄기차게 주장했다.

레이턴은 긴 수감 생활을 하면서 비로소 심리 조작에서 풀려났다. 그리고 그제야 존스를 '무서운 괴물'이라고 말하게 되었다. 사건이 일어난 지 23년 뒤, 레이턴은 석방되어 사회 복귀를 허락받았다. 수많은 사람의 목숨과 더불어 긴 시간을 잃어버린 것이다.

한편 비극이 일어나기 전에 교단을 나온 데비는 원래 우수한 인재였기에 민간 기업에 취직해서 새로운 삶을 찾았다. 그 뒤 인터뷰에서 데비는 흥미로운 발언을 했다. 그녀는 기업에서 일하는 우수한 회사원들도 예전에 동료였던 교단의 신도들과 그다지 다르지 않다는 사실을 깨달았다고 했다.

데비는 이렇게 말했다.

"가난한 사람들을 대접하는 것이든, 주식을 상장하면서 백만 달러를 얻는 것이든 궁극적인 목적은 같아요. 당신이 겪은 모든 고통은 뭔가로 보상을 받을 겁니다. 바로 이런 이유 때문에 사람들이 그토록 근시안적으로 되는 겁니다."■

이 또한 터널인 것일까.

■   샹커 베단텀, 《히든 브레인》, 임종기 옮김, 초록물고기, 2010.

2장

타인을 지배하는
사람들은
누구인가

고액의 상품을
사게 하는 수법

1970년대부터 80년대에 걸쳐 일본과 미국에서 기묘한 사건이 연이어 발생했다. 성실하게 공부하던 학생이 갑자기 학교에서 자취를 감추거나 소식이 끊겨 가족도 연락을 취할 수 없게 되곤 했던 것이다. 그러다가 대학을 중퇴하고 거리에서 물건을 팔거나 대학 캠퍼스에서 다른 학생들에게 다가가 스스럼없이 말을 거는 모습을 보았다는 소식이 들려왔다.

또 일류 은행에 다니던 젊은 여직원이 느닷없이 그만두더니 길거리에서 물건을 팔고 있는 모습이 목격되기도 했다. 그들은 저금과 자동차 등 재산을 깡그리 종교 단체에 기부하고, 교단 기숙사에서 공동생활을 하고 있었다. 가족이 아무리 데리고 오려고 안간힘을 써도 딱 잘라 거절했고 심지어 가족을 만나는 일조차 거부했다.

이들은 그 뒤 영감상법靈感商法 이라고 불리는 판매 활동으로 사회적으로 문제가 되었다. 영감상법이라고 하면 우선 도자기 판매가 떠오를 것이다. 일본에서는 1971년에 고려자기, 고려 인삼차, 도장 등을 판매하는 회사가 설립되었다. 이 회사는 전국을 세 구역으로 나누고, 판매원들이 전국을 돌아다니며 방문 판매를 하게 만들어 매출을 향상시켰다.

이들에게 구매를 권유받은 경험이 있는 사람이 한둘이 아니었다. 상품은 한결같이 비싸서 수십만 엔을 호가했지만 교묘하게 접근하며 상대의 심리를 이용해서 판매했기에 무심코 상품을 사게 됐다. 특히 판매원 중에는 젊은 여성이 많아서 방문했을 때 그다지 경계를 하지 않게 된다는 점도 중요했다. 물론 여성 판매원은 종교 단체의 신도였으며 아무 보수 없이 발에 땀이 나도록 돌아다니면서 영업을 했다.

이른바 영감상법 기법이 본격적으로 사용되기 시작한 것은 1978년경부터이다. 판매원들은 돌아가신 조상들이 고통을 받고 있다며 불안을 조장하고, 조상들의 혼을 편히 해드릴 수 있다면서 도장이나 도자기, 다보탑 등을 팔았다.

1983년 아오모리 현 히로사키 시에서는 판매원이 한 여성을 상대로 "낙태로 죽은 태아의 혼이나 병으로 죽은 남편의 혼이 성불하지 못한 채 괴로워하고 있으며 이대로 두면 딸까지 불행해진다"

■ 영감상법이란 손금을 봐준다고 접근하거나 '보이지 않는 신, 조상' 등을 언급하면서 고액으로 특정 상품을 판매하는 상술을 말하며, 주로 포교와 함께 이루어진다.

라고 위협해서 1200만 엔을 지불하게 해 공갈죄로 유죄 판결을 받은 사건도 있었다.

여러 재판을 통해 밝혀진 그들의 활동 상황을 판결문에 따라 살펴보자.

가령 도장을 사라고 권유할 때 쓰는 방법이 있다. 그 방법에 따라 물건을 판매하면 권유를 받은 사람은 도리어 사정을 해서라도 물건이 사고 싶어지도록 심리 유도를 당하게 되어 있다.

그 순서가 매우 흥미로운데 판결문의 내용은 아래와 같다.

① 협회를 사칭해 집집마다 방문해서 손금을 봐준다고 제안한다.

② 손금을 칭찬한 뒤에 문제점을 지적하고, 이름이 나빠서 그럴지도 모른다고 이야기하며 이름 점을 본다.

③ 당사자뿐만 아니라 가족 구성원의 이름 점도 본 후 그 가정의 가장 큰 문제점을 찾아낸다.

④ 문제점을 지적하고 개운법開運法으로 도장 이야기를 꺼내고, 그 사람이 사용하고 있는 도장을 보여달라고 한다.

⑤ 도장을 감정한 후, 인상이 나쁘다고 지적한다.

⑥ 영혼 세계 이야기를 꺼내고 선조 공양의 필요성을 설명한 뒤, 도장을 새롭게 팔 것을 권한다.

⑦ 3, 4, 7, 12, 21, 40이란 숫자에 의미가 있다는 이야기를 하면서, 고액의 가격부터 제시하며 도장을 구입하게 한다.

대체로 이와 같은 흐름이다.

맨 처음 접근해서 손금을 보는 이유는 신체 접촉을 통해 애착이나 신뢰가 싹트기 쉽게 하기 위해서다. 나아가 손금에 새겨져 있는 내면, 성격, 운명 등을 보는 위치에 서게 됨으로써 주도권을 쥐게 된다.

요컨대 이 판매 방법에 따르면, 손금을 보고 성명 판단을 한 단계에서 거의 승부가 난다. 손금이나 이름을 살펴보면서 상대방이 어떤 고민이나 불만, 콤플렉스를 안고 있는지 알아챌 수 있으며 또한 그것을 감당하지 못하고 있다는 심리적 상황을 알 수 있다. 거기다 생전 처음 보는 사람에게 손금을 봐달라는 것은 지푸라기라도 잡고 싶은 심정이라는 사실을 뜻한다.

즉 판매자는 손금이나 이름을 보게 하느냐 마느냐에 따라 상대가 넘어올 사람인지 아닌지를 판단할 수 있으니, 사실 이 기술은 효율적으로 '호구'를 찾아내는 방법이라고 할 수 있다.

처음 만난 사람에게 손금을 보여주거나 이름을 알려주는 사람은 그다지 경계심이 크지 않고, 상대의 요구에 응하기 쉬운 의존성 인격장애 경향이 높은 사람임을 의미한다. 그런 사람은 속이기 쉬운 유형이며 손금이나 이름에 새겨진 '비밀'을 털어놓은 상대에게 쉽게 의존하게 된다.

뒤에서 자세하게 살펴보겠지만, 의존성 인격장애를 지닌 사람은 스스로 인생에 대한 결단을 내리지도 개척해가지도 못한다. 누군가가 뭔가 좋은 방법을 가르쳐주지 않을까 기대하고, 인생까지도 타인에게 맡겨버리는 경향이 있기 때문에 무방비 상태로 상대의 말에 귀를 기울이고 순순히 그 말에 따르게 된다.

경계심이 강하고 자아가 안정되어 자신과 타인의 경계가 확실한 사람이라면 손금이나 이름과 같은 개인 정보를 상대에게 가르쳐주지 않으며, 감정 받기를 원하지 않게 마련이다. 하물며 만난 지 얼마 안 된 생면부지의 사람에게 인생의 문제나 고민을 털어놓지는 않는다.

판매를 권유하는 사람 입장에서는 손금을 보자고 했을 때 거절당하면 바로 물러나서 어수룩한 사람을 찾아 판매하면 되므로 시간을 낭비할 일이 없다.

상품을 판매할 때 살 듯하다가 결국은 사지 않는 고객에게 시간을 뺏기는 것이 가장 비효율적이다. 어차피 사지 않을 거라면 처음부터 딱 잘라 거절해 주는 편이 오히려 고맙기 그지없는 일이다. 실로 교묘한 접근 방법이 아닌가.

쉽게 속일 수 있는 사람을 어떻게 하면 효율적으로 찾아낼 수 있는가. 바로 이 점이 심리 조작은 물론 상품을 권유할 때도 지극히 중요한 부분이다. 훗날 이런 권유 방법에 대해서 세간의 감시가 엄격해지자 '마이크로 활동'이라는 판매 방식이 활개를 쳤다. 이것은 신도들을 마이크로버스에 태워 지방에 보내서 물건을 팔게 하는 것인데, 그때 노린 대상은 도시 주민보다 경계심이 없는 시골 사람들, 그중에서도 마음씨 좋은 노인들이었다.

영감상법이 이와 같이 사람들을 홀딱 빠지게 하고 많은 돈을 선뜻 내놓게 할 수 있다는 사실에서 몇 가지 심리 조작의 원리를 찾아낼 수 있다. 특히 중요한 사실은 비밀이나 고민, 과거를 말하는 것이 심리 조작으로 연결된다는 점이다.

고민을 털어놓으면 이야기를 듣는 사람은 상대방의 가장 큰 약점을 알게 된다. 남에게 말하지 않았던 사실을 밝힘으로써 이제 특별한 관계가 성립한다. 가슴속에 숨겨놓았던 사실을 털어놓는 행위에는 '도와주었으면 좋겠다'는 무의식의 심리가 반영되기 때문이다. 도움을 요청하면 상대는 구원의 손길을 내밀 수 있는 입장에 서게 된다.

게다가 마침 만난 상대방은 고민을 털어놓은 사람에게 해결 방법을 알려줄 것처럼 보인다. 이로써 도움을 요청하던 막연한 마음이, 이 사람이라면 구해줄 수 있을 것 같다는 강한 기대로 바뀐다.

영감상법에 대한 세간의 감시가 강화되면서 1987년에는 도자기나 다보탑 판매가 중지되었다. 교단은 운영 자금을 얻기 위해 대신 보석, 기모노, 그림 등을 판매하는 전시장을 열었으며, 강연회나 건강 박람회 등을 개최해서 고려 인삼차나 건강 기구 등을 판매했다.

전시장 판매 방식은 광고를 해서 불특정 다수의 고객을 끌어모아 판매를 하던 기존의 방법과는 달랐다. 신도는 자신의 친구와 친척을 판매 전시장에 초대했으며, 그들의 기호나 니즈는 물론 성격까지 파악해서 미리 판매원에게 알려주었다. 이렇게 상호간 긴밀한 협력을 통해 물건을 팔았다. 고객이 높은 관심을 갖고 있는 상품을 고객의 특성에 맞추어 권할 수 있었기에 효율적으로 매출을 올릴 수 있었다.

고객을 데리고 온 신도는 초대한 고객을 안내하고 상담해주는 역할도 맡았다. 자신도 구매했다고 바람을 잡으며 안심시켜주고, 열까 말까 망설이던 지갑을 결국은 열게 했다. 이 과정에서 고객은 구입한 다음 날 후회하거나 불안감을 갖기 십상이기에 신도들은 전화해서 엄마처럼 다독여주며 불안을 없애주라는 지시를 사전에 받았다.

이와 같이 상대의 정보를 미리 손에 넣고서 약점을 파고들어 판매하는 방법도 심리 조작의 중요한 원리라고 할 수 있다.

심리 조작의 본질은 '속이는 것'

이른바 '예스 세트'라고 불리는 심리 조작이 있다. 한마디로 말하자면 예스라고 대답하도록 질문하는 방법이다. 질문을 받는 사람은 예스라고 대답하는 사이에 '나를 이해해주고 있구나'라고 느끼고, 질문을 하는 사람이 말하는 대로 따르기 쉬워지고 뭐든지 예스라고 대답하게 된다.

즉 예스라고 대답할 만한 질문을 하는 것이 핵심이다. 어떤 취향이나 관심을 갖고 있는가를 미리 알고 있으면 별 어려움 없이 '예스'라고 대답하도록 질문할 수 있으며, 따라서 예스 세트 기법을 활용할 수 있다.

또, 중립적인 입장에 있는 선량한 상담자가 되어 구매를 결심하게 하는 방법도 심리 조작의 원리를 활용한 것이다. 바람잡이를 이용해서 고객의 구매 욕구를 일으키거나 살까 말까 망설이는 고객의 지갑을 열게 만드는 방법은 장터 등에서 전통적으로 사용되어온 수법이다. 혼자 사면 불안하지만 같이 사는 사람이 있으면 안심이 되고, 또 다른 사람이 사면 자신도 뒤질세라 사려는 심리를 이용하는 방법이다. 물건을 파는 사람의 말은 의심하게 마련이지만 중립적인 사람의 의견에는 귀를 기울이게 되는 인간의 허점을 노린 기법이다.

심리 상담을 할 때도 중립적인 위치에 서서 말을 해줘야 효력을 발휘하게 된다. 지나치게 열중해서 한쪽 입장에 편중되어 설득하려고 하면, 오히려 저항하거나 뒤로 물러서게 된다. 아무리 선의를 지닌 사람이라도 어디까지나 중립적인 입장에서 말해줘야지 의사를 결정할 때나 물건을 구입할 때 설득력을 지니게 된다.

여럿이서 설득할 때는 정론을 설파하며 정면으로 부딪치는 사람뿐만 아니라 중립적인 입장에서 상대의 마음을 헤아리고, 불안해서 오락가락하는 마음을 다독여주는 사람도 있어야 한다. 중립적인 역할을 맡은 사람이 망설이고 거부하는 상대의 마음을 그대로 받아들임으로써 한층 깊은 신뢰 관계를 쌓고 그다음에 원하는 방향으로 이끌어가는 것이다.

이것은 아버지의 역할과 어머니의 역할을 분담해서 설득하는 방법이라고 할 수 있다. 보스와 상담원의 역할 분담이라고도 말할 수 있는데, 이런 조합은 다양한 상황에서 응용할 수 있다. 두 사람이 독자적으로 따로따로 설득하면 상대는 갈팡질팡하고 결정을 내리기 어렵게 된다. 역할을 분담해서 연계하여 설득하면 매끄럽게 원하는 방향으로 결정을 내리게 할 수 있다.

영감상법에서 찾은 심리 조작의 원리
- 비밀이나 고민, 과거를 말하는 것은 심리 조작으로 연결된다.
- 상대에 관한 정보를 미리 입수해서 약점을 파고든다.
- 무슨 말에든 '예스'라고 대답하도록 질문을 유도한다. (예스 세트)
- 거부감을 갖지 않도록 선량하고 중립적인 자세를 유지한다.

영감상법을 살펴보면 수많은 사람들이 속아서 부당하게 비싼 상품을 구매하는 것도 이해가 가지 않지만, 판매원들이 거의 보수를 받지 않고 일을 하고 있다는 사실이 더욱더 납득되지 않는다.

판매금의 일부를 받긴 하지만 결국 전부 헌금하거나 이런저런 명목하에 교단을 위해 쓰기에, 실질적으로 그들은 무급으로 가혹한 일을 하고 있었다고 볼 수 있다. 목표량을 달성하지 못하면 늦은 밤까지 판매를 하러 다녀야 했으며 금식을 해야 하는 경우도 있었다. 노예보다 못한 대우를 받고 있던 셈이다. 그런데 그들은 자청해서 그 일을 하고 있었다.

게다가 그들은 대부분 전도유망했던 젊은이들로 어렵게 들어간 대학이나 일류 기업을 때려치우고 예금, 자동차, 오토바이까지 몽땅 기부해서 스스로 무일푼이 되어 교단을 위해 온몸을 바쳐 활동했다. 그들은 공동으로 생활하면서 제대로 먹지도 못하고 서너 시간밖에 자지 못하면서도 열심히 일했다. 대부분 얌전하고 착하며 성실한 사람들이었다. 그랬던 사람들이 왜 노인이나 선량한 시민을 속여 큰돈을 뜯어내면서도 죄의식을 느끼지 못했던 걸까.

이것은 폭력을 싫어하던 상냥한 성격의 젊은이가 수많은 사람의 목숨을 빼앗는 일을 눈 하나 깜짝하지 않고 실행하는 자살 폭탄 테러리스트로 탈바꿈하는 모습과 일맥상통한다.

나중에 살펴보겠지만 여기에도 사람을 변모시키는 터널이 연관되어 있다. 자신의 의지로 그 길을 선택했다고 생각하지만 자신도 모르는 사이에 심리가 조작된 것이다. 완전히 속아 넘어간 사람은 자신이 속고 있다는 사실조차 깨닫지 못한다. 그런 의미에서 가장 크게 속은 사람은 교단의 수하가 되어 자는 시간도 줄여가며 활동했던 이들일지도 모른다.

———

심리 조작은 사고나 감정에 영향을 미쳐서 원하는 대로 행동하게 하는 기법이다. 거기에는 반드시 조작하는 사람과 조작되는 사람이 존재하며, 양자의 관계가 대등하지 않다는 점이 중요한 특징이다. 심리가 조작되는 사람은 심리를 조작하는 사람을 절대적으로 믿고 있으며, 심리를 조작하는 사람은 이런 굳은 믿음을 이용해서 경제적·신체적·심리적·성적 착취를 일삼는다. 반대로 말하자면 심리를 조작하는 사람은 심리가 조작되는 사람이 지불하는 희생으로 이익을 얻고 있다.

이 대등하지 않은 관계로 인해 훗날 심리 조작이 풀리고 나서야 사람들은 자신이 이용당했거나 속았다는 사실을 알게 된다. 조작당하던 사람은 자신이 품고 있던 신뢰 관계가 악용되었다고 느끼게 되며 이것이 바로 속이는 행위의 본질이기도 하다. 즉 심리 조작은 본질적인 의미에서 '속이는 행위' 혹은 '기만행위'인 셈이다.

속이는 행위는 고등동물에게서만 볼 수 있다. 이 능력은 특히 인간에게 발달했다. '마키아벨리적 지능 가설Machiavellian Intelligence Hypothesis'에 의하면, 사회적 지능이 발달하면서 인류의 지능이 진화했으며 그 본질은 속이는 행위라고 한다. 속이는 행위는 '～하는 척'을 하여 상대가 판단을 잘못하게 해서 이익을 착취하는 방법이다.

상대를 함정에 빠트리는 방법이 대표적인 속이는 행위다. 한 예로 다친 척을 해서 상대가 방심하고 다가오면 숨겨둔 칼로 공격하는 경우를 들 수 있다. 더욱 원시적인 방법은 미끼로 물고기를 낚거나 사냥감을 위협해서 함정에 빠트리는 방법이다. 육식동물이 사냥을 할 때 이런 방법을 사용한다는 사실은 널리 알려져 있다.

상대의 행동을 읽은 뒤에 속임수로 유도해서 치명적인 상황으로 몰고 가는 것도 심리 조작의 하나라고 할 수 있다. 자신이 생각한 대로 상대가 움직이면 함정은 성공한 것이다. 하지만 상대를 함정에 빠트리는 속임수에는 위험이 동반된다. 왜냐하면 속은 사람이 금방 속았다는 사실을 깨닫게 되고, 속인 사람에게 분노를 표출하거나 공격을 하게 되기 때문이다. 자칫 잘못하면 반격이나 보복을 당해 오히려 궁지에 몰릴 수 있다.

이에 인간은 속이는 방법을 더욱 고도로 진화시켰다. 상대가 속았다는 사실조차 모르게 속이는 것이다. 그것이 바로 심리 조작이다.

이 방법을 쓰면 속인 사람은 오히려 '아군'이나 '선의의 제3자'로 남을 수 있다. 속은 사람도 속았다는 생각이 들지 않는다. 도리어 '좋은 점을 배웠다', '도움을 받았다', '새로운 사실에 눈뜨게 해 주었다'며 감사해하거나 존경을 표하게 된다.

인류의 지능이 본질적으로 '속이는' 능력이라고 한다면, 세상에서 크게 성공하고 지배력을 지닌 존재는 가장 성공적으로 사람들을 '속인' 존재이다. 하지만 사람들은 속았다는 생각을 갖기는커녕 기꺼이 돈이나 몸, 심지어 목숨까지 바치고 기쁨을 느끼게 된다.

그런데 경제적·신체적·심리적·성적인 착취를 당하면서 그것을 착취라고 생각하지 못하고, 오히려 기쁨이나 희망이라고 생각하는 것은 왜일까. 그리고 착취하는 사람은 어떻게 그런 대등하지 않은 관계를 유지하면서 지배자로서 군림할 수 있는 것일까.

심리를 조작하는 사람들의
공통점

이 점을 생각하기 전에 먼저 속았다는 사실조차 알아채지 못하게 상대를 속이는 일, 즉 심리 조작을 할 수 있는 이유에 대해 살펴보자.

이것은 사회적 동물이라는 인간의 특성과 관련이 있다. 바로 상대를 믿는 특성이다. 일반적으로 믿는다는 말에는 고상한 느낌이 있지만 개가 주인을 믿고 따른다고 할 때의 의미와 비슷하다. 어렵게 말할 필요가 없는, 허물없는 관계에서 쓰이는 말이다.

누군가를 처음 만났을 때, 친밀감을 느끼면 이것이 차츰 애정이나 신뢰로 발전해간다. 얄궂게도 인간은 상대를 믿는 동물이기 때문에 심리 조작이 성립하고 만다.

따라서 사람에게 친밀감을 느끼거나, 애정이나 신뢰를 품어본 적이 없는 사람은 심리 조작에 그다지 영향을 받지 않는다. 상대와의 신뢰 관계가 필요한 사람일수록 심리 조작이 되기 쉽다.

다만 실제로는 전자처럼 보이는 사람이 심각하게 심리 조작에 걸려 있는 일도 있다. 겉으로만 그렇게 행동했을 뿐이며 마음 깊은 곳에서는 애정이나 신뢰를 원하고 있었던 것이다.

사회적 동물은 무리(가족)로 생활하기 위해 애착이란 현상을 토대로 애정 관계와 신뢰 관계를 지속적으로 유지해왔다. 그런데 인간은 높은 지능을 지녔기 때문에 오히려 믿는다는 특성조차 악용했다. 자신에 대한 친밀감이나 애정을 이용해서 상대를 믿게 하고 원하는 대로 조종하는 기술을 만든 것이다. 그렇기 때문에 쉽게 타인을 믿거나 관심이나 애정에 굶주려 있는 사람은 심리 조작에 걸리기 쉽다.

사회적 동물에게 신뢰 관계는 생존이 걸린 기본적인 토대다. 동료끼리 속이는 행위는 혐오하고 멸시해야 할 배신 행위로 간주했다. 동료를 속이면 집단 전체로부터 규탄받고 배제당했으며, 언젠가는 생존이 막막해지는 운명에 처해졌다. 믿을 수 없는 인간이라는 낙인이 찍히는 것은 곧 파멸을 의미했다. 그렇기 때문에 속이는 행위는 강하게 금지되어 있었으며 대부분의 사람들은 동료를 배신하기보다 동료를 위해 희생하는 길을 선택했다.

그런데 사람들과 애착이나 신뢰 관계를 갖지 못하고, 이득과 손실만으로 움직이는 유형의 사람이 돌연변이식으로 나타났다. 그들 대부분은 사회에서 고립되어 살아남을 수 없었지만, 개중에는 대성공을 거두는 사람도 있었다. 마키아벨리가 말한 대로 신의信義나 인간미를 가장하면서 냉혹하게 계산하고, 자신의 이익을 위해서라면 아무런 망설임 없이 신뢰 관계를 깨면서 고통도 느끼지 못하는 사람이 지배자로서 크게 성공하게 된 것이다.

게다가 사회가 거대화하고 익명화하자 신용할 수 없는 사람이라는 이력도 쉽게 감출 수 있게 되었다. 신의 있고 인간미 넘치는 사람으로 가장하면 과거의 범죄 이력이나 어두운 경력도 알려지는 일 없이 불특정 다수의 사람에게 접근할 수 있다. 예전 같으면 누구나가 과거의 행적이나 평판을 알고 있어서 제대로 상대해주지 않던 사람도 표면적인 모습이나 거짓말, 자신감 넘치는 말투로 사람들을 믿게 할 수 있게 되었다.

실제로 파괴적인 컬트라고 불릴 만한 위험한 종교 집단과 정치 집단의 우두머리가 범죄 이력을 가진 경우도 적지 않았다. 옴진리교의 아사하라 쇼코가 그 전형적인 예다. 그는 마쓰모토 지즈오라는 이름을 쓰던 21세 때 상해죄로, 27세 때 약사법 위반으로 두 번의 유죄 판결을 받고 벌금형을 받았다. 반사회적 성향은 교주가 되기 전부터 이미 갖고 있었던 것이다. 또 그는 시각장애인 학교에 다니던 무렵부터 한쪽 눈은 시력을 갖고 있었기에 앞 못 보는 아이들 속에서 '왕'처럼 군림했다. 그는 다른 학생을 괴롭히고 마음대로 조종하면서 은밀한 쾌감을 얻었다.

그런 아사하라의 과거를 어렸을 때부터 샅샅이 알고 있었다면 아무리 그가 히말라야에서 깨달음을 얻었다고 주위섬겨도 그 말을 그대로 믿는 일은 없지 않았을까. 하지만 아사하라의 입장에서는 다행스럽게도 익명화된 사회에서는 수상한 과거를 소멸시키고, 마치 미지의 세계에서 이 세계로 뚝 떨어져 내려온 것처럼 꾸며낼 수 있었다. 그만큼 현대사회는 속이기 쉽고 속기 쉬운 구조를 갖고 있다.

하지만 누구나가 심리 조작으로 타인을 마음먹은 대로 움직여서 쾌감을 느끼거나 이익을 얻으려고 하지는 않는다. 또한 누구나가 심리 조작에 걸리지도 않는다.

어떤 사람이 심리 조작에 관심을 갖고 시행하게 되는가? 어떤 사람이 심리 조작에 걸려 피해를 입기 쉬운가? 먼저 심리 조작을 거는 사람들의 특성부터 살펴보자.

———

심리 조작에도 다양한 형태와 단계가 있다. 널리 알려져 있는 전형적인 심리 조작은 독재자나 컬트 교주가 부하나 신도를 심리적으로 지배하거나, 정보기관이 첩보원을 세뇌해서 조종하는 것이다. 주변에서 흔히 볼 수 있는 범위까지 확대하면, 악질적인 권유나 사기와 같은 영업 활동으로 물건을 판매할 때도 심리 조작 기법이 사용된다. 온갖 횡포를 부리는 자기중심적인 상사나 폭력적인 남편이 부하직원이나 아내를 마음대로 지배하는 것도 심리 조작이다. 부모가 아이들을 지나치게 속박하거나, 한 사람을 욕하고 따돌려서 심리적으로 몰아세우는 왕따도 심리 조작의 일종이다.

독재자, 광신적인 컬트 구루, 독선적인 상사나 배우자, 부모, 왕따를 주도하는 아이들에게는 본질적으로 공통되는 요소가 있다.

첫 번째로 이들은 폐쇄적인 집단에서 강한 위치에 서 있다. 상대의 안전을 좌우할 수 있으며, 죽이고 살릴 수 있는 권리를 갖고 있다고도 할 수 있다. 독재자나 부모는 마음만 먹으면 시민이나 아이의 생명과 안전을 위협할 수 있다. 이런 힘을 남용했을 때 '학살'이 일어나고 '학대'나 '왕따'가 일어난다.

하지만 오히려 그렇게 되지 않는 경우가 많은데, 그것은 그런 폐해를 억제하는 다른 힘이 작용하기 때문이다. 대다수의 사람은 약한 사람을 배려하며 타인에 대한 애정과 윤리적인 책임을 갖고 있는데, 이것이 바로 유대 관계이다.

이로써 두 번째 공통점을 알 수 있다. 약자에 대한 배려나 윤리 의식이 결여되어 있다는 점이다. 약한 상대나 속이기 쉬운 상대를 만났을 때 보호해야 한다는, 인간으로서 지녀야 할 기본적인 마음가짐이 부족하다. 오히려 지배로 얻는 쾌락이나 지배하려는 욕망에 사로잡히고 만다.

이것으로 세 번째 공통점을 알 수 있다. 즉 그들은 사람을 지배하는 행위를 통해 쾌락을 얻는다는 것이다. 흔히 '지배 행위는 중독된다'고 하는데, 이것은 지배 행위가 중독이 될 정도로 쾌감을 동반한다는 뜻이다. 이 쾌락의 유혹에 지는 인간이 자신이 조종할 수 있는 상대를 마음대로 쥐고 흔드는 행위에 빠져버리게 된다. 이것이 심리 조작이고 괴롭힘이며 학대이고 왕따이다. 권력의 쾌락에 빠져서 상대를 제멋대로 휘두르는 것이다.

악질적으로 심리 조작을 거는 사람은 타인을 지배하는 쾌락을 강렬하게 느끼고, 타인에 대한 공감이나 배려가 희박하다. 이런

특성은 정신의학적으로 자기애성 인격장애Narcissistic Personality Disorder, NPD
의 특징과 일치한다. 자기애성 인격장애는 비대한 자기애나 유아
적 전능감, 타인에 대한 공감 능력의 결핍이나 착취적 태도 등이
특징이다.

독재자, 파괴적인 컬트 구루, 폭력적인 남편, 흉포한 상사, 권위
적인 부모, 반 친구를 괴롭히며 쾌감을 느끼는 초등학생이나 중학
생 등 타인을 심리적으로 지배하고 조작하려고 하는 이들은 기본
적으로 모두 자기애성 인격장애를 갖고 있다. 독재자나 컬트 구루
의 별나고 유아적인 행동은 유치하고 미숙한 자기애성에서 유래
하며, 그것은 으스대거나 강한 척하거나 태연하게 약한 자를 괴롭
히는 유치한 행동과 뿌리가 같다.

심리를 조작하는 사람들이 지닌 본질적 요소
- 폐쇄적인 집단에서 가장 강한 위치에 서 있다.
- 약자에 대한 배려나 윤리의식이 결여되어 있다.
- 사람을 지배하는 행위를 통해 쾌락을 얻는다.

▍비뚤어진 자기애가
▍만들어낸 환상

심리 조작을 대표하는 컬트 구루를 통해 심리 조작의 특성을 한층
깊게 파헤쳐보자. 영국의 정신분석학자 앤서니 스토Anthony Storr나

중국의 세뇌 작업에 대해 쓴 《사상 개조와 전체주의의 심리학》, 옴진리교 사건을 분석한 《종말과 구제의 환상》 등의 저서로 알려진 미국의 정신의학자 로버트 리프턴Robert J. Lifton은 구루의 특성을 다음과 같이 요약했다.

① 구루는 불안정한 정신 구조를 지니고 있으며 망상증, 신경쇠약, 자아분열 등에 빠지기 쉽다.

② 구루는 계시를 받아 진리를 깨달았다는 확신을 갖고 있다. 그 계시는 3, 40대의 고뇌나 질환의 시기에 이어서 오는 경우가 많다.

③ 구루는 제자나 예찬자가 필요하다. 정신 구조가 취약하기 때문에 자신을 지탱하기 위한 사람들의 칭찬이나 존경이 필요하다.

④ 구루는 제자에게 '불멸의 감각'을 갖게 해준다. 이것은 '죽음도 개의치 않는 느낌'이며, '한정된 시간을 넘어서 무한대로 이어지는 존재의 위대한 일부라는 느낌'이기도 하다.

⑤ 구루는 제자에게 부모보다도 중요한 존재이며, 제자는 일도 재산도 모조리 내팽개치고 구루와 함께 위대한 목적을 위해 힘써야 한다.

구루는 취약한 정신 구조를 갖고 있는 데다 고뇌나 질환을 겪으며 극한까지 내몰린 끝에 계시를 얻는 역전극을 보여준다. 하지만 구루는 깨달음을 얻은 뒤에도 혼자 있으면 안정을 얻지 못하고, 제자를 받음으로써 비로소 자신의 과대한 자기애를 지탱할 수 있다. 제자는 모든 것을 내던지고 구루와 그가 추구하는 이상을 위해 봉사해야 하는데, 그 대가로 구루와 행동을 함께함으로써 불멸의 감각을 갖게 된다. 불멸의 감각은 구루의 과대한 자기애가 안고 있는 전능감에서 유래한다.

교만하게 보일 정도의 자신감과 흔들리지 않는 확신이 카리스마의 원천이란 사실은 수많은 사람들이 지적하고 있다. 그럼에도 구루는 유별나게 과대한 전능감을 팽창시킴으로써 자신감이 없고 불안감을 안고 있는 사람들에게 강렬한 인상을 주고 구원자로서 기대를 불러일으킨다.

일개 시민이 구루로 변할 때 생기는 심적 메커니즘은 자기애적 방위라는 개념으로 설명할 수 있다. 허약한 정신 구조를 가진 사람은 생각대로 되지 않는 현실에 부딪혔을 때 낙담과 절망으로부터 자신의 몸을 지키기 위해서 과대 자기(전능감에 빠져 무엇이든지 될 수 있다고 여기는 것)를 팽창시켜 전능감으로 무장하고, 타인을 정복하고 지배하고 경멸함으로써 자신의 가치를 지키려고 한다.

멸시받고 모욕당했던 존재는 자기애적 방위에 의해 자신감이 없는 남자가 아니라 신과 같은 확신에 찬 존재로 변하려고 한다. 이에 따라 실제로 사람들에게 숭앙받는 존재가 된다. 이전에 고난을 겪었던 시기는 자기애적 방위에 필요한 극한의 시기였다고 할 수 있다.

하지만 진리를 손에 넣은 성자라고 해도 구루 자신이 정신적으로 취약한 상태를 극복한 것이 아니라 단지 자기애적 방위를 통해 깨달음을 얻은 존재로 위장하고 있을 뿐이다. 따라서 전능감이 훼손될 상황에 처하면 자기애적인 분노에 사로잡히고, 피해망상적으로 변하거나 신경쇠약 또는 자아분열을 일으키며 무너진다.

아사하라 쇼코가 중의원 선거에서 참패한 뒤 피해망상이 강해져서 아마겟돈으로 내달렸듯이, 인민사원의 짐 존스가 이탈한 교단 간부에 의해 존스타운이 강제수용소라는 실상이 폭로되자 언론과 국회의원에 맞서 집단 자살로 900명의 신도를 죽음에 이르게 했듯이 붕괴가 시작되면 단숨에 파멸로 치닫게 된다. 이것은 사회에 대한 공격 성향과 자기파괴적인 성향을 일체화시켜 사회와 함께 '동반 자살'을 시도한 것이라고 볼 수 있다.

전능으로 비대한 과대 자기를 안고 있는 사람은 자신이 죽을 때 세계를 동반자로 데려가고 싶다는 생각을 품기 십상이다. 그 사람에게는 자신이 세계보다 중요하며 자신이 죽어 없어진 뒤에도 세계가 존재하는 것을 용납할 수 없을 것이다.

그런 구루가 이끄는 교단은 공감이나 사랑을 가르침으로 내세우고 있더라도 머지않아 지배력을 잃게 되고, 개개인의 주체성이 박탈당하기 쉬우며 독선에 빠지게 된다. 그곳에서는 자유로운 정신도, 진정한 창조성이나 자연스런 사랑도 압살된다. 이상향을 목표로 했건만 강제수용소로 변질되어버린다. 이것은 진력이 날 정도로 반복되어온 역사의 진실이다.

이런 특징은 종교 구루뿐만 아니라 정치 구루인 독재자의 특징과도 딱 들어맞는다.

———

결국 컬트 종교의 교주이든 정치집단의 독재자이든 스스로 성자나 신이 되는 것 이외에는 구원을 받을 수 없을 정도로 일그러져 팽창된 자기애를 안고 있는 존재라고 말할 수 있다. 왜소한 자기애밖에 갖지 못한 사람에게는 설령 겉보기에 불과하더라도, 자신과 확신에 차서 진리를 말하는 사람은 강렬한 인상으로 다가오게 된다.

특별한 존재이고 싶어 하면서 아무 확신도, 자신도 없는 사람은 진리를 깨달았다고 설파하는 존재에게 복종하고 그의 제자가 됨으로써 자신 또한 특별한 일을 해낼 존재라는 착각에 빠지게 된다.

이 착각은 구루가 특별한 존재라고 믿음으로써 자신도 특별한 존재가 된다는 사고 구조에 의해 유지되고 있다. 구루가 성자가 아니라 성자인 척하는 사기꾼이라면 그는 특별한 존재가 아닌 것은 물론, 자신 또한 사기꾼에게 놀아난 어리석은 자가 되어 어떤 특별한 존재도 되지 못한다는 사실을 의미한다.

요컨대 자신이 특별한 존재이고 싶다는 바람이 구루를 계속 믿을 수밖에 없는 상황으로 몰고 가는 것이다. 구루를 의심한다면 자신이 살아온 인생의 의미를 부정하는 꼴이 되기 때문이다.

컬트 종교에 빠진 사람이나 심리 조작을 당한 사람은 여러 가지 불합리하고 모순된 일을 보게 된다. 하지만 보고도 못 본 척한다. 불합리하고 모순된 상황과 마주 서서 구루가 특별한 성자라는 전제를 의심하거나 영적 능력을 지녔다고 믿고 있던 점술사가 지능적인 사기꾼이란 사실을 알아차려서는 안 된다. 그것은 지금까지 자신을 지탱해준 정신적 지주를 잃게 되는 격이기 때문이다. 따라서 자신에게 유리한 사실만을 보고, 구루나 점술사를 계속 맹신할 수밖에 없는 상황에 빠진다.

이런 구조는 망상성 정신질환에서도 종종 볼 수 있다. 몇 년 동안이나 자신이 특별한 존재라는 망상과 함께 살아온 사람은 약물 요법으로 지금까지의 망상이 그저 망상에 불과했다는 사실을 깨달았을 때 위기를 맞이한다. 오랫동안 자신을 지탱해온 세계가 붕괴되었기 때문이다. 이제 의지할 것이 전혀 없으며 자신을 지탱해주는 것도 없다. 다만 자신이 몇 년이나 망상에 사로잡혀서 인생을 낭비했다는 사실만 남아 있다. 그것은 잔혹하기 그지없는 현실과 마주 서는 것이다. 그리하여 망상이 풀렸을 때 자살하는 사람이 나오게 된다.

이와 마찬가지로 굳게 믿었던 구루가 가짜라는 사실을 선뜻 받아들일 수 없기에 여간해선 컬트 교단을 박차고 나올 수 없게 되며, 이는 교단을 빠져나온 뒤 일시적인 위기가 찾아오는 원인이 되기도 한다.

종교 구루뿐만이 아니라 비대한 자기애를 지닌 타인에게 매달려서 살아가는 사람은 한결같이 비슷한 처지에 놓이게 된다. 폭력적인 남편이나 반사회적 남성에게 매달려 사는 여성은 옆에서 보면 오로지 폭력과 착취를 당할 뿐이며 애정이 바탕이 된 생활과는 정반대 상황에 놓여 있다. 그럼에도 불구하고 그녀들은 남자가 섹스 중에 속삭이는 달콤한 사랑의 말을 믿는다. 왜냐하면 그 남자가 없이는 살아갈 자신이 없기 때문이며, 아무리 심한 꼴을 당하더라도 그 남자를 나쁜 사람이라고 인정하는 일은 마음속의 지주를 잃어버리는 것과 같기 때문이다.

공감 능력 결핍과 지배라는 쾌감

아사하라는 고등학교 시절 장래에 일본 총리가 되겠다는 꿈을 갖고 다나카 가쿠에이田中角榮*의 전기를 즐겨 읽었다고 한다. 그리고 도쿄대학 법학부나 의학부를 소망했고 실제 도전하려고도 했다. 도쿄대 법학부나 의학부를 고집한 까닭은 딱히 법률이나 의학을 배우고 싶었다기보다 그곳이 가장 들어가기 힘든 곳이었으며, 그의 과대 자기를 강하게 자극했기 때문이다. 하지만 그 계획은 결국 좌절되었다.

그는 나중에 엘리트 의사나 과학자를 적극적으로 가입시키고 중용했는데, 이것은 그의 학력에 대한 콤플렉스와 관계가 있을 터이다. 과대한 소망이 현실에서 좌절되자 그는 성자가 되겠다는 종

■ 일본의 정치가로 제67·68·69대 총리를 역임했다.

교적 야심을 품었다. 과대한 자기애를 만족시키기 위해서는 평범한 사람은 엄두도 낼 수 없는 일을 해낼 필요가 있었다.

그런데 왜 그런 자기애성 인격장애가 그의 내면에 똬리를 틀게 된 걸까. 리프턴은 "맹인의 나라에서는 애꾸가 왕이다"라는 에라스무스의 말을 인용하면서 이 말이야말로 아사하라 아동기의 본질을 나타내고 있다고 했다.

아사하라는 선천성 녹내장이었기 때문에 한쪽 눈은 보이지 않았지만, 다른 한쪽 눈은 희미하게나마 볼 수 있었다. 무리를 하면 일반 학교에 들어갈 수도 있었다. 하지만 형제가 아홉 명이나 되었고 형편도 여의치 않았다. 맹인학교에 들어가면 국가로부터 지원을 받을 수 있었기에 부모는 그를 맹인인 형이 다니던 맹인학교에 입학시켰고, 결국 그는 스무 살까지 그곳에 다녔다.

그러나 미미하게나마 시력이 남아 있었고 키도 컸기 때문에 다른 학생들에 비해 압도적으로 유리한 입장에 서게 되었다. 그는 앞 못 보는 다른 학생을 업신여기고 마음대로 조종했으며, 자신에게 거역하면 폭력을 썼다. 그 시기에 이미 특권을 누리며 우월감을 맛보고 약한 사람을 지배하면서 쾌감을 느꼈던 것이다.

그런 상황에 놓였을 때 자신보다 부자유한 사람을 배려하고 약자의 편이 되어 지켜주려고 하는 사람도 있다. 하지만 아사하라는 그렇지 않았으며 적극적으로 우월감을 즐기고 지배하면서 비뚤어진 마음으로 그 기쁨을 즐겼다. 그것은 그의 내면에 자리 잡고 있던 상처 때문이 아니겠는가.

일반적으로 왕따를 시키는 아이는 애정이 부족한 상태이거나 다른 누군가로부터 학대당한 경험이 있다. 부모에게 속박되거나 무리하게 공부를 강요당했을 때, 또는 형이나 선배에게 괴롭힘을 당하면 그 자신도 왕따의 가해자가 되는 일이 흔하다. 또한 왕따를 주도하는 아이는 부모에게 애착을 느끼지 못하고, 아무도 믿지 않으며 누군가와 친하게 지내고 싶은 마음도 없는 회유형 애착을 지닌 경우가 많다.

　아사하라는 9남매 중 일곱째이며 넷째 아들이었기에 특별히 대우받을 수 없었고, 맹인학교에 들어가게 된 현실을 원망했다. 이런 마음이 그를 교사에게 반항하거나 동급생을 괴롭히면서 울분을 풀게 만들었던 것이 아닐까.

　여하튼 그는 원하지 않던 맹인학교에 들어가게 되었고, 거기에서 우월한 위치에 서게 됨으로써 결과적으로 자기애가 비대해지고 열등감이 심화되었다.

　파괴적인 컬트 종교의 구루뿐만 아니라 권력을 남용하는 지배자, 완력이나 공포로 아내를 지배하는 폭력적인 남편, 반 친구에게 심리적인 고통을 줌으로써 쾌감을 느끼는 중학생 같은 이들에게는 공통적으로 공감 능력이 결여되어 있다. 그들이 공감 능력을 바탕으로 상대의 입장이 되어 그 고통을 느꼈다면, 지배로 얻는 쾌감을 위해 타인에게 상처를 주었을 리가 없다. 하지만 공감 능력이 없으면 지배함으로써 쾌감을 얻으려는 행위를 억제할 수 있는 것은 처벌밖에 없다.

소년 마쓰모토 지즈오, 즉 어렸을 때의 아사하라 쇼코는 직접 손을 대지 않고, 자신을 충실하게 따르는 다른 학생들이 왕따를 주도하게 하면 꼬리가 밟히지 않고 죄책감도 느낄 필요가 없다는 사실을 알았다. 심리 조작으로 타인을 지배하면 이와 같이 직접적으로 폭력을 쓰는 것보다 위험성이 적고 더 큰 쾌감을 느낄 수 있다. 이 맛을 알게 되면 중독될 수밖에 없다. "지배는 중독된다"라는 말처럼 심리 조작은 중독적인 쾌감을 지니고 있는 것이다.

이와 같이 심리 조작은 학대나 왕따, 괴롭힘과 공통된 뿌리를 갖고 있다. 공감 능력이 결여되고 타인과 따뜻한 유대감을 갖지 못한 사람이 다른 사람들과 함께 생활할 때, 그들을 지배하거나 이용하게 되기 쉽다. 왜냐하면 공감 능력이 없는 사람에게 타인은 냉장고나 침대와 다를 바 없는 존재이기 때문이다. 원하는 대로 조작해서 이용하는 것 말고 달리 무엇을 하겠는가.

3장

누가
심리 조작을
당하는가

심리 조작으로 타인을 지배하는 사람은 자기애가 팽창되어 공감 능력이 결여된 자기애성 인격장애를 갖고 있다는 사실을 살펴보았다. 그렇다면 심리 조작을 당하는 사람의 특성은 무엇일까.

심리 조작을 당한 사람이 지닌 최대의 특징은 의존성이다. 컬트 종교에 빠지거나, 반사회적인 동료에 의해 억압받거나, 폭력적인 배우자에게 매달리거나, 왕따나 학대를 당하거나, 과보호하는 부모에게 지배되는 이들에게는 공통점이 있다. 그들은 주체적으로 생각하고 판단하고 행동할 수 있는 힘이 부족하다. 사소한 일도 지배자의 의향이나 안색을 살피고 그 뜻을 따른다.

폐쇄된 집단은 개인의 자유로운 정신 활동이나 주체적인 행동을 두려워하며 제한하고 제지한다. 회사, 연구기관, 학교 같은 조직조차 폐쇄적이고 경직되어 있을수록 이와 동일한 경향을 보인다. 컬트 교단에는 보통 신도마다 상담을 해주는 선배 신도가 있으며, 신도들은 선배 신도에게 하나부터 열까지 털어놓고 판단을 의존하게 된다. 선배 신도가 사소한 일도 일일이 지시하고, 본인이 스스로 판단하고 행동할 수 없게 한다. 이와 같이 주체적으로 생각할 수 없게 하고 절대적인 수동 상태로 만드는 것이 심리 조작의 기본이다.

컬트 종교에는 빠지지 않았더라도 스스로 판단해서 행동할 수 없다면 그것은 누군가에게 심리가 조작되어 살아가는 것이나 다를 바 없다. 뒤집어 말하자면 어떤 인생을 살아왔고 어떤 인격을 만들어왔는가에 따라 그 사람이 심리를 조작당하기 쉬우냐 아니냐가 결정된다.

아무나 심리 조작에 걸리는 것은 아니다. 가혹한 상황에서 세뇌를 받아도 제대로 먹히지 않는 사람도 드물게나마 존재한다. 성격, 정동 조절affect regulation이나 의사결정과 관련된 뇌의 기능, 현재 및 과거에 받아온 스트레스, 심리적인 지주와 같은 요인에 의해 심리 조작이 되기 쉬운지 아닌지가 결정된다.

개인적인 특성도 중요하지만 얼마나 스트레스를 느끼고 있는지 또는 주위 사람에게 지지를 받고 있는지 등도 중요한 요인이다. 주요 요인에 대해서 하나하나 살펴보자.

의존성 인격장애: 자기를 과소평가하고 타인에게 의지한다

어떤 유형의 인격장애를 지니고 있느냐가 중요한 요인 중 하나다.

그 중에서도 심리 조작이 되기 쉬운 유형은 의존성 인격장애이다.

의존성 인격장애는 주체적이지 못하며 주위 사람을 지나치게 배려하는 유형이다. 상대방이 싫어할까 봐 전전긍긍하고 의견이나 생각이 충돌하지 않게 하기 위해 상대방의 말을 부정하지 못하고 사사건건 맞춰서 살아가려고 한다. 이런 유형은 유독 일본인에게서 흔히 나타난다. 이들은 우유부단하며 모든 일을 상대에게 일임하려고 한다. 옴진리교를 탈퇴한 사람이 옴진리교의 신도들에게서 볼 수 있는 특징 중 하나로 지적했던 것도 '우유부단과 의존심'이었다.

관점을 바꾸어서 보면 사람들과 조화를 이루고 상대방을 존중한다고도 할 수 있는데, 그 결과 자신에게 명백하게 불이익이 되거나 자신의 의지에 반하는 일이라도 받아들이게 된다. 처음 만난 외판원에게 단호하게 필요 없다는 말을 내뱉지 못하고 고액의 상품을 사거나, 강압적으로 요구당하면 마음에도 없으면서 육체관계를 맺게 되는 경우도 이런 유형에서 볼 수 있다. 경제적으로 여유가 없으면서도 돈을 빌려달라는 부탁을 받으면 무리를 해서라도 마련해 주거나 보증인이 되어 나중에 큰 손해를 입기도 한다.

구태여 희생을 할 만한 가치가 없는 사람인데도 그 사람이 시키는 대로 하는 경향도 볼 수 있다. 편의를 위해 자신을 이용하거나 착취할 뿐인 사람에게 있는 돈 없는 돈을 몽땅 털어 내놓는다. 폭력을 휘두르는 사람이나 경제적으로 기생하며 사는 사람에게 매달리며 생활비를 대주기도 한다.

왜 이런 행동을 하는 걸까? 그것은 타인에게 의지하지 않으면 자신은 살아갈 수 없다고 믿기 때문이다. 일단 의존하기 시작하면 그 사람이 없으면 안 된다는 생각에 사로잡힌다. 자신을 과소평가하고, 실제로는 능력과 매력이 뛰어나더라도 혼자서는 살아나갈 수 없다고 믿게 된다. 강한 의지를 지닌 존재에게 기대지 않으면 안심이 되지 않는다.

게다가 중요한 결정을 스스로 내리지 못하며 의존하는 사람에게 맡겨버린다. 곤란한 일이 일어나면 바로 그 사람에게 달려가 상담을 하고, 그가 시키는 대로 행동한다. 의사결정을 타인에게 맡기기 시작하면 사소한 일도 스스로 결정할 수 없게 되고, 모든 것을 상대방에게 의지하게 된다.

이런 특징 때문에 의존성 인격장애를 지닌 사람은 강한 의사를 지닌 존재에게 지배되기 쉽다. 심지어 스스로 나서서 자신을 강력하게 지배해주는 존재를 찾으려고 한다.

어렸을 때부터 자신을 지나치게 억제하고 타인의 기분을 살피면서 살아온 사람은 의존성 인격장애가 형성되기 쉽다. 난폭하고 권위적인 부모나 변덕스럽고 예측할 수 없는 행동을 일삼는 가정에서 자란 경우뿐만 아니라, 자식을 위한 행동일지라도 부모가 지나치게 보호하고 간섭하고 주체성을 침해하면 동일한 결과가 나타난다.

어린아이는 부모에게 매달리고 부모의 사랑을 받는 길 외에는 살아갈 수 있는 방법이 없다. 부모가 시도 때도 없이 욕하고 때리고 방치하는 환경에서 자라게 되면, 부모에게 버림받지 않기 위해서 한층 더 애를 쓰게 된다. 언제나 부모의 의향을 최우선으로 생각하게 되고, 스스로 판단하기보다 부모의 낯빛을 살펴보고 결정을 내리려고 한다.

부모와 아이의 심리적 관계뿐만이 아니라 생리적, 생물학적 관계도 애착이라고 한다. 애착은 대체로 아이가 태어나고 나서 1년 6개월 이전에 만들어지는데, 그 이후에도 사춘기 무렵까지 아이들은 상처를 받기 쉽다. 불안정한 애정으로 이루어진 환경에서 자라면 애착 관계도 불안정해지기 쉽다. 특히 부모가 변덕스러워서 갑자기 아이를 홀대하는 등 가정환경이 불안정하거나, 잔소리가 심하고 부정적인 말만 늘어놓으면 애착불안(애착 관계를 안심할 수 없는 경향)이 강해진다.

반대로 부모가 아이에게 무관심하여 신경을 쓰지 않고 소홀히 하거나 될 대로 되라는 식으로 대하면, 아이는 부모에게 어떤 기대도 하지 않게 되고 관계도 맺으려고 하지 않게 된다. 이런 상태는 애착회피(애착 관계 자체를 거부)를 강화시킨다.

경우에 따라서는 애정이 결핍된 상태에서 학대까지 받으면 애착불안과 애착회피가 강화된다. 그 결과 타인과 친밀한 관계를 맺는 일은 피하면서, 한편으로는 타인의 안색을 살피며 타인에게 인정받기 위해 애를 쓰게 된다.

애착은 처음에 아기와 엄마 사이에서 생기고, 그것이 바탕이 되어 다른 대인 관계에도 적용된다. 그렇기 때문에 아기와 엄마 사이에서 성립된 애착 관계는 모든 대인 관계의 토대가 된다.

부모와 함께 있어도 불안감을 느끼고 애착불안이 강한 상태에서 자라게 되면, 다른 사람과도 부모와 똑같은 관계를 이루며 살아가기 쉽다. 의존성 인격장애를 지닌 사람의 중요한 특징은 애착불안이 강하다는 것이다.

애착불안이 강한 아이는 이미 네다섯 살 무렵부터 부모의 안색을 살피고 부모의 비위를 맞추거나 부모를 도와주려고 노력하는 경향이 있다. 초등학생 이후에 그런 경향이 한층 더 뚜렷해진다.

마치 아이가 부모의 보호자인 것처럼 부모를 위로하거나 상담해주는 역할을 맡곤 한다. 바지런하게 집안일을 하거나 어른처럼 조언을 한다. 원래대로라면 아이가 어리광을 부려야 하는데 관계가 역전되어버린다. 또 상대의 비위를 맞추며 행동하는 습관을 어렸을 때부터 몸에 익히게 된다.

———

의존성 인격장애를 만드는 환경에 대해 살펴보자. 우선 아버지가 알코올 의존증인 경우가 대표적이다. 알코올 의존증에 걸린 아버지가 술만 마시면 가족에게 행패를 부리기 때문에 아이들은 아버지가 술잔을 입에 대면 가슴을 졸이면서 아버지의 안색을 살피며 지내야 한다. 이런 환경에서 자란 사람을 '어덜트 칠드런 Adult Children'이라고 부른다.

요즘에는 우울증이나 불안정한 인격장애를 지니고 있는 엄마 때문에 의존성 인격장애가 되는 경우가 많아졌다. 늘 불안정한 상태에 있는 엄마가 자해를 하거나 자살을 기도하면 아이는 항상 불안한 마음으로 지내게 된다. 이런 환경에서는 아이가 엄마의 상담 상대가 되어 어떻게든 엄마를 안정시키기 위해 애쓰게 되는 경우가 많다.

언뜻 일반적인 가정에서 자란 아이처럼 보이지만, 자기애적인 엄마에게 속박되어 의존성 인격장애가 되는 경우도 있다. 집안에서는 엄마의 의견이 가장 강하며, 자기의 생각대로 일이 진행되지 않으면 갑자기 화를 내고 아이에게 무관심해진다. 어떡하든지 엄마의 화를 풀어주기 위해 아이들이 항상 엄마의 기분을 살피며 엄마의 말에 따라 행동하게 된다.

부모가 아이를 과보호하며 기른 탓에 의존성 인격장애에 걸리는 아이도 증가하고 있다. 아이들이 해야 하는 일까지 모조리 부모가 해버리기 때문에 주체성이 길러지지 않으며 의존적인 인격이 형성된다. 과보호 가정에서는 엄마의 자기애가 아이에게 투영되는 경우가 많고 아이는 엄마의 인형이 되고 만다.

옴진리교에서 탈출한 어떤 남성 신도는 자신의 의존성의 원인이 과보호를 받으며 자랐기 때문이라고 스스로 분석했다. 또 다른 여성 신도는 "전 자아가 약했기 때문에 자신을 타인과 동일시하고, 항상 타인에게 인정과 애정을 받기 위해 애를 쓰며 살아왔습니다"라고 고백했다.

의존성 인격장애를 지닌 사람은 기본적으로 수동적이며, 자신이 의존하는 사람의 언동에 귀를 쫑긋 세우고 거기에 따라 행동하는 방식에 물들어 있기 때문에 심리 조작을 당하기 쉽다. 지배하는 존재가 선의를 갖고 그 사람의 이익을 지켜주는 존재라면 피해가 적지만, 설사 그런 경우일지라도 그 사람 자신의 인생을 살아가고 있다고는 할 수 없다. 하물며 교활한 사람이나 타인의 희생을 당연하게 받아들이는 사람에게 걸리면 이용만 당하고 인생을 망치게 된다.

의존성 인격장애를 만드는 주된 가정 환경

- 아버지가 알코올 의존증인 경우
- 어머니의 자기애가 지나치게 강한 경우
- 어머니가 우울증이나 불안정한 인격장애를 지니고 있는 경우
- 부모가 과보호로 자식을 기르는 경우

왜 그런 착취를 당하면서도 자신을 희생하며 교단이나 조직을 위해 일할까? 어째서 일 한번 하지 않으면서 술만 마시고 때리는 사람에게 매달려 사는 걸까? 이처럼 제3자의 입장에서 보면 도무지 이치에 맞지 않는 행동도 의존성 인격장애의 특성을 알게 되면 어느 정도 이해할 수 있게 된다.

애착불안이 강한 의존성 인격장애를 지닌 사람은 일단 의존 상태에 놓이게 되면 상대방 없이는 살아갈 수 없다고 믿게 된다. 마치 약물 의존 환자가 약물 없이는 살아갈 수 없다며 그 어떤 해로

운 일이 생기더라도 약물에 매달려 살듯이, 백해무익한 사람이라도 매달려 사는 수밖에 없다고 생각한다. 다른 선택지가 없는 셈이다.

이제 막 18세가 된 S는 가출해서 아무 목적도 없이 거리를 방황하다 나이가 두 배나 많은 N을 만났다. 전혀 끌리는 구석이 없고 조직폭력배 같은 느낌이 다분한 남자였지만, 상냥하게 말을 걸면서 다가오자 외로웠던 탓도 있고 해서 그냥 잠시 사귀어볼까 하는 생각이 들었다.

아니나 다를까 N의 등에는 큼지막한 문신이 새겨져 있었는데, 일단 관계를 맺게 되자 두려움보다 자신을 지켜줄 믿음직스러운 존재라는 느낌이 들었다. N이 원하는 대로 하루 이틀 만나다 보니 어느새 S는 N의 곁을 떠날 수 없게 되었다. 함께 살자는 N의 말 한마디에 쾌히 승낙하고 마음속 깊이 행복을 느꼈다.

하지만 그 행복은 한 달도 채 가지 못했다. N은 평소에는 좋은 사람이었지만, 주사가 심해 술만 먹으면 딴사람으로 돌변했다. S가 친구를 만나거나 문자를 주고받기만 해도 화를 냈고 때로는 폭력을 휘둘렀다. 그리고 언제나 강간과 같은 섹스로 끝을 맺었다.

S를 철저하게 구속하면서 N 자신은 태연하게 다른 여자와 바람을 피웠다. 그 일을 추궁하면 빤히 들여다보이는 거짓말을 할 뿐이었다. 게다가 S가 모르는 사이에 일을 그만두었고 생활비도 주

지 않았다. S가 이에 대해 불만을 털어놓자 폭행을 가했다.

주위 사람들이 걱정하며 그만 헤어지라고 했지만, S는 N이 실은 착한 사람이라며 감싸주고 '내가 없으면 N은 더 망가진다'며 사람들의 충고에 귀를 기울이지 않았다.

그러던 차에 S가 임신을 했다. N도 뛸 듯이 기뻐하며 이제 성실하게 일하겠다고 다짐했고, S는 이제 N도 마음을 다잡고 착실하게 살 것이라고 기대했다. 하지만 그것은 입에 발린 말이었다. S의 배가 불러오자 오히려 N은 더 심하게 바람을 피웠고, S가 따져 묻자 임신한 S를 때리는 일까지 있었다.

그러던 어느 날 경찰서에서 전화가 왔다. N이 상해죄로 체포되었다는 것이었다. 전과가 있던 N은 결국 징역 2년을 언도받았고, S는 혼자서 아이를 낳아야만 했다.

그런 녀석과는 관계를 끊으라고 주위에서 귀가 따갑도록 말해주어도 S는 고개를 저을 뿐이었다. 자신이 반드시 N을 올바른 사람으로 만들겠다며 N을 계속 기다릴 생각인 모양이었다. 그러나 반년이 지난 뒤, S는 일하던 술집에서 만난 남자와 정을 통하자 아이를 N의 부모에게 떠맡기고 홀연히 자취를 감추었다.

애착불안이 강한 의존성 인격장애를 지닌 사람은 폭력을 당하거나 부당한 대우를 받아도 애착 관계에 있는 대상이 눈앞에 있으면 여간해선 그 사람 곁을 떠나려고 하지 않는다.

하지만 그 사람이 눈앞에서 없어지거나 만나지 못하는 기간이 길어지면 어이없이 상황이 바뀌고 만다. 애착불안이 강한 만큼 누군가에게 의지하지 않으면 자신을 지탱해갈 수 없기에 가까이에 있는 다른 사람에게 매달리게 되기 쉽다.

눈앞에 그 사람이 있을 때는 헤어지는 일은 생각도 못할 정도로 끈끈하게 연결된 관계라고 생각하지만, 눈앞에서 사라지면 혼자서 살아가는 것을 견디지 못하고 아주 간단하게 다른 사람에게로 가버린다. 애착불안이 강할수록 이런 일이 일어나기 쉽다.

오히려 서로 떨어진 채로 1년 이상 기다리는 경우는 드물다. 둘 다 애착불안이 강한 경우에는 떨어져 있으면 더욱더 관계가 서먹해지기 쉽다. 의심이 의심을 낳고 상대는 이제 자신을 버렸다는 생각에 사로잡히게 된다. 그렇다면 자신만 기다리는 것은 어리석은 행위가 되고 마는 것이다. 점차 주고받는 말이 신랄해지고 자연스럽게 관계가 붕괴되는 것이 일반적이다.

의존성 인격장애를 지닌 사람은 심리 조작을 풀 때 이런 점에 주의해야 한다. 멀리 떨어져서 얼굴을 보지 못하는 상태가 되면 점차 의존관계가 무너져간다. 새로운 의존 대상을 찾지 않으면 자신을 지탱해갈 수 없기 때문이다. 이때 새로운 인생을 살아갈 수 있도록 구원의 손길을 뻗어주면 심리 조작이 풀어진다.

피암시성:
수동적이며 무비판적으로 모든 정보를 수용한다

의존성 인격장애와 더불어 심리 조작을 당하기 쉬운 특성에는 피암시성이 있다. 피암시성은 암시에 걸리기 쉬운 경향을 가리킨다.

피암시성이 강한 상태는 이를테면 자신에게 들어오는 정보를 믿어도 좋은지 그렇지 않은지를 비판적으로 판단하는 능력이 저하된 상태이다. 바꾸어 말하자면 모든 정보를 무비판적으로 받아들이기 쉬운 상태라고 할 수 있다. 그 결과 주체적인 의사로 행동하지 못하며 주어진 지시대로 행동하기 쉽다.

따라서 피암시성이 강한 사람은 최면에 잘 걸린다. 완전히 수동적인 상태를 최면 상태라고 할 수 있으니, 피암시성이 강한 사람이 최면이나 심리 조작에 잘 걸리는 것은 어찌 보면 당연한 일이다.

이 밖에도 피암시성이 강한 사람은 다음과 같은 특징이 있다.

① 타인의 말을 곧이곧대로 받아들이거나 타인의 말에 영향을 받기 쉽다.
② 신앙심이 깊고 미신이나 초현실적인 현상을 믿는 경향이 있다.
③ 과장된 이야기를 하거나 허언을 하는 경향이 있다.

일반적으로 인구의 약 4분의 1은 최면에 걸리기 쉬우며, 약 4분의 1은 상당히 최면에 걸리기 어렵다고 한다.

최면에 잘 걸리는 사람은 의존성이 강한 경향도 보인다. 항상 상대의 말을 곧이곧대로 듣는 습관이 배어 있는 사람은 당연히 정보를 선별해서 스스로 의사결정을 하는 일에 익숙하지 않으며, 그런 일과 관련된 뇌의 기능도 그다지 발달되어 있지 않다.

이에 반해 언제나 타인의 말이나 정보를 사실로 받아들이지 않고 비판적으로 판단해서 평가하는 습관이 배어 있는 사람은 피암시성이 약하며 심리 조작에 잘 걸리지 않는다. 반대로 의존성 인격장애와 같이 습관적으로 상대의 말에 고개를 끄덕이는 사람은 암시에 걸리기 쉬우며 심리 조작에 취약하다.

피암시성과 관계가 깊은 인격장애는 의존성 인격장애뿐만이 아니다. 이외에도 연기성 인격장애Historionic Personality Disorder와 경계성 인격장애Borderline Personality Disorder가 있다. 연기성 인격장애를 지닌 사람은 관심이나 주목을 받으려는 욕구가 강하며 과장된 행위를 즐겨 한다. 예전에는 히스테리성 인격장애라고 불렸으며, 심인성心因性마비와 같은 신체 증상을 곧잘 일으킨다. 연기성 인격장애를 지닌 사람은 주목받기 위해 꾸며낸 이야기를 하거나 거짓말을 해서 주위 사람을 완전히 속이는 경우가 많다. 연기성 인격장애를 지닌 사람이 공상과 현실을 명확하게 구별하지 못하고, 공상을 현실처럼 믿고 있기 때문에 생기는 현상이라고 볼 수 있다. 이런 현상은 피암시성과 깊은 관계가 있다.

경계성 인격장애는 기분이 극단적으로 바뀌고, 대인 관계가 불안정해서 항상 버림받지 않을까 걱정하며 강한 자기부정이나 자기 파괴적인 행동을 보이는 것이 특징이다. 의식이 해리되거나 자아정체성에 혼란을 느끼기 쉬운데, 이것은 자신과 타자의 경계가 뚜렷하지 않기 때문이다. 이런 점으로도 추측되듯이 경계성 인격장애 또한 피암시성이 높은 경향을 보인다.

자신과 타인의 경계를 확실하게 구분하지 못하는 장애는 경계성뿐만 아니라 연기성이나 자기애성, 반사회성, 망상성 등의 인격장애에서도 공통적으로 나타난다. 이렇게 취약한 인격장애를 지닌 사람은 심리 조작에 걸려들기 쉽다.

————

피암시성이 높아 현실과 공상을 뚜렷하게 구별하지 못하는 사람은 심리가 조작되기 쉬울 뿐만 아니라 주위 사람의 심리를 조작할 수도 있다. 둘 다 매우 위험하고 심각한 상황을 초래할 수 있다. 앞에서 잠깐 언급했지만 사실인 듯한 거짓말을 해서 주위 사람을 완전하게 속이고, 경찰이나 재판관도 거짓말을 간파하지 못해 아무 죄 없는 사람이 몇 년이나 형무소에 들어가 있는 일도 일어난다.

이런 사람들이 하는 거짓말의 특징은 자신을 피해자로 내세운다는 것이다. 그것도 비극의 주인공과 같은 피해자로 가장해서 사람들에게 동정심을 얻어 완전히 제 편으로 만든다. 또 다른 특징은 진실과 비슷한 거짓말이기에 구체적이고 그럴듯한 내용을 담고 있어서 도저히 지어낸 이야기라고는 생각하지 못한다는 것이다.

마지막 특징은 거짓말로 인해 고발을 당해서 직장이나 사회적 명예, 경제적 손실 등을 입은 진정한 '피해자'에게 아무런 동정과 죄책감도 갖지 않는다는 것이다. 이는 거짓말을 한 당사자조차 자기도 모르게 사실인 듯 믿어버리기 때문이다.

한층 사건이 복잡해지는 경우가 있다. 누명을 쓴 사람이 피암시성이 강하면 억울하게 뒤집어쓴 죄를 어느새 사실인 듯 믿게 되는 것이다.

이런 극단적인 사례가 1988년에 미국 워싱턴 주의 한 작은 마을에서 일어났다. 사건은 성서 캠프라는 모임 중에 여성 전도자가 "신이 함께 있는 것이 느껴진다"라고 말한 데서 비롯되었다. 그녀는 "아버지가 작은 여자아이를 숨기고 있는 것이 보인다!"라고 외쳤다.

그러자 그 자리에 있던 다른 사람들에게도 정말로 발자국 소리와 대문 자물쇠를 여는 소리가 들렸다. 그때 청중들 사이에 있던 한 소녀가 일어서서 "그 여자아이가 접니다!"라고 소리쳤다.

그리고 그녀는 친척에게 성적 학대를 받고 있다고 고백했다. 그러자 또 다른 소녀가 일어나서 자신도 부모에게서 학대를 받고 있다고 말했다. 그러자 또 다른 고백이 이어졌다.

고백을 한 사람 중에는 당시 스물두 살이었던 아름다운 여성 에리카 잉그럼도 있었다. 에리카도 부모에게서 오랫동안 성적 학대를 받아 왔다고 밝혔다.

이 기괴한 사건이 작은 마을에 파문을 일으키고 있을 무렵 또 다른 사건이 일어났다. 에리카의 여동생으로 당시 열여덟 살이었던 주리가 이상해졌다. 그녀는 눈물을 흘리기만 할 뿐 아무 말도 하려고 하지 않았다. 고등학교 담임교사는 주리가 무언가 숨기고 있다고 짐작하고, 도저히 말할 수 없다면 종이에 써도 좋다며 주리를 격려했다. 담임교사는 주리가 건네준 종이를 보고 소스라치게 놀랐다. 주리가 받은 성적 학대에 대해 낱낱이 적혀 있었기 때문이다. 주리는 아버지뿐만이 아니라 친구와 큰아버지, 이웃 사람에게서도 학대를 받고 있었다.

담임교사는 성적 학대를 전문으로 다루는 시설에 연락해서 주리를 보호해달라고 요청했다. 시설은 바로 경찰에 신고했다. 신고를 접수받은 경찰은 당혹스런 표정을 감추지 못했다. 에리카와 주리의 아버지는 보안관 사무실에서 근무하는 간부였기 때문이다.

한편 언니인 에리카에게 전후 사정을 들은 어머니 산디도 큰 충격을 받았다. 어떻게 행동하면 좋을지 갈팡질팡하고 있는 사이에 이미 경찰은 언니와 동생을 경찰서로 불러 참고인 조사를 마쳤다. 그리고 어느 날 아침 아버지 폴 잉그럼이 출근하자 별실로 불러 수갑을 채웠다.

그 뒤 길고 긴 취조가 시작되었다. 그런데 폴의 반응이 이상했다. 폴은 범죄 혐의에 당혹스러워했지만 그렇다고 부정하지는 않았으며, "딸이 그렇게 말했다면 그럴지도 모릅니다. 딸에게는 거짓말을 하지 말도록 교육을 시켰으니까요."라고 말했다. 하지만 딸에게 무슨 짓을 했느냐고 추궁하면 아무 생각도 나지 않는다며 구체적인 사실은 단 하나도 대답하지 못했다.

동료였기에 처음에는 사정을 봐주던 취조관도 차츰 신경이 날카로워져서 온갖 방법을 써가며 자백을 유도했다. 만약 두 딸이 아버지 외에 다른 사람들에게도 학대를 받고 있을 경우, 그들을 한시라도 빨리 체포하지 않으면 두 딸이 위험해질 수 있다고 위협했다. 그 말을 듣고 폴은 무슨 일을 저질렀는지 기억해내려고 안간힘을 썼다.

이윽고 폴은 성적 학대 장면을 부분적으로 떠올리기 시작하더니 당시 현장의 모습이나 함께 있던 사람들의 특징을 털어놓기 시작했다. 폴의 자백에 의해 용의자로 떠오른 사람은 폴의 둘도 없는 친구였던 짐 라비와 레이 리시였다. 언니와 동생에게 용의자들의 사진을 보여주었더니 둘 다 똑같이 그들의 사진을 가리켰다. 라비는 성범죄과에 오랫동안 근무했던 형사였으며, 리시도 보안관 사무실에서 근무하고 있었다.

이 두 사람이 체포되자 경찰은 물론 마을 전체가 벌집을 쑤셔놓은 듯 들썩거렸다. 하지만 누구보다도 충격을 받은 것은 체포된 두 사람이었다.

폴의 기억은 점차 되살아났고, 이윽고 폴은 그들과 함께 악마의 의식을 행했다고 증언했다. 그 의식의 제물로 딸들을 바쳤다는 것이었다. 이에 호응하듯이 두 딸도 창고에서 악마의 의식이 진행됐다고 진술했다. 동물이나 아기를 죽인 일도 있다고 털어놓았다.

게다가 어머니도 그 의식에 연관되어 있다고 폭로했다.

어머니 신디도 그 사실을 인정하고 의식에 대해 말하기 시작했다. 그녀는 '우연히 일정보다 빨리 집에 돌아왔더니, 악마의 의식이 한창 진행되고 있었으며 그녀도 강간을 당하고 산 제물로 바쳐졌다'고 고백했다.

폴은 더욱더 놀라운 사실을 말했다. 동료인 라비와 시애틀에 출장갔을 때, 매춘부를 끌고 가서 살해한 뒤 시체를 유기했다고 자백한 것이다. 수사본부는 술렁였다. 당시에 일어난 그린리버 연쇄 살인 사건의 범인을 잡지 못한 상태였기 때문이다. 매춘부만 살해했던 그 유명한 사건과 특징이 비슷했기에 폴과 라비가 그린리버 연쇄 살인 사건의 용의자로 급부상하게 되었다.

하지만 이야기는 한층 더 이상한 방향으로 흘러갔다. 악마의 의식이나 두 딸을 향한 성적 학대에는 더욱 많은 경찰관이 관여되어 있다는 사실을 알게 된 것이다. 경찰관들이 잇달아 붙잡혀 와서 조사를 받았다. 주리는 아버지가 임신을 시키고 아이를 낙태시켰다고 말했다. 그것도 질 속에 손을 집어넣어 강제로 태아를 긁어냈다고 주장했다. 심지어 배에 칼을 꽂아 세워놓은 적도 있다고 고백했다.

그녀들을 동정하고 그녀들의 말에 귀를 기울이던 사람들도 조금씩 의문을 품기 시작했다. 에리카와 주리는 산부인과 의사에게 진찰을 받았다. 그 결과 그녀들의 몸에는 낙태의 흔적도 칼에 찔린 상처도 없었으며, 심지어 성적인 관계를 맺은 경험조차 없었다. 그녀들도 뒤늦게 그 사실을 인정했다.

모조리 딸들이 지어낸 이야기였던 것이다. 그런데 왜 아버지와 어머니까지 두 딸의 거짓말에 놀아나며 하지도 않은 일을 했다고 한 것일까. 심지어 아버지는 딸들이 거짓말을 했다는 사실이 밝혀진 뒤에도 자신이 떠올린 기억이 사실이라고 믿고 있었다.

아마 이들 가족은 모두 피암시성이 높았을 것이다. 그러면 현실과 공상의 구별이 쉽지 않을 뿐만 아니라 어떤 일을 사실이라고 말하면 사람들 사이에서는 그것이 사실처럼 여겨질 수가 있다. 경찰은 자백을 토대로 폴을 기소했고, 폴은 징역 20년을 언도받고 14년 6개월을 감옥에서 보냈다. 이와 같이 연기성 인격장애가 관련된 사건은 자칫 잘못하면 억울한 죄를 만들어낼 수도 있다.

그런데 딸들은 왜 그런 거짓말을 한 것일까. 이 사건을 분석한 결과 밝혀진 사실은 이렇다. 아무 가치도 없는 사소한 이유에서 거짓말이 시작되고, 그것이 점점 더 심해지면 본인들은 그것을 사실처럼 여기게 된다는 점이다. 그녀들이 아버지를 감옥에 보내고 나서도 죄책감이나 양심의 가책을 느끼지 않았던 것은 실제 있었던 일이라고 믿었기 때문이다.

이 경우에도 이유는 하찮았다. 여동생 주리는 제멋대로 학교 전화로 장거리 전화를 걸어서, 그 일로 혼날지도 모른다는 불안감을 갖고 있었다. 한편 언니 에리카는 취직을 해도 오래 다니지 못하고 이리저리 옮겨 다니기만 해서 아버지에게 빨리 제대로 된 직장을 다니라는 재촉을 받고 있었다. 아버지는 그렇지 않으면 자기 돈으로 산 자동차를 팔아버리겠다고 엄포를 놓았다.

이런 사소한 일로 그런 거짓말을 하냐고 생각할지도 모른다. 하지만 이런 일은 지금까지 내가 수없이 대면한 현실이다. 피암시성이 높은 사람일수록 자잘한 스트레스로 과잉 반응을 일으키기 쉽다. 처리 능력의 한계를 넘어서 괴로운 나머지 저지른 행동이 다른 사람의 인생을 망쳐버리는 것이다. 충동적인 방화도 피암시성이 높은 사람이 돌발적으로 일으키기 쉬운 행동 중 하나다.

▌불균형한 자기애:
이상과 현실의 괴리로 내면이 항상 불안정하다

근래 들어 인격장애의 특성 중 자기애가 중요한 문제로 대두되고 있다. 불안정하여 일그러진 비대한 자기애는 심리를 조작하는 사람들의 문제로서 지적했는데, 사실 심리가 조작되는 이들과도 깊은 연관이 있다. 강력한 존재감을 내보이는 타자에게 종속됨으로써 안심감을 얻는 사람이 다수를 차지했던 시대에는 타자본위여서 타인에게 영향을 받기 쉬운 의존성 인격장애를 지닌 사람이 심리 조작의 제물이 되기 쉬운 전형적인 유형이었다. 그런데 최근에는 언뜻 보면 전혀 반대의 유형으로 보이는, 지극히 자기본위적이며 명확한 자기주장을 지닌 듯한 사람들이 심리 조작의 희생양이 되는 경우가 늘고 있다.

이런 사람들을 살펴보면 대부분 불균형한 자기애를 지니고 있다. 그들은 한편으로는 마음속에 과대한 소망을 지니고 위대한 성공을 꿈꾸고 있지만, 다른 한편으로는 자신감이 없고 열등감을 품고 있으며 있는 그대로의 자신을 사랑하지 못한다. 그래서 지나치게 큰 이상을 품음으로써 어떻게든 균형을 이루려고 한다. 현실에서 어느 정도 성공을 거둬 빛나고 있을 때는 그런 불균형이 겉으로 잘 드러나지 않지만, 현실 생활이 제대로 풀리지 않게 되면 양자의 차이가 급속하게 두드러지기 시작한다.

유교 사회나 전통적인 이슬람 사회를 비롯해서 인내와 종속을 중시하는 사회에서는 '자기'라는 존재가 그다지 큰 존재감을 갖지 못했다. 일본을 포함한 동양의 봉건 사회나 전통적인 가톨릭 사회와 마찬가지로, 이슬람 사회에서도 운명은 정해져 있다는 생각이 큰 지배력을 갖고 있었다. 즉, 개인은 신이나 하늘이 정해준 운명에 따라야만 하는 존재였다.

그런데 프로테스탄티즘과 연결된 개인주의에서는 개인의 의사나 주체성에 중점을 둔다. 운명조차도 그 사람의 의지와 노력에 의해 좌우될 수 있다는 생각이 나타난 것이다. 이런 개인주의가 전통 사회에도 파급되면서 이른바 '사회의 근대화'라고 불리는 상황이 초래되었다. 그것은 사회의 구성원이 자신의 의사를 지닌 개인으로서 각성하는 것이기도 했다. 이렇게 해서 자기에 중점을 둔 가치관이 전통 사회에도 침식하기 시작했다.

양쪽 사회의 틈바구니에 몸을 둔 사람들은 두 가치관의 차이를 가장 강렬한 형태로 느끼게 된다. 시골에서 대도시로 나온 젊은이들, 이민을 온 이슬람교도 등은 전통적인 가치관을 짊어지면서 동시에 개인주의적인 가치관과 접촉함으로써 아픔을 동반한 자기의 자각을 맛보게 되었다.

이제 그들은 전통적인 가치관을 참고 따르는 것만으로는 마음의 균형을 잡을 수 없게 되었다. 좀 더 자기의 가치를 추구하고 화려하게 활약하고 빛나는 사람이 되고 싶은 욕구를 억제할 수 없게 된 것이다. 그런 그들은 자신을 둘러싼 현실을 더욱 차갑고 부당하다고 느끼게 되었고, 자신이 보잘것없는 존재로 취급받는 상황을 지금까지 이상으로 강하게 의식하게 되었다. 그런 현실을 그들은 정면으로 부정했다. 더 위대한 목적에 몸을 바침으로써 자기의 존재가치를 되찾으려고 했다.

그때 그들은 근대적인 구미형 사회의 부정으로서 이상향의 건설, 또는 전통 사회의 부활을 슬로건으로 내걸었다. 요컨대 서구적인 개인주의사회에 대한 안티테제를 기조로 삼고 있었지만, 얄궂게도 그들을 근저에서 작용시키고 움직이고 있던 것은 경건한 신앙이나 전통적인 가치관이 아니라 오히려 자기에 눈을 뜨면서 평범하고 소극적인 삶의 방식으로는 채워지지 않게 된 비대화된 자기애였다.

정신의학자 하인츠 코헛 Heinz Kohut이 지적한 바와 같이 자기애에는 두 가지 양상이 있다. 하나는 자신이 신과 같은 위대한 존재이고 싶다는 바람을 갖고 있으며, 어리고 미숙한 자기현시성이나 만능감이 특징인 과대자기다. 구루나 카리스마 지도자라고 불리는 이들은 이 과대자기가 현인신으로 나타난 사람이라고 할 수 있다.

한편, 또 다른 양상을 코헛은 '이상화된 부모의 이마고'라고 불렀다. 즉 스스로 신과 같은 존재가 될 수는 없지만, 신과 같은 위대한 존재를 숭배하고 그 존재에게 위대한 존재가 되고 싶은 자신의 바람을 투영함으로써 간접적으로 채워진 자기애의 형태이다. 일그러진 자기애를 끌어안고 자신을 평가해주지 않는 부당한 현실에 분노나 불만을 느끼고 있는 사람에게 이상화된 존재에 대한 절대적인 숭배는 살아가는 의미를 주고 구원이 되어준다. 언뜻 보면 강제된 것이 아니고 스스로 나서서 카리스마 지도자나 조직에 몸을 바치려고 하는 경우에 이런 자기애의 병리가 얽혀 있는 경우가 많다.

뛰어난 지력이나 비판 능력을 갖추고 있어도 자기애의 균형을 잃은 사람은 자기도 모르게 이상화된 존재를 찾게 되고 수상한 리더조차도 이상적인 존재로 떠받들게 된다. 스스로 심리 조작 받기를 원하는 것과 같으며, 이런 존재를 사로잡아 조종하는 것은 누워서 떡 먹기다. 지적 능력이나 언변에 자신 있는 사람일수록 논리적으로 설득되면 더는 저항하지 않는 일도 일어난다. 현실 생활에 불만을 품고 동시에 위대한 목적을 추구하는 심리구조를 지니고 있는 한, 자신에게도 성스런 사명이 주어진다는 속삭임은 거역할 수 없는 강력한 한마디가 된다.

이런 일그러지고 설익은 자기애를 안고 있는 사람은 어딘가 아이 같은 미숙함을 보이는 것이 특징이다. 그것은 순수함이나 이상주의적인 형태로도 나타나고, 극단성이나 과격성으로 나타나기도 한다. 테러리스트나 컬트 종교의 신자들에게서 관찰된 특징은 그들이 불균형한 자기애의 소유자였다는 점을 보여주고 있다.

▌스트레스와 고립감: 현대사회가 취약한 환경을 만든다

인격장애나 높은 피암시성은 심리 조작을 당하기 쉬운 요인이다. 그런데 같은 사람이라도 심리 조작을 당하기 쉬울 때와 그렇지 않을 때가 있다. 평소라면 심리 조작 기법에 걸리지 않았을 텐데, 어찌 된 일인지 심리 조작에 농락당하는 때가 있다.

바로 스트레스를 강하게 받고 있거나 아니면 본인을 지탱해주던 요소가 취약해졌을 때다. 원래 빈틈없이 강하던 사람도 좌절하거나 병, 이별, 경제적 곤경 등으로 마음이 약해져 있을 때는 심리 조작을 당하기 쉬워진다.

현재의 스트레스뿐만 아니라 과거에 받은 스트레스도 영향을 미친다. 특히 어렸을 때 불안정한 환경에서 자란 사람은 불안을 강하게 느끼는 성격이 되기 쉬운 데다 타인의 안색을 살피거나 타인에게 의존하려는 경향이 강해지고, 그 결과 타인의 지배를 받기가 쉬워진다.

그뿐만이 아니다. 스트레스를 받거나 불우한 환경에 놓여 있는 사람은 불만이나 갈등, 분노와 같은 부정적인 감정을 품기 쉽다. 그것은 종종 억압되고 표면적으로는 두드러지지 않는 경우도 있지만, 본인조차도 자각하지 못한 불우함이나 욕구불만, 분노가 있으면 심리 조작을 당하기 쉬워진다.

1951년에 발행된 세뇌에 관한 고전적인 저작에서 에드워드 헌터Edward Hunter는 이 사실을 지적하고 있다. 세뇌를 시도하는 사람은 목표 인물의 마음속에 불만, 분노, 아니면 죄악감, 좌절감과 같은 갈등이 내재되어 있다는 사실을 느끼면 그런 감정을 부채질하고 불타오르게 한다. 그전까지 잠재적인 불우함이나 불만에 불과했던 막연한 감정을 격렬한 증오나 강한 분노로 바꾸는 것이다. 그리고 그 분노나 증오의 화살을 기성 체제나 가치관, 적대 진영으로 향하게 한다.

그전까지 자신의 결함이나 문제, 죄라고 생각했던 것들이 사실 기존 체제나 적의 공격, 혹은 부당한 행위의 결과라는 생각을 갖게 함으로써 부정적인 감정의 배출구를 만들어준다. 자신의 문제로 고민하는 것보다 부당한 적을 증오하고 복수를 하게 함으로써 자신의 존재의미를 찾게 한다. 그 결과 자신을 괴롭히던 자기부정에서 해방되고 자신의 가치를 되찾을 기회가 주어지는 것이다.

헌터도 지적하듯이 이런 심리 조작 과정은 치료를 위한 조작 과정과 완전히 반대된다. 치료 목적의 조작은 마음에 잠재되어 있는 갈등을 자각하게 하고 언어화라는 이성적인 조작을 실행함으로써 감정의 소용돌이에 휩쓸리지 않는 객관적인 시점을 되찾게 한다. 타자뿐만이 아니라 자신도 돌이켜봄으로써 자신의 몸에 일어나는 상황을 대립을 넘어 통합적으로 보려고 한다. 그에 따라 극단적인 확신이나 공격으로 내달리는 것이 아니라 타자나 외부 세계와 균형 있는 관계를 갖게 하려고 한다.

그런데 세뇌라는 심리 조작은 갈등을 확대시키고 감정이란 불에 기름을 부어 불덩이로 만든다. 그리고 그 분노의 불길을 '적'에게 향하도록 한다. 적을 만들기 위해서는 인간의 마음에 잠재해 있는 불우함이나 증오라는 도구가 안성맞춤인 것이다. 그것은 불을 붙이는 데 적합한 마른 장작과 같다.

주위에 자신을 지지해주는 사람이 있을 때는 부당한 지배나 착취를 당하지 않는 사람이라 할지라도, 고립되고 의지할 대상이 없으면 상대를 제대로 살펴보지 못하고 안이하게 도움을 요청하거나 기대기 쉬워지며 심리 조작의 제물이 되기 쉽다.

과거 신좌익 정치 집단이나 컬트 종교 집단은 주로 지방에서 도시로 올라와서 혼자 살기 시작한 청년들을 노렸다. 그들은 고독했다. 사투리라는 벽이 있었기 때문에 친구들과 허물없이 대화를 나누기도 어려웠다. 시골에서는 주변에서 수재라고 추어올려주었는데 도시의 대학에 들어갔더니 단지 촌스런 범재에 지나지 않았다. 당연히 자존심이 상하고 존재 가치를 잃게 되어 정체성이 흔들리게 된다.

그럴 때 누군가 그들에게 친절하게 다가가서 인생이나 사회에 대해 진지하게 질문을 던져 정신이 번쩍 들게 한다. 실제로 그들은 그런 이야기를 누군가와 하고 싶어 했으나 할 수 없었다. 처음에는 경계를 하면서도 그런 이야기에 굶주려 있던 그들은 차츰 공감대를 형성하고 대화를 나누기 시작한다. 이야기에 빠져들고 친밀감을 느끼기 시작하면, 함께 활동해서 자신의 존재 가치를 찾아내자고 권유한다. 대개는 고개를 끄덕이게 된다.

고립되거나 정신적인 지주가 결핍된 상태에 놓이면 심리 조작의 희생양이 되기 쉽다. 애착 관계가 붕괴되고 정신적인 관계가 약해져 '무연 사회無緣社會'라고 불리는 현대사회에서 심리 조작에 좌지우지되는 사람이 늘어나는 것은 전혀 이상한 일이 아니다.

————

사회가 근대화의 거센 파도에 휩쓸리며 붕괴되는 오늘날의 시대 상황은 가족이나 기존의 가치관에 의지할 수 없는 사람들을 대량으로 낳고 있다.

마음을 지탱해주는 '안전 기지'를 갖고 있지 못한 사람들 중에는 스스로 나서서 심리 조작의 제물이 되려고 하는 이들도 적지 않다. 그들은 거기에서밖에 자신의 마음을 지탱해줄 곳을 찾지 못했던 것이다.

나아가 좀 더 가혹하게 사회가 붕괴되어 신체적, 경제적으로 안

1988년 이란과의 전쟁이 끝난 후 이라크에서
유포된 후세인 미화 선전물

전을 위협받는 상황에 놓여 있는 사람은 무력이나 경제력을 지닌 집단에 몸을 맡기는 편이 생존상 유리하게 마련이다. 가령 패전이나 내전, 혁명에 의해 치안이나 경제가 무너지고 범죄나 폭력이 활개를 치는 상황에서는 일반 시민으로 있는 것보다 장기적으로는 어찌 될지 알 수 없겠지만, 반정부 세력이나 테러 집단에 몸을 맡기는 편이 눈앞의 안전을 확보할 수가 있다. 때로는 높은 보수나 이익을 얻게 되는 경우도 있다. 후세인 정권이 붕괴된 뒤의 이라크나, '중동의 봄' 이후 북아프리카나 시리아에서 일어난 상황이 그러했다.

이를테면 수니파였던 후세인 정권이 붕괴되자 이라크에서는 그전까지 탄압받아온 시아파가 긴 세월 동안 쌓였던 분노를 수니파에게 폭발시켰다. 진저리가 날 정도로 당한 폭력에 대한 보복이라고는 하지만, 수니파의 주민이 어느 날 갑자기 납치되어 고문을 받고 죽는 일이 비일비재했다. 중동 지역의 고문은 혹독하기로 유명해서 전동 드릴로 손이나 발, 몸, 두개골에 구멍을 뚫는 고문은 흔히 사용되는 방법 중 하나다. 하루아침에 수니파의 주민은 보호막을 잃고 무방비 상태에 놓여졌다. 그런 상황 속에서 테러 조직

알카에다가 접근해왔다. 당시 이라크에는 시아파에게 가족이나 친구가 살해된 사람들이 수두룩했다. 그런데 복수에 대한 일념도 무시할 수는 없지만, 신변의 안전이나 경제적인 보수를 위해 이를 테면 좀 더 절박한 사정 때문에 테러 조직의 권유에 넘어가는 경우가 급증했다.

따라서 테러 집단에 가담한 사람들이 전부 심리 조작을 당한 사람들인 것은 아니었다. 오히려 용병과 같이 돈을 벌기 위한 수단으로 가담하는 경우도 있었다. 생활비를 벌기 위해 아르바이트를 하듯 테러용 폭탄을 만들던 기술자도 있었다.

테러 집단에 가담하면서 가족을 부정하고 부자간의 인연을 끊고 떠난 사람도 있긴 했지만, 꼭 그런 경우만 있던 것은 아니다. 중동은 일본보다 더 가족 간의 유대가 강한 지역이다. '피도 눈물도 없는 테러리스트'라고 일반화하기 십상이지만, 그중에는 가족의 인연을 끊지 못하는 사람들도 꽤 있는 모양이다.

뒷장에서 살펴보겠지만 생명의 위협이나 생활고 같은 극한 상황에 놓였을 때, 그 사람의 신조는 물론 행동패턴까지 쉽게 바뀔 수 있다. 일단 바뀌고 나면 새로운 신조나 행동이야말로 본래의 자신에게 어울리는 것이라고 믿게 되는 경우도 드물지 않다. 그 편이 마음이 편해지고 죄의식에 시달리지 않기 때문이다.

이것은 보는 각도에 따라 심리 조작을 당한 것이라고 간주될지도 모르지만, 어찌 보면 진실에 눈을 뜬 것이며 지금까지 속은 채로 살아왔던 셈이다. 하지만 더욱 객관적이고 중립적으로 보면 이런 일련의 변화는 살아남기 위한 적응의 결과이며, 가혹한 환경을 살아가기 위한 전략의 변경이라고 할 수 있다. 필요는 발명의 어머니이며 환경과 타협하기 위한 최후의 선택지로 신조나 삶의 방식을 바꾸어버리는 것이다.

다만 그런 경우, 지금까지의 신념을 헌신짝처럼 버리고 새로운 환경이나 가치관에 '과잉적응'하는 사람과 그렇지 못한 사람이 있는 것은 분명하다. 의존성이나 피암시성이 높은 사람은 '과잉적응'이 일어나기 쉽다는 것은 어렵지 않게 알 수 있다.

한편, 가혹한 환경에 격리되어 고문을 받고 사상 개조나 세뇌를 받는 경우에도 신념을 관철시켜 심리 조작이 먹히지 않는 사람들도 있다. 그들의 공통점은 확실한 소속 의식을 지니고 있거나 흔들리지 않는 신앙이나 신념을 갖고 있었다는 것이다. 그들은 고독한 상황에 놓여 있었고 도와주는 손길조차 없었으며 고문이나 기아의 고통에 시달렸지만 결코 혼자가 아니었다. 그들을 소속된 가족이나 공동체와 연결시켜주었던 것은 주로 기도라는 행위였다고 한다. 기도는 신이란 절대자뿐 아니라 사랑하는 사람과 연결되어 있다는 느낌을 주는 행위이기도 했던 것이다.

아우슈비츠 수용소에서 살아남은 정신과의사 빅토르 프랑클은 자신이 절망하지 않고 살아남게 된 요인 중 하나로 끊임없이 마음속으로 아내와 대화를 나누었던 것을 들고 있다. 혹한 속에서 몇 시간동안 서있으면서도 그는 그런 혹독한 상황을 아내에게 농담

섞어 말해주었다고 한다.

하지만 그의 아내는 진작에 죽고 없었다. 프랑클이 이 사실을 안 것은 그가 해방되고 집에 돌아오고 나서였다. 아내는 물론 부모도 이미 죽고 이 세상에 없었다. 그가 마음속으로 대화를 나누었던 아내는 이미 그의 마음 속에만 존재하고 있었던 것이다.

만약 프랑클이 그 사실을 알았다면 살아남지 못했을지도 모른다. 사랑하는 존재와 이어져 있다는 느낌이 삶을 지탱하는 기둥이 되어 그를 절망과 죽음으로부터 지켜주었던 것이다.

4장

무의식은
어떻게
조작되는가

고전적인
심리 조작 기법

심리 조작을 위한 특별한 기술이 발전하기 이전부터 인류는 고도의 심리 조작 기술을 구사하고 있었다.

가령 로마 시대에 카시우스는 독재자가 된 카이사르를 암살하도록 브루투스를 부추겼다. 브루투스는 카이사르가 사랑했던 여자의 아들이었으며 각별한 총애를 받고 있었다. 하지만 카시우스가 능란한 화술로 공화정을 지키는 것이 정의이며, '브루투스 너만이 정의를 지킬 수 있다'고 추어올리자 차츰 카이사르를 암살할 생각을 갖게 된다. 어머니가 사랑했던 남자에게 은근한 적의를 품고 있었던 심리를 교묘하게 파고든 것이었다.

전혀 그럴 마음이 없던 사람의 심리를 조작해서 움직이는 일은 어렵다. 하지만 사람들은 대부분 마음속에 욕망이나 두려움, 증오 등을 숨겨 놓고 있다. 이것을 자극하면 꿈쩍도 하지 않을 것처럼 보이던 바위도 서서히 움직이기 시작한다.

브루투스는 순수하고 외곬으로 고지식한 경향이 있었으며, 카이사르는 그런 브루투스의 성격을 높이 평가했지만, 그 외곬인 성격이 결국 그에게 칼날을 향하게 만들었다. 이런 유형의 인물은 노회한 사람의 입장에서 보면 쥐락펴락하기가 쉽다.

이 시대의 심리 조작은 남몰래 품고 있던 야심이나 적의나 공포심을 교묘하게 부채질해서 이용하는 것이 핵심이었다. 셰익스피어의 희곡에는 이런 심리 조작의 요소가 곳곳에 배치되어 있으며, 그것이 인간 묘사에 깊이를 더한다. 오셀로는 간신 이아고의 고자질을 믿고 충실했던 신하를 의심하여 목숨을 빼앗았으며 결국에는 아내까지 죽이게 된다. 맥베스는 야심을 자극당한 끝에 결국 반역자가 되어 파멸하고 만다.

의식화되어 있지 않은 욕망이나 두려움에 암시를 주고, 그것을 활성화시켜서 행동에 영향을 미치는 수법이 이미 오래전부터 있어왔던 것이다.

또 하나 오래전부터 사용된 심리 조작 기법 중 하나는 '~인 척하는' 것이다. 이 기법의 중요성을 맨 처음 지적한 이는 《군주론》을 쓴 마키아벨리다. 마키아벨리는 "군주는 신의나 성실을 정말로 갖추고 있을 필요는 없지만, 갖추고 있는 척을 해서 그렇게 여기게 하는 것이 중요하다"고 말했다. 가장 신뢰할 수 있는 사람인 척해서 상대의 마음을 열게 하면, 원하는 대로 행동하게 하는 일은 식은 죽 먹기다. 어떤 시대에도 사용되는 상투적인 수단이라고 할 수 있다.

앞에서도 언급했듯이 '척하는' 능력은 사회적 지능의 근간을 이룬다고 할 수 있다. 사회적 지능이 마키아벨리적 지능이라고 불리는 까닭이다. 사회적 지능이 뛰어난 사람은 교묘하게 태도를 꾸미면서 상대의 마음을 허물고, 마음과 행동에 영향을 미친다. 이 점에 대해서는 뒤에 다시 살펴보겠다.

또한 마키아벨리는 사랑을 받기보다 두려운 존재가 되는 것이 지배력이 강해진다고 강조했다. 그 사례로 카르타고의 명장 한니발을 들고 있다. 한니발의 군사가 항상 일사불란하게 통제되어 있던 까닭은 그가 규칙을 위반한 군사에게 냉혹하고 엄격하게 대했고, 군사들이 그를 우러러보기보다는 두려워하고 있었기 때문이라고 말했다. 공포에 의한 지배도 예나 지금이나 변함없이 사용되는 심리 조작 기술이다.

논리 정연한 이론으로 상대의 저항을 무너뜨려서 상대를 움직일 수도 있겠지만 이 방법은 결코 쉽지가 않다. 오히려 선의를 가진 제3자의 의견을 작은 소리로 속삭이는 것이 효과적이다. '당신은 속고

마키아벨리의 말처럼 '~인 척' 하는 것은 심리 조작의 기본적인 수법이다.

있다'고 암시를 주거나 "되려고 하면 왕도 될 수 있는데"라며 예언과 같은 말을 슬쩍 흘리는 편이 정공법으로 설득하는 것보다 마음을 움직인다.

직접적인 설득보다 간접적으로 넌지시 알려주는 방법이 행동을 이끌어내는 힘이 있다는 사실을 사회적 지능이 뛰어난 사람들은 경험적으로 알고 있었다. 18세기에 최면술이 등장하기 전까지 무엇보다도 강력한 심리 조작 기술은 암시였다. 다만 당시에는 그것이 암시의 힘에 의한 것이라고 이해하고 있지는 못했다.

직접적인 설득은 타인을 자신의 생각에 따르게 하겠다는 의도 아래 이루어진다. 그런데 의지가 강한 사람일수록 본능적으로 타인의 의도에 좌우되기를 거부한다. 그렇기 때문에 정공법으로 설득하면 함락시키기 어렵다.

한편 제3자적인 암시는 설득하겠다는 의도를 지니고 있지 않은 듯이 행동함으로써 저항을 피할 수 있으며, 제3자의 눈으로 '관찰한 사실'만을 전해주는 것처럼 보이게 한다. 그 누구에게도 그 말을 믿어달라고 말하지 않으며 그렇기 때문에 오히려 그 말을 부정하기가 어렵다.

이것은 나중에 암시라는 상당히 중요한 심리 조작 기법으로 이어진다. 설득하려는 의도를 감춤으로써 오히려 강한 영향력을 지니게 되는 것이다. 이 방법에 대해서는 나중에 좀 더 자세하게 서술하겠다.

치료에 사용된
최면술과 자기암시 요법

최면 기법이 등장하면서 심리 조작의 역사가 새로운 단계로 접어들었다. 최면술이 처음 등장했을 때 서양에서는 악마의 주술로 여겨졌지만, 동양에서는 이미 서양보다 훨씬 오래전부터 최면술을 사용해 왔다. 악명 높은 중세 이슬람의 암살단은 최면으로 사람을 조종하고 살인이나 자살을 시켰다고 한다.

최면이 서양에서 의학적으로 이용되기 시작한 것은 18세기부터이다. 당시에는 최면술을 동물자기animal magnetism라고 했는데, 자유자재로 최면술을 구사한 최초의 인물은 오스트리아 빈의 의사 프란츠 메스머Franz A. Mesmer다.

메스머는 처음에 철이 함유된 약을 먹이고 자기를 띤 돌을 몸에 붙이는 방법으로 최면을 걸었지만, 이윽고 자석은 쓰지 않고 손을 은은하게 사용하는 것만으로 마음먹은 대로 환자를 조종할 수 있게 되었다. 환자들은 확신과 아우라로 가득 찬 메스머를 신뢰했는데 그가 암시 기법을 사용했기 때문이었다. 시력을 잃은 여성을 최면으로 치료해서 시력을 되찾은 경우도 있지만, 암시 효과가 사라지자 여성은 다시 시력을 잃었다.

메스머는 최면 상태에 들게 하기 위해서는 시술자와 피험자 사이에 신뢰 관계가 필요하다는 중요한 사실을 발견했다. 메스머는 이 신뢰 관계를 라포rapport(심적 교류의 토대가 되는 신뢰 관계)라고 불렀다. 상대에게 경계심을 가지면 최면에 걸리기 어려운 법이다. 하지만 일단 최면에 걸리면 그 시술자에게는 한층 더 최면에 걸리기 쉽게 된다. 메스머가 손을 희미하게 움직이는 것만으로도 피험자 여성들은 바로 트랜스 상태*에 빠졌다.

메스머는 그 뒤 파리로 이주해서 한때 크게 성공을 거두었지만, 지나치게 무차별적으로 최면술을 이용해서 질환을 고치려고 한 것이 화를 불렀다. 심인성 질환에는 효과가 있어도 기질성 질환에는 효과를 바랄 수 없었기 때문이다. 일시적인 암시 효과가 사라지면 환자들은 원래의 상태로 돌아갔다.

사람들이 메스머에게 열광했던 만큼 그에 대한 반동도 격렬했다. 메스머는 구세력으로부터 신랄하게 반격을 당해 완전히 평판이 실추되고 야반도주하듯 파리를 떠났다. 이때의 후유증이 커서 최면 치료는 오랫동안 역사의 무대에서 사라지게 되었다. 그 상처가 치유되고 최면의 효과가 재검토되기까지 1세기 가까운 세월이 걸렸다.

———

최면술을 다시 본격적으로 치료에 사용한 사람은 파리의 살페트리에르 병원을 무대로 활약하며 명성을 드날렸던 장 샤르코Jean M. Charcot와 그의 제자인 피에르 자네Pierre Janet이다. 위대한 신경학자

■ 잠들기 직전 심신이 편안하고 나른한 것처럼 특정한 무엇에 몰입하거나 집중하는 이완상태를 의미한다.

였던 샤르코는 심인성 질환과 기질성 질환을 구별하고, 심인성 질환에만 최면술을 사용하며 메스머의 전철을 밟지 않았다.

한편 철학에서 심리학, 그리고 정신의학으로 전환한 자네는 최면 상태에서도 복잡한 치료를 할 수 있다는 사실을 실제 치료를 통해 보여주었다. 과거의 은폐된 기억을 찾아내어 이유를 알 수 없던 증상의 원인을 밝혀내었을 뿐만 아니라 외상적인 기억을 소거하거나 다른 기억으로 바꾸어서 까다로운 증상을 치료했다. 오늘날로 말하자면 중도의 해리성 장애나 외상성 정신병을 치료한 셈이다.

프랑스에는 파리의 살페트리에르 외에도 또 다른 최면 치료의 메카가 있었다. 그들은 로렌 주의 도시 낭시를 중심으로 활동했기 때문에 낭시 학파라고 불린다. 이 학파의 실력자는 이폴리트 베른하임Hyppolite Bernheim이다. 베른하임은 원래 내과 교수였는데 리에보라는 의사가 최면술로 훌륭하게 치료를 한다는 소문을 듣고 반신반의하며 찾아갔다. 거기에서 환자들이 극적으로 나아지는 모습을 보고 리에보의 제자가 되었다. 그 뒤 대학병원에서 최면술을 사용한 치료로 큰 성과를 올렸다.

내과의였던 베른하임은 오늘날로 말하자면 심신증心身症 ■이라고 불리는 심인성 신체 질환을 치료했다. 베른하임의 위대한 공적은 최면술의 본질이 암시 효과에 있다는 사실을 꿰뚫어 보고, 굳이 최

■ 심신증은 질병 가운데 정신적인 문제가 원인이 된 것을 총칭하는 말이다.

면을 도입하지 않아도 암시를 주면 최면술과 같은 효과를 얻을 수 있다는 사실을 과학적으로 증명했다는 점이다.

1세대 후에 활약한 프로이트도 이 사실을 발견해서 치료에 도입하게 된다. 프로이트도 처음에는 치료할 때 최면술을 사용했는데, 이윽고 최면술을 도입하지 않아도 심리적 조작이 가능하다는 사실을 깨닫고 최면술을 사용하지 않게 되었다. 최면술은 다양한 부작용을 동반하기 때문이다. 최면 상태일 때 이성은 잠자고 있으며 시술자에게 전면적으로 의존하고 있는 상태라고 볼 수 있다. 이성을 잠재우면 문제를 자각하고 마주 서지 않아도 된다는 이점이 있지만, 이것은 시술자에게 모든 것을 맡기는 의존적인 상태를 낳을 수 있다. 이렇게 해서 최면술은 다시 공식적인 무대에서는 치료에 쓰이지 않게 되었다.

프로이트는 수많은 치료를 통해 무의식에 매몰되어 있는 갈등을 의식화하여 신경증의 증상이 좋아지는 모습을 보여주었다. 프로이트의 방법은 문제를 마주 보고 그 정체를 인식함으로써 문제를 해소하는 것이었다. 실제로 이 치료법은 높은 언어능력과 이성의 힘을 갖춘 사람에게 적합했다. 일부 엘리트를 위한 치료법이라고 할 수 있다.

이 방법은 주체적 인식을 중시한다는 점에서 심리 조작의 대척점에 있다고도 할 수 있지만, 사실 그리 간단한 문제가 아니다. 프로이트는 무의식을 의식화하거나 언어화하기 위해 '해석'이라는 방법을 사용했다. 무의식 속에서 꺼낸 기억의 의미를 프로이트가 나름대로 분석해서 밝혀낸 것이다.

하지만 상대의 체험에 해석이라는 가공을 하는 것은 새로운 심리 조작의 기법이 될 소지가 있었다. 상대가 말하는 자신의 기억을 하나하나 다른 의미로 써내려가는 것이나 마찬가지였기 때문이다. 실제 정신분석을 받은 사람은 특히 그 방법이 난폭한 경우에는 마치 세뇌를 받은 듯한 상태에 놓이게 되는 일도 드물지 않았다.

한편 베른하임이 효시가 되어 발전한 것은 암시에 의한 정신요법이다. 이것은 소박하고 의존적인 사람에게 적합했다. 치료에 드는 비용이나 수고 면에서 훨씬 서민적인 방법이었다. 즉 암시라는 심리 조작 기법을 온화한 형태로 이용한 방법이라고 할 수 있다.

———

에밀 쿠에Emile Coué는 프랑스 낭시에서 베른하임의 방법을 한층 발전시켜 자기암시 요법을 확립한 사람이다. 그 또한 낭시에서 직접 병원을 운영하는 의사였다. 쿠에의 치료법은 기본적으로 베른하임의 치료법을 계승한 방법이었다. 반드시 좋아진다고 환자를 격려하면서, 적극적이고 긍정적인 말을 하게 하고 긍정적인 생각을 갖도록 지도하면서 증상이 좋아진다는 암시를 주었다.

쿠에는 불면증을 호소하는 환자에게 다음과 같은 암시를 주었다.

"매일 밤, 당신은 자고 싶을 때 자고 다음 날 아침에 일어나고 싶을 때까지 잠들어 있을 거예요. 당신은 조용하고 평온하고 깊은 잠에 들 것이며, 악몽이나 나쁜 상태에 시달리는 일이 없을 겁니

다. 눈을 뜨면 당신의 정신은 밝고 맑을 것이며 적극적으로 일하고 싶은 기분이 될 거예요." **■**

이와 같이 한층 좋아진 상태를 풍부한 상상력으로 말해주었다. 더불어 치료 중이나 재활 중에 "나는 할 수 있다", "증상이 사라진다"와 같은 말을 외치게 했다. 게다가 '쿠에의 암시'로 알려진 말을 집에서도 매일 외게 했다. 가령 "나는 모든 면에서 날마다 더 나아지고 있다"**■■**와 같은 말이었다.

이 치료법은 효과가 아주 좋았기 때문에 쿠에의 평판은 높아졌고, 그의 병원은 프랑스 전역에서 진료를 받고자 몰려온 환자들로 북적거렸다.

쿠에의 진료실은 밝고 개방적이며 진료소답지 않게 느긋하게 쉴 수 있는 분위기였다고 한다. 쿠에도 서글서글하고 친밀하게 환자를 대했는데, 지시를 할 때나 암시를 줄 때만 권위 있는 태도를 보였다.

치료를 받고 극적으로 좋아진 환자를 본 다른 환자의 증상도 좋아지는 선순환 관계가 생겨났다. 쿠에의 치료는 심신증이나 신경증 등 심인성 질환에 극적인 효과를 거두었는데, 기질적인 원인으로 일어난 질환에도 어느 정도 효과가 있었다. 천식, 간질, 척추측만증, 결핵성 골수염 등 당시 의학으로는 치료가 곤란했던 질환이 완치되거나 좋아졌다. 쿠에는 하루 10시간 이상 치료에 몰두했고

■　에밀 쿠에, 《자기 암시》, 김동기 · 김분 옮김, 화담, 2013
■■　같은 책.

진료비는 동전 한 닢 받지 않았다고 한다. 그는 70세가 넘어서까지 아픈 사람들을 위해 헌신하며 살았다.

쿠에의 자기암시 요법은 심리 조작이 바람직하게 사용된 최고의 사례라고 할 수 있다. 게다가 이것은 과학적 근거를 토대로 실행한 의학적인 치료였으며, 신앙이나 기도의 힘에 의한 치료가 아니었다. 쿠에는 문진과 치료를 정성스럽게 시행하고 의학적인 진단도 결코 소홀하게 하지 않았다.

암시 요법의 효과에 대해서 하나 더 덧붙이자면 어른보다 아이에게, 도시 사람보다 시골 사람에게 한층 뚜렷한 효과를 보였다는 점이다. 이것은 프랑스 북동부의 낭시라는 지방 도시에서 암시 요법이 활발하게 이루어진 점과도 관계가 있지 않을까. 이는 분석적이고 비판적인 사람보다 소박하고 남의 말을 의심하지 않는 사람에게 적합한 요법이다.

쿠에의 진료소에서 일하던 카우프만이란 여성은 아동 치료를 전문으로 했는데, 스승인 쿠에를 능가하는 치료 성과를 거두었다. 그녀는 눈꺼풀 처짐 증상 때문에 일곱 살까지 앞을 볼 수 없었던 아이의 시력을 회복시켰으며, 당시에는 치료약이 없던 결핵성 질환을 완치시키는 등 말 그대로 '기적'이라고 할 수밖에 없는 효과를 보여주었다.

그녀의 치료법은 아주 단순했다. 아이를 안고 부드럽게 쓰다듬으면서 점점 좋아진다는 말을 되풀이해주는 방법이었다. 그리고 부모에게도 아이가 희망을 가질 수 있도록 절대 부정적인 말을 하지 말고 긍정적인 말만 하도록 지도했으며, 아이가 자고 있을 때 귓가에 나아지고 있다는 긍정적인 암시의 말을 속삭이게 했다.

오늘날의 의학적 견해로 말하자면, 포옹이나 애무를 해줌으로써 애착 시스템을 가져오는 옥시토신을 생성시켜 암시 요법에 의한 효과가 상승한 것이라고 볼 수 있다. 옥시토신은 포옹이나 애무 같은 신체 접촉으로 왕성하게 분비되며 항불안 작용이나 항스트레스 작용을 하고, 면역계나 성장 호르몬의 작용을 활발하게 해준다. 마사지 요법 등에서도 이 효과가 증명되었는데 약을 투여하는 것보다 나으면 나았지 못하지 않다.

쿠에가 아동 환자들에게 했듯이 "낫는다, 낫는다, 낫는다……나았다" 하며 환부를 쓰다듬으면서 함께 외치게 하는 치료는 결코 비과학적인 방법이 아니라 오히려 소독약을 바르거나 필요 없는 약을 마시게 하는 것보다 의학적으로 훨씬 더 타당한 행위였다.

쿠에의 자기암시 요법은 간단하고 누구라도 혼자서 할 수 있으며 오늘날에도 자기암시는 다양한 치료나 훈련에 이용되고 있다. 이와 같이 심리 조작 기술은 좋은 방향으로도 쓸 수 있다.

프로이트의 고민과
포로가 된 융

쿠에와 비슷한 시기에 태어나 빈에서 의사가 된 사람이 지그문트

프로이트다. 프로이트는 빈 대학에서 신경학을 공부한 뒤, 당시 신경학의 메카였던 파리로 유학을 갔다. 살페트리에르 병원의 샤르코의 최면요법에 감명을 받은 프로이트는 빈으로 돌아오자마자 그 기법을 이용해서 환자를 치료하기 시작했다.

프로이트의 최면요법은 친구인 브로이어가 발견한 '정화법淨化法'을 이용한 것으로 최면 상태에서 마음에 상처로 남아 있는 사건에 대해 말하면, 그 상처가 원인이 되어 나타난 증상이 개선되는 것이었다.

이 방법은 기본적으로 자네의 방법(그는 이것을 '심리분석'이라고 불렀다)과 공통되는 부분이 많다. 자네와 마찬가지로 최면 상태에서 병의 원인인 외상적인 사건에 대한 기억을 더듬어가서 그때의 심리 상태를 재현하고 다양한 조작을 시행했기 때문이다. 다만 자네가 암시로 외상적 기억을 없애려고 하거나 다른 것으로 바꾸려고 하는 등 적극적으로 수정했던 것에 비하면, 프로이트가 사용한 외상적 기억을 말하게 하는 방법은 비침습적이고 비조작적인 방법이라고 할 수 있다.

어찌 보면 프로이트는 심리 조작을 시행하지 않고 치료를 했다고 할 수 있다. 그렇다면 프로이트는 왜 자네와 같이 암시에 의한 기억이나 잠재의식에 존재하는 고정관념을 수정하는 방법(프로이트는 이 방법을 '최면적 암시법'이라고 불렀다)이 아니라, 말로 억압을 푸는 방법을 썼던 걸까. 프로이트가 최면적 암시법을 포기한 이유 중 하나는 효과가 오랫동안 지속되지 않기 때문이었다. 최면적 암시법으로 증상이 일시적으로 개선되어도 시간이 지나면 원래 상태로 돌아가버리는 일을 수차례 경험했다. 이것은 지금도 최면 치료의 중요한 과제로 남아 있다. 중증 환자일수록 암시에 의한 효과가 오래가지 않는다.

또 다른 이유는 아무리 애를 써도 최면에 걸리지 않는 사람들이 있으며, 그런 사람에게는 최면 치료를 사용할 수 없다는 현실적인 문제 때문이었다.

좀 더 결정적인 이유는 앞에서 언급했듯이 최면이란 방법에 의지하면 자신의 문제와 마주 서서 인식하는 과정이 방해받기 때문이었다. 프로이트는 상황을 지속적으로 개선하기 위해서는 자신의 문제와 마주 서서 저항하는 마음을 인식하고 문제를 자각해야 한다고 생각했다.

타인이 잠재의식을 조작하여 증상을 개선시키는 것이 아니라 자신이 직접 문제를 직시하고 의식화하고 언어화해야지 비로소 진정한 변화를 초래한다는 신념이 정신분석이란 새로운 치료법의 원동력이기도 했다. 바꾸어 말하자면, 치료자에 의한 심리 조작에 의지하지 않고 자신의 심리 조작으로 회복하는 일이 진정한 회복이라고 생각했다. 그런 입장에서 보면 프로이트가 최면을 포기하고 의식이 맑은 상태에서 대화를 하여 치료를 실행한 것은 필연적인 결과였다.

프로이트는 환자가 자기 자신과 마주 서기 쉽도록 이런저런 궁리를 했다. 요컨대 얼굴을 마주 보고 앉지 않았으며, 환자를 긴 의자에 눕게 하여 환자의 시선이 치료자의 시선과 마주치지 않게 했다. 또한 마음에 떠오르는 일은 치료와 아무 관계가 없어보이는 것도 무엇이든 이야기하게 했다. 이렇게 함으로써 환자는 치료자를 그다지 의식하지 않고 몰입된 상태에서 회상하고, 최면을 이용하지 않아도 최면과 같이 회상이 가능한 기억의 범위를 크게 확대시킬 수가 있었다. 이는 '자유연상법'이라는 것으로 치료자의 시선과 마주치지 않아야 가능한 방법이었다. 자유연상법은 무의식에 접근하기 쉽고, 자각적인 인식을 손상시키지 않는다는 이점이 있는 절묘한 방법이었다.

하지만 이 방법에도 문제점과 한계가 있었다. 우선 앞에서 다루었듯이 해석이라는 방법이 문제였다. 치료자의 해석에 따라서 체험을 재구축하는 것이 정신분석이라고 한다면, 거기에는 치료자가 개입할 수 있는 여지가 있었다.

사실 이뿐만이 아니었다. 프로이트는 더욱 골치 아픈 문제에 직면하게 되었다. 그것은 환자의 증상이 좋아진 것처럼 보였을 때 종종 일어났다. 치료가 진행되면서 환자는 치료자를 지나치게 이상화하며 집착하거나 연애 감정을 품었고, 또는 반대로 치료자에게 반발해서 부정적인 감정을 품게 되었다.

조사 결과 환자가 자신이 중요하게 생각하던 인물에 대한 감정을 치료자에게로 돌림으로써 이런 현상이 일어난다는 사실을 알게 되었다. 프로이트는 이 현상을 '전이轉移'라고 불렀다. 긍정적인 감정을 갖게 되고 이상화하며 호의를 품는 경우를 양성전이, 반대로 화나 증오 같은 부정적인 감정을 품게 되는 경우를 음성전이라고 한다.

더욱 골치 아픈 문제는 전이 감정을 갖게 되면 치료자에게도 그에 호응하는 감정이 생긴다는 것인데, 바로 '역전이逆轉移'라고 불리는 현상이다. 환자가 치료자를 이상화하거나 연애 감정을 갖게 되면 치료자도 거기에 휘말리기 쉽다. 반발이나 적의를 품게 되면 어느새 치료자도 부정적인 감정이 생기고, 그 환자를 싫어하게 된다. 환자가 투영한 존재, 가령 '환자가 싫어하던 아버지'라는 역할을 받아들이게 되는 것이다.

프로이트는 이 전이를 얼마나 능숙하게 다루는가가 치료의 성패를 쥐고 있다는 사실을 알게 되었다. 요컨대 정신분석 치료 과정에서는 증상(신경증)이 좋아지는 한편 전이에 동반되는 상태(전이신경증)가 출현한다. 그러면 전이 감정을 다루면서 그것이 중요한 인물에 대한 감정을 투영시킨 결과라는 사실을 자각시킨다. 그리고 그것을 극복함으로써 최종적으로 회복되는 치료 이론이 확립되었다.

———

전이라는 현상은 불완전한 치료로서 악용된 심리 조작을 이해하는 데 매우 중요하다.

심리 상담 중에 연애 감정이 싹터 결혼을 하게 되는 경우는 수두룩하다. 이것은 정신분석적으로 보면 전이와 역전이라는 관점에서 이해될 수 있다. 당사자는 자연발생적인 결과이며 의도한 일이 아니었다고 할 수 있겠지만, 세상은 그렇게 단순하고 순수하지 않다.

더러는 전이 감정을 교묘하게 이용하여 상대를 농락하는 사람도 있다. 즉 역전이를 노리고 고민을 털어놓거나 상담을 요청하면서 연애 관계로 발전시키는 사이, 어느새 상담을 요청한 사람이 상담원을 조종하는 일이 일어난다.

선량하고 친절하며 무방비한 사람일수록 누군가가 의지하고 고민을 털어놓으면, 어떻게든지 도와주고 힘이 되어주려고 노력한다. 그러다가 무심코 연애 감정이 생겨 가족과 생활을 도외시하며 헌신하게 되는 일도 드물지 않다. 냉정한 눈으로 보면 전이의 함정에 빠진 것이다.

전문가로서 정신분석이나 심리 요법을 생업으로 삼고 있는 사람조차 전이의 함정에 빠지는 경우가 있다. 환자에게 연애 감정을 품게 되고 성적 관계를 맺거나 함께 생활하거나 때로는 결혼까지 한다. 치료자로서 상당히 뛰어난 능력을 가진 경우에도 이런 일이 일어난다.

전형적인 사례가 카를 융이다. 그는 환자였던 여러 여성들과 도를 넘어선 관계를 가졌고, 그중에 몇 사람과는 애인 사이로 발전했다. 프로이트의 입장에서 보면 융은 전이를 극복하지 못하고 포로가 된 셈이다.

한층 냉정한 눈으로 보면 융은 치료자로서 유리한 입장을 이용해서 젊고 아름다운 여성 환자의 심리를 조작해 상대를 손에 넣었다는 비난을 피할 수가 없다. 융은 겉모습은 매력적인 인물이었지만 내면은 매우 불안정한 사람이었다. 자신을 지탱하기 위해서는 자신을 절대적으로 숭배하거나 따르는 사람들이 필요했다. 아무리 좋게 보더라도 컬트 교단의 구루와 비슷한 요소를 지니고 있었다.

　프로이트의 치료는 환자 스스로 주체적인 인식을 통해 자신을 조절할 수 있는 상태로 회복시키는 것이 목표였다. 그 과정에서 전이에 사로잡힌다면 주체성을 잃고 단지 다른 존재에 의존하여 자신을 지탱하게 될 것이었다. 전이를 치료하기는커녕 오히려 전이를 악용하는 사람을 만나게 되면 이런 위험이 따른다.

　몇 해 전 일본에서는 어떤 연예인이 점쟁이에게 의존하고 지배당한 사건이 사회적으로 물의를 일으켰는데, 이런 사건도 정신과 의사를 점쟁이로 바꾸어 생각하면 쉽게 이해할 수 있다.

　전문가로서 직업상 사람들의 내면에 쌓여 있는 고민이나 비밀을 들을 때는 전이의 위험성을 숙지하고 올바르게 전이를 다루겠다는 직업윤리가 반드시 필요하다. 그런데 올바른 윤리관이 결여되어 있거나 그 자신이 내면에 불안정한 요소를 안고 있으면 전이의 함정에 빠져서 도를 넘어서는 친밀한 사이가 되고, 결국 이도 저도 못하는 관계에 빠져들게 된다. 이것은 실패한 심리 치료의 결과이다. 전문가로서 결함이 있고 전이를 다루지 못하는 사람은 원래 심리상담 분야에 종사해서는 안 된다.

뒤집어 생각하면 융은 이상이 아닌, 우리 현실의 모습을 보여준다고도 할 수 있다. 프로이트가 목표했듯이 자립한 주체로서 문제와 마주 서고 그것을 극복하는 것을 목표로 삼아야 한다 해도, 세상에는 그런 일이 가능한 사람만 있는 것이 아니다. 현실의 인간은 좀 더 나약하고 자신을 지탱하기 위해 아등바등하며 살고 있다. 무언가에 매달려서라도 마음이 편해지고 싶어한다. 완전히 자립해서 살아가지 못하더라도 살아가는 어떤 의미를 손에 넣고 싶어한다.

사람들은 그 누구에게도 의지하지 않는, 본래 추구해야 할 인생이 아닐지라도 좀 더 강하고 흔들리지 않으며 한층 큰 뜻을 지니고 있는 존재와 자신을 동일시해서 보잘것없고 약한 자신에게도 살아갈 의미가 있다는 사실을 느끼고 싶어 한다. 이런 바람이 융의 애인이 되어서라도 곁에 있겠다는 선택을 하게 했을 터이며, 컬트 종교나 반사회적인 집단, 파시즘 등 정치운동에 매달리는 사람들을 배출해왔을 것을 것이다.

프로이트가 세상에 내놓은 정신분석은 쇠퇴했지만 컬트 종교는 여전히 기세를 떨치고 있다. 더 많은 사람에게는 이것이 현실이다. 그들에게는 전이를 이성적으로 극복하고 자립을 이루는 것보다 전이에 빠져 의존하는 편이 더욱 손에 넣기 쉬운 구원인 것이다.

프로이트가 목표로 한 자기 극복의 길은 자력본원自力本願으로 구원을 받으려는 소승불교적인 노선이라고 할 수 있다. 하지만 강하지 못한 수많은 사람에게 소승불교는 문턱이 높았기에 사람들은 타력본원他力本願으로 구원받는 대승불교에 매달렸다.

프로이트와 융이 목표로 한 구제관救濟觀의 차이는 도겐道元과 신란親鸞*의 구제관의 차이라고도 말할 수 있다. 엄격한 수행과 금욕을 실천한 도겐과, 결혼이라는 파계를 감행하며 인간의 나약함이나 욕망을 그대로 받아들이려고 한 신란의 모습을 대비해 보면 프로이트와 융의 삶과 겹치는 부분이 많다.

———

전이를 제대로 다루지 못했을 때 생기는 치료자와 환자의 관계는 무엇을 의미할까. 전이를 능숙하게 극복하는 사람보다 출구가 없는 전이로 빠지는 사람이 많은 것은 왜일까. 그들은 대체 무엇을 추구하고 있는 걸까. 이 물음에 대한 답은 왜 많은 사람이 심리 조작에 의해 피해를 입는가라는 물음에 대한 답이기도 하다.

그렇다면 왜 많은 사람이 전이의 함정에 빠지는 걸까. 우선 사람들은 관계를 추구하려는 근원적인 욕구를 갖고 있다. 게다가 그것은 단순한 관계가 아니다. 과거 그 사람에게 중요했던 인물과의 관계가 전이로 재현되기 때문이다. 바로 부모나 형제 등 이전에 애증 관계에 있던 존재다. 요컨대 출구가 없는 전이는 애착 관계에 있는 존재와의 관계를 재현하고 회복하기 위한 시도다. 한마디

■   일본 가마쿠라 시대(1192~1333)의 승려들로, 송나라에서 유학한 도겐은 좌선을 중시하는 선종을 포교했으며, 신란은 죄를 자각하면 악인도 구제될 수 있다는 정토진종을 창시했다.

Professeur BERNHEIM
Prof. de Clinique médicale
Faculté de Médecine de Nancy

1 쿠에는 "나는 매일 모든 면에서 나아지고 있다"라는 자기암시 요법의 창시자이다.
2 파리의 살페트리에르 병원에서 열린 샤르코의 최면 임상 수업 (앙드레 브루이에, 〈살페트리에르의 임상 수업〉 1887)
3 자네는 심적 외상이라는 뜻의 '트라우마trauma'라는 개념을 처음 만들었다.
4 1909년 클라크 대학 초청 강연에서 함께한 프로이트(앞줄 왼쪽)와 융(앞줄 오른쪽)
5 베른하임은 암시를 통해서도 최면술과 같은 효과를 얻을 수 있음을 증명했다.

로 말하자면 가족 관계다. 가족 관계가 바로 출구 없는 전이가 요구하는 목표 지점이다. 이것은 현실에서는 허락되지 않았던 관계를 다른 형태로 재현한다는 상징적인 의미를 띠고 있다.

바로 이 점 때문에 프로이트의 방법은 한계에 직면했다. 일반적으로 치료자에게 의지해서 문제를 마주 보고, 그 문제가 해결되면 양자의 관계는 끝난다. 하지만 전이에 빠진 환자가 정말 추구했던 것이 가족과 같은 반영구적인 관계를 맺는 것이라면, 문제 해결은 원래의 목적에 반하게 된다. 문제가 도지든지 다른 문제가 드러나든지 하여 더욱더 근원적인 공허감을 자각하게 될 뿐이다.

환자가 지니고 있던 문제는 사실 하나의 구실에 불과했다. 그는 그것을 구실로 진정한 가족을 손에 넣고 싶었던 것이다. 프로이트의 방법이 근원적인 증상이나 문제를 해결하지 못한 것은 바로 이 때문이었다. 사실 환자에게 문제를 해결할 수 있는가 없는가 하는 것은 크게 중요하지 않았으며 진정한 목적은 다른 데 있었다. 그는 다만 관계를 형성할 존재를, 그것도 반영구적으로 자신의 곁에 있어줄 존재를 구하고 있었던 것이다.

이런 점에서 보면, 컬트 교단이나 반사회적 집단이 가족과 비슷한 집단으로서 기능하는 것은 필연적인 결과라고 할 수 있다. 현실의 가족으로부터 떨어져 나와 구루나 교단에서 이상적인 부모나 가족을 찾고, 아버지나 어머니를 대신해줄 수 있는 대상을 거기서 발견하고, 전이에 사로잡힌 채 스스로를 지탱한다. 어렸을 때 사랑했던 존재를 손에 넣으려는 에너지는 지극히 근원적이며 강력하기에 수십 년에 걸쳐서 그 사람을 지배할 수 있다.

은행 강도를 만든
교묘한 최면술

정신분석이나 의학적인 심리요법 전문가들은 수많은 실패를 거듭하면서 최면과 전이라는 위험한 측면을 인식하게 되었고, 그 위험성을 극복하기 위해 노력해왔다고 할 수 있다. 최면요법을 포기하고 전이를 중요한 치료 과제로 생각한 것도 이런 위험에 대한 인식이 있었기 때문이다. 베른하임이나 쿠에의 암시요법도, 프로이트로부터 시작된 정신분석도 최면 상태가 아니라 맑은 의식 상태에서 시행되었다. 최면과 같이 본인의 의식이나 의사가 애매모호한 상황보다 주체적으로 자각하면서 치료가 이루어지는 편이 바람직하다고 여겼기 때문이다. 이렇게 해서 치료의 세계에서 최면이라는 방법은 이단시되었고, 점점 최면이 활약할 수 있는 장소를 잃어갔다.

그런데 심리 조작의 영역에서는 정반대의 상황이 일어났다. 피암시성이 강하고 판단력이 저하된 최면과 비슷한 상태나 전이를 악용해서 마음먹은 대로 사람을 조종하려는 시도가 벌어졌던 것이다. 최면 상태와 전이가 일어난 상태는 주체적인 의사결정 능력이 저하되고 상대에게 의존하고 있다는 점에서 공통점을 가지고 있다. 요컨대 심리 조작이 되기 쉬운 상태이다.

다만 최면에 대해서는 오랫동안 믿어온 하나의 '상식'이 있었다. 그것은 아무리 최면 상태에 있다 하더라도 그 사람의 신조나 도덕에 반하는 일에는 저항감을 느낄 것이라는 생각이었다. 요컨대 최면요법으로 심리를 조작해도 본인의 이익에 반하는 일이나 주위 사람에게 해를 끼치는 일을 시키면 그 시점에서 최면이 풀릴 것이라고 생각했다.

이에 대한 유명한 실험이 있다. 오늘날에도 투레트 증후군*이라는 질환으로 이름을 남긴 조르주 질 드 라 투레트Georges Gilles de la Tourette 라는 고명한 프랑스 신경학자가 공개적으로 실험을 했다. 그는 피험자 여성에게 최면을 걸어 칼로 찌르거나 총으로 쏘거나 독을 넣는 범죄 행위를 잇달아 시켰다. 물론 실험에 사용된 칼이나 총, 독은 진짜가 아니라 실험용으로 제작된 가짜였는데, 바닥 전체가 시체로 뒤덮일 정도로 엄청난 살육 행위가 벌어졌다.

실험 결과는 최면으로 도덕관념조차 깰 수 있다는 사실을 보여주는 듯싶었다. 하지만 이 이야기에는 속편이 있다. 공개 실험이 끝난 뒤 학생들이 장난을 하나 생각해내었다. 아직 최면 상태에 있는 여성에게 '이번에는 당신이 방에 혼자 있고 이제 목욕탕에 들어갈 시간'이라고 속삭인 뒤 옷을 벗도록 명령했다. 그런데 여성은 격렬한 히스테리 발작을 일으키더니 최면 상태에서 깨어났다.

■　투레트 증후군Tourette Syndrome(틱장애)은 신경학적인 유전병으로 순간적으로 어떤 행동을 하거나 소리를 내는 등의 경련tic을 일으키는 증상이다.

이 여성은 무대 위에서 벌어지는 대량 살인은 위험을 동반하지 않는 행위라고 인식하고 있었으며, 교수가 기대했던 대로 행동해 주었을 뿐이었다. 바꾸어 말하자면 교수에게는 위험한 일을 시킬 리가 없다는 신뢰감이 있었지만, 학생들에게는 그런 신뢰감이 없었던 것이었다.

이 에피소드는 최면 상태에서도 의사결정 능력을 잃어버리지 않으며 선악 판단 능력은 유지된다는 근거가 되었다. 하지만 그런 상식을 뒤집는 사건이 덴마크에서 일어났다.

———

1951년 3월, 덴마크의 수도 코펜하겐에서 30세가량의 남자가 은행에 침입해 창구 직원에게 권총을 들이대며 돈을 내놓으라고 외쳤다. 은행 직원이 우물쭈물하자 범인은 주저 없이 머리에 총을 쏘고, 또 다른 사람에게 빨리 돈을 내놓으라고 협박했다. 그 순간에 누군가가 경보 장치 버튼을 눌러 비상벨이 울렸다. 범인은 또 다른 사람에게도 총을 쏘더니 돈을 포기하고 은행에서 도주했다.

그는 자신이 타고 왔던 자전거를 타고 줄행랑을 놓았다. 그러나 목격자도 있었기에 바로 꼬리가 잡혀 몇 시간 뒤에 체포되었다. 용의자는 29세의 팔레 하르루프란 기계공이었다. 그는 두말없이 혐의를 인정했다. 사람들은 치졸하고 허술하기 그지없는 사건이라고 생각했다.

하지만 동기에 대해 더 추궁하자 용의자는 기묘한 말을 내뱉기 시작했다. 제3차 세계대전에 대비하기 위해 정당을 설립했으며, 만일 전쟁이 일어나면 은행을 털어 손에 넣은 돈으로 선택받은 자들을 안전하게 피난시킬 계획이라는 말을 진지한 얼굴로 털어놓은 것이다. 실제 그의 방을 수색했더니 그 정당의 유니폼이나 포스터, 그의 계획을 입증하는 자료들이 적지 않게 발견되었다.

게다가 용의자는 은행을 덮쳐 두 사람의 목숨을 빼앗고 체포되었는데도 흐트러진 모습 하나 보이지 않고 태연했다. 조사를 담당한 형사들은 뭔가 이상하다고 느꼈다. "사람을 죽여놓고도 죄의식을 느끼지 않는가?"라고 묻자 하르루프는 느끼지 않는다고 대답했는데, 그 이유를 "신이 그렇게 하도록 명령했기 때문이다"라고 말했다.

하르루프는 파라노이아(망상증 질환) 환자였던 것일까. 사법정신과 의사인 막스 슈미트 박사가 하르루프와 면담을 했다. 어떻게 은행을 털 생각을 하게 되었느냐고 물었더니 하르루프는 "수호천사가 시켰기 때문이다"라고 대답했다. 역시 망상에 사로잡혀 범죄를 저지른 것이었을까.

사실 7개월 전에도 다른 거리에서 똑같은 수법의 은행 강도 사건이 일어났는데, 범인은 아직 잡히지 않은 상태였다. 그 사건도 하르루프가 저지른 범행임이 틀림없었다. 그런데 하르루프는 검소하게 생활했으며 은행 강도로 큰돈을 수중에 넣은 것처럼 보이지도 않았다. 역시 배후에 누군가가 있던 것이 아닐까. 애초에 은행 강도는 단독 범행이 드물었기 때문에 경찰은 공범자가 있지 않을까 강하게 의심했다.

그때 한 남자가 나타났다. 비요른 닐센이란 남자가 경찰서에 출두해서 범행에 사용된 자전거는 사실 자기 것이라고 말했다. 닐센은 신문을 받았지만, 자신은 당연히 범행에 관여하지 않았으며 단지 자전거를 빌려주었을 뿐이라고 주장했다. 경찰은 닐센이 관련이 있을 것이라고 의심했지만 아무 증거도 없었다. 게다가 하르루프도 닐센은 아무 관련이 없다고 말했다.

그러나 하르루프와 닐센은 깊은 관계에 있었다. 두 사람은 전과가 있었는데, 같은 형무소에서 3년이나 있었으며 대부분을 한 방에서 보냈다. 형무소를 나온 뒤에도 닐센은 하르루프의 주변을 떠나지 않았다. 하르루프는 닐센의 돈줄이었다. 그는 자신의 생활비를 아껴 쓰면서 닐센에게 돈을 건네주고 있었다. 당연히 하르루프의 아내 베네트는 닐센을 싫어했다. 하지만 닐센의 주장은 전혀 달랐다. 그는 베네트가 하르루프를 조종해서 은행 강도 사건을 일으킨 것 같다는 말을 했다.

슈미트 박사는 닐센이 어떤 심리적 영향력으로 하르루프를 부추겨서 은행을 털게 했으리라고 추측했다. 하르루프에게 진실을 털어놓게 하려고 애썼지만 헛고생이었다. 그는 닐센을 줄기차게 감싸주었다.

슈미트 박사는 마지막으로 승부수를 던졌다. 그는 정신감정 결과를 하르루프에게 알려주고 이대로라면 평생 정신병원에 갇혀 지내게 될 것이라고 말했다.

하르루프의 마음에 변화가 일어난 것은 그 직후였다. 그때까지 진실을 말하는 것에 완고하게 저항했던 그가 스스로 펜을 쥐고 수사 담당자에게 18쪽에 이르는 편지를 써서 자신의 몸에 일어난 일을 고백했던 것이다. 그 편지에는 자신의 불운한 반생과 더불어 닐센과의 이상한 관계가 적혀 있었다.

———

하르루프는 원래 좋은 집안에서 자란 순박하고 이상주의적인 젊은이였다. 그런데 착하고 어리숙한 탓에 제2차 세계대전 중에 나치에 협력하게 되었고, 종전 후 벌어진 재판에서 14년 형을 선고받았다. 감옥에 들어간 하르루프는 깊은 절망에 빠졌다. 그런 그가 감옥에서 만난 사람이 닐센이었다.

닐센은 하르루프와는 달리 뼛속까지 범죄자의 피가 흐르는 교활한 남자였다. 닐센은 정신적으로 불안해하며 구원의 손길을 기다리고 있는 모습을 보고 그에게 접근했다. 자신은 동양의 신비 사상을 훤히 꿰뚫고 있는 데다 요가나 명상에도 조예가 깊다며 기초를 가르쳐주기 시작했다. 하르루프는 닐센을 철석같이 믿고 그의 제자가 되어 함께 명상하며 호흡법을 배웠다. 그렇게 하면 '신과 하나가 된다'는 닐센의 말을 굳게 믿었다. 닐센은 거기서 멈추지 않고 하르루프에게 최면술을 시도했다. 그 결과 하르루프가 최면에 걸리기 쉬운 체질이란 점을 알게 되었다. 앞에서도 언급했듯이 순박하고 사람을 쉽게 믿는 사람은 최면에 걸리기 쉽다. 닐센은 거의 매일 밤 그에게 최면을 걸었다.

최면에 걸린다는 것은 시술자에게 자신을 그대로 맡기는 것이다. 되풀이해서 같은 시술자에게 최면이 걸리게 되면 한결 최면에 걸리기 쉽게 되고, 심리적으로 조종되기 쉬워진다. 그래서 최면을 시술하는 사람은 무엇보다도 선의를 지닌 사람이어야 한다. 그런 의미에서 하르루프는 최악의 상대를 최면 시술자로 선택했다고 할 수 있다.

하르루프는 편지를 통해 고백한 뒤 자신이 닐센의 뜻대로 조종되어 행동했다는 사실을 인정했다. 이로써 단숨에 사건이 해결되는 듯이 보였다. 그런데 한 통의 크리스마스 카드가 수사의 흐름을 막았다. 그것은 닐센이 하르루프에게 보낸 카드였다. 하르루프는 다시 입을 굳게 다물었다. 닐센에게 여전히 지배당하고 있다고 볼 수밖에 없었다.

그래서 등장한 사람이 코펜하겐 기념 병원의 정신과 의사 파울 레이테르 박사였다. 그가 선택된 이유는 최면술의 대가였기 때문이다. 하르루프는 레이테르 박사에게 보내졌다. 레이테르 박사는 하르루프에게 최면을 걸어서 닐센의 지배로부터 벗어나게 하려고 시도했다. 하지만 생각대로 되지 않았다. 심리 검사 결과를 보면 하르루프는 지극히 피암시성이 강하고 최면에 걸리기 쉬운 유형인데도 불구하고 완전한 트랜스 상태로 들어갈 수가 없었다. 의식적으로 저항하는 것이 아니라 무의식 수준의 저항이 일어나고 있는 것이었다. 최면 상태로 들어가려고 하면 무서운 기억이 덮쳐서 하르루프를 각성시켰다.

대체 왜? 이유는 그때까지 닐센이 하르루프의 무의식을 지배하고 있을 뿐 아니라 다른 사람이 접근할 수 없도록 자물쇠로 잠가 버린 것이라고 볼 수밖에 없었다.

이런 현상은 이전부터 알려져 있었다. 최면술사는 트랜스 상태에서 자신 이외의 사람이 최면을 걸려고 하면 그 지시에 따르지 않도록 명령해놓곤 한다. 그러면 다른 누군가가 아무리 최면을 걸려고 해도 걸리지 않는 일이 일어날 수 있다.

하르루프는 닐센에게 수없이 최면당한 상태였기에 강력한 라포가 형성되어 있었으며, 닐센은 치밀하게 하르루프가 체포되었을 때를 대비해서 다른 사람의 말에 따르지 않도록 암시를 걸어놓은 것이었다.

닐센이 배후에서 하르루프를 조종했다는 사실을 증명하기 위해서는 자물쇠를 열고 하르루프의 무의식을 해방시켜서 닐센이 그에게 어떤 짓을 했는지를 밝혀내야 했다.

———

레이테르 박사는 교착 상태를 타개하기 위해 최후의 수단을 썼다. 강력한 항불안작용을 지닌 약제를 주사하고 최면을 걸었다. 그러자 하르루프는 격렬하게 저항하면서 공포에 시달리는 듯이 비명을 질러대더니 불현듯 깊은 트랜스 상태에 들어갔다. 드디어 자물쇠가 열린 것이었다.

레이테르 박사는 몇 번이고 최면을 걸었으며 이윽고 약제의 힘을 빌리지 않고도 하르루프를 최면 상태로 들어가게 할 수 있었다. 닐센에게 지배당하던 그의 마음을 빼앗아온 것이었다.

이렇게 해서 하르루프는 닐센에게 어떤 일을 당했는지 낱낱이 털어놓기 시작했다. 닐센은 특별한 힘을 얻게 된다고 하르루프를 구슬려서 매일 밤 최면을 걸었다. 그는 하르루프를 연습 도구로 삼아 최면 기법을 연마했다.

처음에는 단순하게 손발을 움직이게 하고 감각을 조종하면서 즐길 뿐이었는데, 그러던 중 하르루프를 마음먹은 대로 움직이게 하는 고도의 기법을 익혔다. 닐센은 그에게 자신이 수호천사의 뜻을 전달하는 대변인 X라고 믿게 해놓았다. 그리고 수호천사의 뜻이 곧 신이 맡긴 임무이며, 그것을 실행하는 것은 정해진 운명이라는 생각을 심어놓았다.

이렇게 해서 닐센의 말은 거역할 수 없는 신의 뜻이 되었다. 동시에 닐센은 신의 대변자로 군림하게 되었다. 그는 교묘하게도 수호천사의 존재에 대해서는 타인에게 말해도 되지만, 대변자 X에 대해서는 결코 입 밖에 내서는 안 된다고 명령했다. 그는 하르루프를 마음대로 조종하면서 자신은 결코 표면으로 나오지 않고 안전지대에 머물 수 있게 된 것이었다.

닐센은 처음에는 최면술 놀이를 하며, 단지 하르루프의 마음을 장난감 삼아 기분 전환을 하는 정도에 그쳤다. 하지만 천생 범죄자였던 그는 꼭두각시 인형이 된 하르루프의 가치를 알아차렸다.

감옥에서 나온 닐센은 그럴싸한 이유를 대서 하르루프가 갖고 있던 얼마 안 되는 돈을 갈취했다. 하르루프가 출소할 때 받은 위로금 700크로네도 모조리 빼앗았다. 그가 기계공으로 일하기 시작하자 주급 200크로네도 바치게 했다.

하르루프의 가족은 닐센에게 이용당하고 있다는 사실을 어떻게 해서든지 깨닫게 하려고 애썼다. 하지만 닐센이 "천상의 왕국에서는 가족 따위는 의미가 없다"라며 가족을 버리라고 명령하자 하르루프는 순순히 그 말에 따랐다. 닐센이 하르루프에게 자신이 선택한 여자와 결혼하라고 명령하자, 그는 두말없이 그 말대로 했다. 결혼식 전에 닐센은 신에 대한 헌신이라고 말하며 자신이 신부와 자야 한다고 말했다. 신부는 닐센의 정체를 어렴풋이 깨닫고, 남편에게 닐센과 관계를 끊도록 충고했지만 남편은 고개를 저을 뿐이었다.

닐센은 푼돈을 빼앗는 일에 만족하지 못하고 하르루프에게 은행을 털게 했다. 이번에는 그의 말이면 무조건 복종하던 하르루프도 선뜻 그 말에 따르지 못했다. 닐센은 함께 명상을 하고 최면을 걸어 수호천사가 원하고 있다고 설득해서 결국 하르루프가 은행을 털 결심을 하게 만들었다.

그래도 범행 당일에 하르루프가 주저하자 닐센은 함께 명상을 하면서 독려했다. 결국 범행은 성공했고 하르루프는 21,000크로네를 닐센이 지시한 장소에 감추었다. 물론 그 돈은 닐센이 가져갔다.

반년이 지나자 그 돈을 탕진해버린 닐센은 다시 하르루프를 등쳐먹기 시작했다. 좀 더 많은 돈을 바칠 수 있도록 방값이 싼 집으로 이사 가라는 명령까지 내렸다. 물론 아내는 반대했다. 그러자 하르루프는 이혼을 하겠다고 말하며 아내의 반대를 묵살했다. 이 또한 닐센의 지시였다.

그걸로도 부족했던지 '신에 대한 헌신'을 시험한다며 또 한 번 하르루프에게 아내를 바치라고 말했다. 아내는 물론 거부했지만 소용없었다. 닐센이 강제로 아내를 겁탈할 때도 하르루프는 가만히 보고만 있었다.

닐센은 다시 은행을 습격하기로 계획했다. 만약에 대비해 하르루프의 아내가 뒤에서 조종한 것처럼 보이도록 은행 주변 지도를 아내에게 그리게 하도록 했다. 그러고 나서 하르루프가 두 번째 은행 강도 사건을 일으켰던 것이다.

이렇게 레이테르 박사는 닐센이 하르루프를 조종해서 범죄를 저지르게 한 사실을 낱낱이 밝혀내었다. 하지만 어떻게 해야 그 사실을 증명할 수 있을까. 그 사실을 재판에서 배심원들에게 납득시켜야 했다. 특히 가장 큰 벽은 최면술에서 깨어난 뒤에도 행동을 조종할 수 있다는 점을 증명하는 일이었다.

레이테르 박사는 끝까지 포기하지 않았다. 최면에 걸려 있는 상태가 아닌, 최면이 풀린 뒤의 상태라도 심리 조작을 할 수 있다는 사실을 증명하기 위해 그는 다음과 같은 실험을 했다.

하르루프에게 최면을 걸어 P라는 말을 들으면 트랜스 상태에 들어가도록 지시했다. 그리고 그가 최면 상태에서 깨어난 뒤 전혀 관계없는 일을 할 때 갑자기 P라고 속삭였다. 그 순간 하르루프는 트랜스 상태에 들어갔다. 때로는 감옥에 전화를 해서 그가 전화를 받으면 P라고 말했다. 그 순간 하르루프는 전화기를 떨어뜨리고 그대로 트랜스 상태에 빠졌다.

이런 실험을 거듭해나가면서 레이테르 박사는 하르루프가 닐센에게 심리 조작을 당해 범행을 저지르게 된 사실을 증명하려고 했다. 레이테르 박사는 법정에서 7시간이나 증언했다.

재판장은 닐센이 사건에 관여했다는 사실을 인정하고 그에게 종신형을 언도했다. 하지만 레이테르 박사가 노력한 보람도 없이 하르루프는 평생 정신병원에 수용되었다.

이 사건은 여러 지점에서 화제가 되었고 전문가들을 놀라게 했다. 우선 최면 상태가 아니라 최면에서 깨어난 뒤의 각성 상태에서도 최면 중에 지시한 내용에 따라 행동이 조종된다는 점을 확인했다. 게다가 그 효과는 꽤 오랜 시간 지속되었다.

또한 본인의 신조나 도덕관에 맞지 않는 행위라도 교묘하게 조종하면 원하는 대로 움직일 수 있다는 점을 알게 되었다.

본격적으로 악용되기
시작하는 심리 조작

슈미트 박사와 레이테르 박사는 하르루프 사건이 심리 조작의 결과라는 사실을 간파하고 심리 조작의 피해자인 그를 구하려고 노력했는데, 오히려 이 사건을 계기로 CIA 등 정보기관이 심리 조작에 관심을 갖게 되었다. 그리고 얄궂게도 심리 조작 기법이 본격적으로 악용되기 시작했다.

이미 제2차 세계대전 중에도 미군은 최면술을 첩보 활동이나 모략에 이용할 수 없는지 검토하고 있었다. 미국전략사무국OSS, Office of Strategic Service은 최면술로 독일인을 조종해서 히틀러를 암살하려는 작전을 계획하고 있었다. 이 작전을 위해 미국에서 둘째가라면 서러워할 정신과 의사나 최면술사를 소집해서 의견을 물었다. 그 결과 당시의 정설에 따라 최면 상태라도 사상이나 신조에 반하는 행동에는 강하게 저항하여 실패에 이를 것이라는 결론에 이르렀다. 요컨대 암살자는 나치에 반감을 품은 사람을 선택해야 했으며 그렇다면 굳이 최면을 걸 필요가 없었다.

이로써 일단 이 논의는 결말을 맺는 듯싶었다. 그런데 그때 한 최면술사가 나타나서 자신은 그 일을 해낼 수 있다고 주장했다. 그리고 실험을 보여주었다.

그는 두 명의 미군에게 최면을 걸어 '1시간 이내에 이곳으로 돌아오는데, 그때 다리가 참을 수 없을 만큼 가려워진다'는 암시를 주었다. 한편 전략사무국의 지체 높은 상관에게 그 자리에 와서 무슨 일이 일어나는지 봐달라고 부탁했다. 모두가 설마 하늘 같은 윗사람 앞에서 하사관이 꼴사나운 짓을 할 리가 없다고 생각했다.

1시간이 지나서 두 사람이 돌아왔다. 두 사람은 자리에 앉자마자 꿈지럭꿈지럭하더니 더 이상 못 참겠다는 듯 구두를 벗고 북북 다리를 긁어대기 시작했다. 그 자리에 있던 사람들은 상관 앞에서 무례한 행동을 하는 두 사람에게 호통을 치는 것도 잊어버리고, 어쩌면 이 기술을 사용할 수 있을지도 모른다고 생각했다.

그 후로 다양한 실험이 이루어졌다. 군의인 존 왓킨스_{John G. Watkins}가 중심적인 역할을 담당했다. 그는 병사들에게 최면을 걸어 자유자재로 조종했다. 병사들은 눈앞에 있는 사람이 적이라고 하면 실제 상대가 상관이어도 맹렬하게 달려들었다. 암시의 힘이 강력해서 행동을 멈추게 하기 위해서는 세 명이나 달려들어야 했다.

최면은 특히 신문할 때 큰 효력을 기대할 수 있었다. 왓킨스는 최면에 걸린 피험자에게 질문을 하는 사람이 피험자의 상관이라고 믿게 했다. 그러면 어떤 정보라도 술술 털어놓게 할 수 있다는 점을 공개 실험을 통해 보여주었다. 왓킨스가 여군에게 최면을 걸었을 때는 극비 정보까지 불게 했기 때문에 상관들이 당황해서 이 실험을 중지시켜야 했다.

이렇게 하여 국가의 안전보장이라는 측면에서 최면의 중요성이 재검토되기 시작했다.

최면으로 쉽게 정보를 알아내거나 행동을 조종할 수 있다면, 그에 대한 대책이 필요했다. 당시는 동서 냉전의 시대였다. 만약 동쪽 진영에서 서쪽 진영의 군인이나 스파이를 체포하면, 최면을 걸어 국가의 안전이 걸려 있는 정보를 손에 넣을 위험이 있었다. 게다가 그 군인이나 스파이를 꼭두각시 인형으로 만들어 서쪽 진영으로 보낼 수도 있었다.

어떻게 하면 이런 위험에 대비해서 국가 기밀을 지키고 스파이가 적의 로봇이 되는 것을 막을 수 있을까. 하르루프 사건은 이 문제를 풀 열쇠를 CIA 등 정보기관에 제공했다. 닐센이 하르루프에게 시행했듯이 무의식에 자물쇠를 걸고 접근할 수 있는 사람을 제한하면 해결되는 문제였다.

이 기발한 아이디어는 이미 2차 세계대전 중인 1943년에 콜게이트 대학의 심리학 교수인 조지 이스타브룩스George H. Estabrooks가 제안했다. 힙노틱 메신저(최면에 걸린 사자)라고 불리는 방법이었는데, 그는 이렇게 주장했다. "정보기관의 공작원은 최면에 걸린 상태에서 극비 정보를 제공하고, 특정 인물이 신호를 보낼 때만 그 정보를 떠올릴 수 있도록 무의식에 자물쇠를 잠근다. 그리고 최면에 걸린 사실을 잊어버리도록 지시하면 된다."

최면에서 깨어난 공작원은 자신에게 제공된 극비 정보는 물론 최면에 걸렸다는 사실조차 기억할 수 없기에 설사 적에게 사로잡혀 고문이나 신문을 받아도 극비 정보를 떠올릴 수 없다. 만약 적이 공작원에게 최면을 걸어 정보를 빼내려고 해도 자물쇠를 열기 위한 특정 인물의 정보나 신호를 알지 못하면 성공할 수 없다.

———

이 아이디어는 당시로써는 지나치게 엉뚱했기에 제대로 관심을 받지 못하고 방치되었으나, 덴마크의 은행 강도 사건으로 인해 가능성이 보이자 CIA 등 정보기관에서 재차 관심을 기울였다. 당시 CIA의 '블루버드 계획' 책임자로 있던 모스 앨런Morse Allen이 중심적인 인물이었다. 앨런은 구루라고 불릴 정도로 최면 기술에서 높은 경지에 올라 있었으며 수많은 전설을 남긴 사람이다. 원래 그는 최면에 '최'자도 모르는 사람이었는데 어느 날부터 최면에 관심을 갖게 되었고, 스스로 최면술사를 찾아가 배우기 시작했다. 그때 스승인 최면술사에게 들은 이야기가 한층 그의 흥미와 의욕을 불러일으켰다.

스승은 젊은 여성과 성적 관계를 맺고 싶을 때, 여성이 그런 마음을 갖게 하기 위해 최면술을 사용한다고 했다. 어느 오케스트라의 연주가와 관계를 맺을 때도 최면술을 이용했다. 그는 연주가에게 최면을 걸어 트랜스 상태에 빠지게 한 뒤, 자신이 그녀의 남편이며 그녀는 자신과 성적 관계를 맺고 싶어한다는 암시를 주었다. 그녀가 집으로 돌아가는 길에 최면을 걸었으며 우선 "이쪽을 보고 말을 걸도록"이라고 저항감이 생기지 않는 지시를 했다. 그다음에 단계적으로 최면에 들게 하면 그녀는 시키는 대로 했다. 이 방법으로 그는 일주일에 다섯 번가량 관계를 가졌다고 했다.

앨런은 이 최면술사에게 최면술을 배운 뒤 CIA의 여성 비서들을 모르모트로 이용해서 실험을 했다. 처음에는 별 의미 없는 지시를 했다. 비서의 손발을 마비시키거나 제멋대로 손발을 움직이게 하고 최면에 걸렸다는 사실을 잊어버리게 하며 즐겼다. 그런데 그는 최면에 소질이 있었기에 급격히 실력이 향상되어 메스머처럼 손가락으로 딱 소리를 내는 것만으로 비서들을 최면 상태로 유도할 수 있게 되었다. 그 뒤 더욱더 고도의 기술에 도전하기 시작했다.

그중 하나가 힙노틱 메신저 기술이었다. 그는 CIA의 남성 직원에게 최면을 걸어, 안전보장과 관련된 질문을 받으면 깊은 수면 상태에 빠지도록 지시를 해두었다. 그리고 최면에서 깬 남성에게 다양한 질문을 했다. 남성은 일반적인 질문에는 대답을 했지만 금고 암호를 묻는 순간 눈알을 까뒤집으며 의식을 잃어버렸다.

또한 여성 직원에게 최면을 걸고 암호를 말해준 뒤, 절대 누설하지 말라고 지시해두었다. 최면에서 깬 뒤 신문을 해서 암호를 캐내려고 하자 그녀는 완강하게 거부할 뿐만 아니라 암호를 들이대도 태연하게 부정하며 "그런 말은 처음 들으며 가짜다"라고 딱 잘라 말했다.

앨런은 '본인의 신조나 도덕관념에 반하는 일도 실행할 수 있는가' 하는 과제에도 도전했다. 적의 진영에 있는 사람의 심리를 조작하기 위해서는 이 벽을 넘어서야 했기 때문이다.

앨런은 최면술사로서 투레트 박사의 제자들보다 한결 기량이 뛰어났다는 사실을 증명했다. 그는 그들과 비슷하게 장난스런 실험을 했다. 얌전한 여성 비서들에게 최면을 걸어 CIA의 칵테일 파티에서 처음 만난 남성과 노닥거리거나 지시하는 사람과 춤을 추도록 암시를 걸었다. 비서들은 남성들과 춤을 추었을 뿐 아니라 갑자기 무릎 위에 앉기도 해서 주위 사람들을 깜짝 놀라게 했다.

그렇다고 앨런이 장난스런 실험만 한 것은 아니었다. 모략 공작이나 첩보 활동에 활용할 수 있는 수많은 실험을 성공시켰다. 그는 최면 상태에 빠진 여성 비서에게 전화를 건 사람이 암호를 말하면 바로 금고가 있는 방으로 가서 극비 정보를 훔쳐오고, 화장실에 가서 다른 비서에게 건네주라는 복잡한 지시를 내렸다.

물론 그녀는 그 지시를 전혀 자각하지 못하고 있었으며, 그런 행동 자체가 중대한 범죄 행위가 될 수 있었기에 평소에는 선뜻 실행할 수 없었다. 그런데 실제 실험은 완벽하게 성공했다. 전화를 받은 비서는 암호를 속삭인 직후부터 아무 망설임 없이 행동하여 지시한 임무를 수행했다.

최면에 대한 연구를 하면서 앨런은 한 가지 사실을 알게 되었다. 최면 상태에 놓인 사람은 평소보다 훨씬 기억력이 뛰어나다는 점이었다. 최면 상태에 놓이면 복잡한 지시나 방대한 자료를 별 어려움 없이 기억하고 한 자 한 자 모두 뚜렷하게 떠올렸다. 게다가 꽤 오랜 시간동안 기억하고 있는 모양이었다.

다만 본인은 자신이 그런 기억을 갖고 있다는 사실조차 알지 못했다. 다시 최면 상태에 빠졌을 때만 그 기억을 꺼낼 수 있었다.

암호를 정해서 자물쇠를 잠가놓으면, 암호를 아는 사람만 정보를 알아낼 수 있었다. 암호를 말하는 사람이 꼭 앨런일 필요는 없었다. 실제로 그는 누군가가 암호를 속삭이면 자물쇠가 열리도록 지시했고,

최면요법의 창시자로 불리는 프란츠 메스머의 동물자기 치료

그 방법이 제대로 기능하고 있다는 사실을 확인했다.

앨런은 또 하나의 중요한 발견을 했는데, 최면 상태라도 언뜻 보면 평소와 전혀 다름없이 행동할 수 있는 사람이 소수이긴 하지만 존재한다는 사실이었다. 이런 유형의 사람은 최면이 걸린 상태임에도 평소와 똑같이 말을 주고받았으며, 별 다르지 않게 행동할 수 있었다. 그렇기 때문에 그 사람이 트랜스 상태에 있다는 사실을 아무도 눈치 채지 못했다.

앨런은 이런 유형의 사람을 이용하면 '인간 카메라'를 만들 수 있다고 생각했다. 가령 CIA의 여비서에게 최면을 걸어 외국 대사관이나 요인들이 참가하는 자리에 보낸다. 그리고 그 자리에서 보고 들은 정보를 그대로 그녀의 무의식에 기억시킨다. 그 정보는 나중에 전부 꺼내어 볼 수 있는 것이다. 다만 이 방법이 실제로 사용되었다는 기록은 없다. 그렇게까지 최면을 안정적으로 사용할 수 있다는 신뢰성은 획득할 수 없었던 모양이다.

천재 밀턴 에릭슨의 등장과
더블 바인드 기법

불행하게도 사람들은 최면을 비도덕적인 목적을 위한 방법으로 쓰고자 했다. 정보기관뿐만이 아니라 일반 사회에서도 최면을 이용하는 사람들이 생겨났다. 최면을 하나의 쇼로 보여주는 연예인까지 나와서 최면술은 더욱더 수상쩍은 속임수, 아니면 복화술이나 성대모사 같은 '예능'으로 간주되기에 이르렀다. 만일 치료에 쓰기라도 하면 제대로 된 치료자로 인정받지 못하게 되었다.

하지만 그런 풍조 속에서 굳이 최면을 치료에 이용하려고 한 사람이 있었다. 바로 밀턴 에릭슨Milton H. Erickson이 그런 인물이었다. 참고로 정체성 이론을 제창한 에릭 에릭슨과는 다른 사람이다.

밀턴 에릭슨은 정신과 의사이면서 천재적인 최면요법가이기도 했다. 게다가 그는 최면요법에만 사로잡히지 않았으며, 폭넓게 무의식을 움직이는 기법을 만들어냈다. 에릭슨은 최면이나 암시를 이용한 다양한 신기술을 내놓았으며, 실제로 이 방법들을 이용해서 사람들을 치료했다. 에릭슨이 개발한 다양한 기술은 지금도 널리 응용되고 있다.

에릭슨은 해결 지향적 치료 접근법의 선구자로 알려져 있는데, 그는 무엇보다 문제를 해결하는 것을 우선시했다. 프로이트처럼 문제가 지닌 의미를 분석하는 일에는 관심이 없었다.

또한 일반 심리요법처럼 수용이나 공감으로 마음을 치유하려고도 하지 않았다. 물론 수용이나 공감이 도움이 될 때는 활용했지만, 그것이 도움이 되지 않는 상황에서는 상담자가 당황할 정도로 심한 말도 했으며 하기 싫어하는 행동도 억지로 하게 했다.

문제 해결에 도움이 된다면 어떤 방법이라도 이용했다고 해도 과언이 아니다. 최면도 그중 하나의 방법에 지나지 않았다. 때로는 비상식적이라고 할 수 있는 파격적인 방법도 태연하게 사용했다. 이것이 수많은 전설을 낳게 된다.

하지만 그 바탕에 깔린 생각은 심리요법의 대가인 칼 로저스Carl Rogers와 통하는 점이 있었다. 칼 로저스는 에릭슨이 자랐던 위스콘신의 시골에서 자랐으며, 내담자 중심 요법이라고 불리는 오늘날의 카운슬링 기법의 기초를 쌓았다. 그는 문제의 답을 가장 잘 알고 있는 사람은 본인이라고 보고 치료를 했다. 이것이 그의 카운슬링의 기본 원리였다. 카운슬러의 역할은 문제의 답에 이를 수 있도록 가능한 한 본인의 생각을 방해하지 않고 본인의 이야기를 들어주는 것이었다.

에릭슨도 문제의 답을 알고 있는 사람은 본인이라는 확신을 갖고 있었다. 에릭슨은 세미나에서 다음과 같은 에피소드를 소개했다. 이것은 그의 심리요법이 목표하는 바를 분명하게 보여준다.

고등학교 시절 어느 날, 에릭슨은 수업이 끝나고 친구와 함께 집으로 돌아가고 있었다. 그런데 갑자기 어딘가에서 도망쳐온 말이 엄청나게 빠른 속도로 달려왔다. 말은 두 사람 앞을 지나쳐서 어떤 농가의 뒷마당으로 뛰어 들어갔다. 우여곡절 끝에 두 사람은 말을 붙잡았지만 어느 집 말인지 알 수가 없었다. 그때 에릭슨은 말고삐를 잡고 말 등에 올라탔다. 큰길로 나가자 말은 잠시 달리 더니 다리 샛길이나 밭으로 뛰어 들어가려고 했다. 그때마다 말을 제대로 된 길로 가게 하다 보니 말은 4마일(약 6.4킬로미터) 정도 달려간 지점에서 한 농가로 들어갔다. 그러자 그 안에서 한 농부가 뛰어나와 "어떻게 알고 찾아왔냐?"며 눈이 휘둥그레졌다. 에릭슨이 그 말을 듣고 대답했다. "말이 알고 있었습니다."

다만, 답에 도달하는 방법에서 로저스와 에릭슨은 큰 차이를 보였다. 로저스는 상대의 이야기에 공감하며 귀를 기울이는 것이 가장 빠른 길이라고 믿었다. 이에 비해 에릭슨은 상대의 의식의 영역에서 아무리 말을 주고받아도 거기에는 한계가 있다고 생각했다. '답을 알고 있다'고 해도, 그 답은 종종 그 사람의 잠재의식 속에 잠자고 있는 것이다. 이것을 꺼내어 행동을 변화시키기 위해서는 잠재의식에 작용을 가해야 했다.

그가 최면을 사용한 이유는 무의식의 힘을 활용하기 위해서였다. 에릭슨은 카를 융과 마찬가지로 무의식에는 문제를 해결하는 힘이 있다고 생각했다. 의식이나 이성의 영역에서는 이율배반적으로 대립했던 문제도 무의식의 영역으로 깊이 내려가면 대립을 극복할 수 있는 진정한 답을 만날 수 있다고 생각했다. 요컨대 그 사람이 사실은 무엇을 원하고 있는지를 가장 잘 알고 있는 것은, 이성이란 불필요한 힘에 얽매이지 않는 무의식이라는 말이었다.

이 무의식에 접근하는 방법 중 하나가 최면이었다.

하지만 에릭슨은 최면을 이용한다 해도 지도하는 방법은 좋아하지 않았다. 그는 치료자가 절대 자신의 생각이나 신념을 고객에게 강요해서는 안 된다고 생각했다. 최면이란 방법을 사용하면서도 이른바 심리 조작과는 반대되는 지점을 목표로 했다.

———

천재 에릭슨은 끊임없이 노력하여 정신분석이나 종래의 최면 치료와는 또 다른 각도에서 잠재의식에 접근하는 기법을 만들어냈다. 그 기법은 매우 효과적이었고, 심리 치료뿐만이 아니라 다양한 방면에 응용되었다.

유감스럽게도 그중에는 에릭슨의 의도와는 정반대 방향으로 응용된 것도 적지 않다. 오늘날 마음유도법이나 커뮤니케이션 기술로 소개되는 수상한 기법들 중 대부분이 에릭슨에게서 비롯되었다. 개중에는 이런 사실조차 모르고 유포되는 경우도 있다. 게다가 대부분 에릭슨이 보면 버럭 호통을 칠 만한 난폭하고 단순화된 방법들이다.

에릭슨은 실제 이렇게 말했다.

"당신 자신의 방법을 개발하세요. 다른 누군가의 방법을 사용하려고 해서는 안 됩니다. …… 저의 목소리나 억양을 흉내 내지 마세요. 당신 자신의 것을 찾아내야 합니다. 자연스런 당신의 모습으로 있으세요. 사람이 사람에게 반응하고 있는 것이니까요. ……

저도 다른 사람의 흉내를 내보려고 한 적이 있습니다. 엉망진창이 었습니다!"■

하지만 에릭슨의 바람과는 달리 그의 추종자들은 자신의 기법을 개발하기보다 열심히 에릭슨의 기법을 연구하고 모방했다. 에릭슨의 기법이 워낙 뛰어나고 효과적이었기 때문이다.

에릭슨이 치료를 위해 개발한 기법은 일상생활이나 사회생활에서도 활용할 수 있으며, 심리 조작 기법으로도 응용할 수 있다. 이런 기법이 일반적으로 널리 알려진 이상 그런 지식을 모르면 오히려 위험한 상황에 처할 수도 있다.

에릭슨이 사용한 기법 중에서 일반적으로 널리 알려진 것 중 하나가 더블 바인드다. 상대가 무언가 해주기를 바랄 때, 그 일을 할 생각이냐 아니냐고 질문하는 것이 아니라 하는 것을 전제로 하는 선택지를 준비해 질문하는 방법이다. 복수의 선택지가 제시되지만 어느 쪽을 선택해도 결국 같은 결과로 유도된다.

이 기법은 영업이나 판매 등에서 응용되고 있다. 자동차를 살까 말까 갈등하는 고객에게 "이 장치를 달아놓을까요?" 아니면 "자동차 색깔은 흰색을 좋아하세요? 아니면 검은색을 좋아하세요?"라고 말하며 이야기를 진행하는 방법이다.

자동차를 구매하는 것을 전제로 해서 그다음 선택 사항으로 고객의 관심이 향하게 한다. 이렇게 하면 살까 말까 고민하던 것을 멈추고 세세한 취향에 대해 생각하게 되면서 어느새 구매는 기정사실이 되고 만다.

이 기법은 강력해서 이전에 몇 번이고 당했어도 매번 또 당하게 된다. 하지만 이것이 더블 바인드 기법이라는 사실을 인식하면 이런 세일즈 토크에 쉽게 걸려들지 않는다. 상대의 수를 알게 되면 방어력을 지니게 되는 법이다.

더블 바인드는 다양한 상황에서 사용할 수 있다. 가령 아이에게 공부를 시키고 싶을 때 노골적으로 공부하라고 독촉하면 그다지 효과가 크지 않다. 강요당하는 느낌이 들면 사람은 본능적으로 저항하게 마련이다. 이럴 때 더블 바인드 기법을 사용해서, "국어와 산수 중 어느 쪽부터 할까?", "숙제를 엄마와 함께 할래? 아니면 혼자서 할래?"라고 물으면 아이는 대개 어느 쪽인가를 선택하고 순순히 책상 앞에 앉는다.

강하게 저항하리라고 예상되는 경우에는 "숙제를 간식 먹기 전에 할래? 아니면 먹고 나서 할래?"와 같은 식으로 한 발 물러난 제안을 하여 하나를 선택하게 하거나, 반대로 "숙제를 할래? 목욕탕 청소를 할래?"와 같은 식으로 하고 싶지 않은 일을 함께 넣어서 선택하게 하는 방법이 있다.

여하튼 "~하겠다"고 대답하게 하는 것이 핵심이다. 스스로 '하겠다'는 의사를 표명하면 행동으로 이어지게 되어 있다.

더블 바인드는 '함의implication'라고 불리는 기법 중 하나다. 인간의 마음은 불가사의해서 직접적으로 뭔가를 하라는 말을 들으면, 명령받았다고 받아들여 마음속에서 저항이 생긴다. 하지만 간접적으로 넌지시 말하거나, 하는 것을 전제로 놓고 말하면 저항감이 생기기 어렵다.

예를 들어 대학 입시를 앞둔 고등학생 아들이 공부도 하지 않고 빈둥거리고 있다고 하자. 그럴 때 아무리 공부를 하라고 독촉해도 소용없다. 하지만 "내년 이맘때에는 이렇게 가족이 모두 모여 한가롭게 함께 시간을 보낼 수도 없겠네. 대학교는 1학년 때가 가장 바쁘다고 하니 말이야."와 같이 말해보자.

이 말은 아들이 대학에 합격했다는 사실을 전제로 하고 있다. 비난도 명령도 아니기에 마음에 저항이 생기기 어렵고, 그대로 마음에 와 닿기 쉽다. 이 말 한마디로 아들은 자신이 대학생이 되어 있는 상황을 순간적으로 떠올릴 터이다. 그와 동시에 마주 보기를 피하던, 대학에 떨어질지도 모른다든지 모의시험이 코앞에 닥쳤다든지 하는 불안감이나 미지의 대학 생활에 대한 걱정과 기대 등이 뒤섞여 뇌리를 스치고 지나가게 된다.

또한 "이런 식으로 한가하게 시간을 보낸다", "대학교는 1학년이 가장 바쁘다"와 같은 말이 뇌리에 박혀 자신이 한가하게 있는 모습에 초조함을 느끼고 좀 더 분발해야겠다는 생각이 들게 될 터이다.

잠재의식은 연상 작용의 소굴과 같은 것이다. 별다른 뜻이 없는 사소한 말이라도 은근히 그 사람의 심금을 울리며, 그냥 놔둬도

저절로 파문이 퍼져간다. 이것이 행동에 변화를 낳게 된다. 행동에 변화가 일어나지 않는다면, 논리적으로 설득하는 방법과는 전혀 다른 방법으로 자극을 줄 필요가 있다.

어느 날 아무리 애를 써도 전혀 개선되지 않는 10대 소년이 에릭슨을 찾아왔다. 에릭슨은 소년의 이야기를 경청한 뒤 단지 이렇게 말했다.

"앞으로 너의 행동이 얼마나 변할지 상상조차 못하겠는데."

에릭슨의 말은 소년이 변하리라는 사실을 전제로 하고 있었으며, 동시에 단정 짓지도 않고 있었다. 이 말을 들은 소년은 안심하지 않았을까. 자신의 행동이 바뀔 뿐 아니라 그것이 전문가가 예측조차 못할 정도라고 말해줌으로써 저항감을 느끼기보다 오히려 자존심이 자극받았을 것이다. 그리고 그것은 소년의 잠재의식을 건드렸을 터이다.

실제로 간단한 그 말 한마디가 계기가 되어 소년의 행동은 변하기 시작했다. 논리적인 설득보다도 가볍게 암시를 주는 말이 사람의 인생을 바꾸는 일은 종종 일어난다.

나 또한 이런 경우를 수없이 경험했다. 상대의 말 속에서 희미하게나마 변하고자 하는 의지가 느껴지면, 그 점을 지적해서 "벌써 바뀌기 시작한 것 같은데"와 같은 말을 해준다. 그러면 실제로 서서히 변하기 시작한다.

앞에서 언급했듯이 에릭슨은 대상자의 주체성을 중요시했다. 저항하는 고객에게 무언가를 강요하는 일을 극도로 싫어했다. 실제로 인간은 강요당하면 자기도 모르게 저항하는 성질을 갖고 있다.

다만 그렇지 않은 사람도 있다. 의존성 인격장애를 지닌 이들은 도리어 막무가내로 밀어붙이는 강압적인 사람들을 좋아한다. 명령이나 강요에 거부하지 못하고 상대가 말하는 대로 움직일 뿐만 아니라 심지어 강압적으로 명령하고 행동하는 사람에게 경의조차 품게 된다. 일본인 중에 이런 유형이 많다. 일본인은 자신감 넘치게 말하는 사람에게 속기 쉽다.

하지만 그런 유형의 사람은 기껏해야 절반 정도일 것이다. 나머지 사람들은 강압적인 말을 들으면 들을수록 경계하고 더욱더 저항한다. 이 저항은 어찌 보면 자립을 표현하는 행위이며 건전한 행동이라고 할 수도 있지만, 지나치게 강해도 자신을 되돌아보기 어렵거나 타인의 말을 듣지 않아 더 크게 실패하는 경우도 있다.

상대방의 생각이나 행동을 한층 좋은 방향으로 바꾸고 싶은 마음에서 아무리 조언을 해도, 본인이 강요받는다고 생각해서 귓등으로 듣는다면 말짱 헛수고에 불과하다. 이런 경우에는 어떻게 하면 좋을까.

무엇보다도 저항하는 상대와 정면으로 부딪쳐서는 안 된다. 설득하려고 하면 할수록 완고하게 반발하여 결국에는 감정적으로 다투게 되고 감정의 골이 깊어지게 된다.

에릭슨의 기법은 가능한 한 이런 저항을 피하기 위한 방법이다. 더블 바인드도 저항을 누그러지게 하고 제거하는 기법 중 하나로서 만들었다. 저항을 피하기 위해서는 일방적인 단정 표현을 사용하지 않아야 하기 때문이다.

가령 에릭슨은 최면을 사용할 때도 일상적으로 사용하는 "눈꺼풀이 무거워집니다"와 같은 단정적인 표현을 쓰지 않았다. "당신은 트랜스 상태에 들어갈 수도 있습니다"라든지, "점점 깊이 들어가게 되겠지요"와 같은 식으로 다른 가능성도 허용하는 표현을 즐겨 사용했다. "~할 수도 있다", "~할 것이다", "~할지도 모른다", "~할 것 같다"와 같은 표현이 그 예다. 실제 사용해보면 알겠지만, 단정적인 표현보다 받아들이기 쉽고 영향력도 크다.

의지가 약하고 의존적인 사람에게는 강하게 단정하는 말이 믿음직스럽게 느껴지고 영향력을 갖게 될 때도 있다. 하지만 자신의 생각이 확실한 사람에게 단정적으로 말하면 강한 저항을 만나게 될 뿐이다. 돌려 말하는 방식이 감정적인 저항이 생기지 않는 방법이며, 마음에 와 닿기 쉽다.

"지금 공부하지 않으면 반드시 후회하게 돼"와 같이 단정적으로 말하면, 대개 강한 반발심을 불러일으킬 뿐이며 행동을 변화시키지도 못한다. 같은 말을 하더라도 "지금 공부하지 않으면 후회할지도 모르는데"와 같이 결론을 내리지 않는 방식으로 말하는 편이 저항이 적고 마음에 파문을 일으키는 힘을 갖게 된다.

가령 "공부하지 않으면 대학에 떨어진다"라고 위협하는 것보다 "열심히 하면 A대학에 들어갈 수 있지 않을까"와 같이 조심스럽게 중얼거리는 편이 말 자체에 대한 저항이나 반발이 훨씬 적다. 소극적인 표현이지만 오히려 감정적인 반감이 일어나지 않기 때문에 마음에 쉽게 파고들어가게 된다. 게다가 이 말은 지금의 상태로는 A대학에 합격할 수 없을 것 같다는 뉘앙스를 풍긴다. 이런 간접적이고 애매모호한 표현이 무의식에 도달하게 되는 것이다.

이 과정에서 딱히 아무것도 변하지 않는 듯이 보여도 그 아이는 차츰차츰 전보다 더 열심히 공부를 하게 된다. 서서히 행동이 변하기 시작하는 것이다. 이것이 무의식에 작용을 가하는 원리다.

———

2장에서 예스 세트라는 기법을 소개했다. 상대가 예스라고 대답할 수 있는 질문을 하는 방법으로 신뢰성을 높여 최종적인 질문에도 예스라고 대답하도록 이끈다. 이것은 영업할 때나 뭔가를 권유할 때도 즐겨 사용되는데, 이 예스 세트를 세상에 내놓은 사람도 에릭슨이다. 이 또한 저항을 돌파하는 기법으로 만들어졌다.

여하튼 "노!" 대신 상대가 "예스!"라고 대답하도록 유도하면, 상대의 저항을 없애고 본심에 다가서거나 결단을 좌우하는 데 도움이 된다. 심지어 에릭슨은 단정적인 뉘앙스를 없애기 위해 부가의 문문을 즐겨 사용했다.

예를 들면, "그와 헤어지고 싶나요?"라고 직접적으로 질문하지 않고 "그와 헤어지고 싶지 않죠?"라고 묻는다. 또는 "그와 헤어지고 싶나요? 아니 그럴 리가 없죠."와 같이 자신이 한 말을 부정한다. 이렇게 하면 "아뇨."라고 부정하고 저항하는 마음이 생기지 않도록 할 수 있다.

명확하게 표현된 말이 분명한 메시지를 전달하고 영향을 미치는 경우도 있지만, 그것은 어느 정도 문제와 마주 서서 의식화된 경우이다.

하지만 문제와 마주 서기를 피하고 핑계만 생각할 때는 직접적으로 지적당하면 더욱 강하게 저항하고 부정하게 된다. 단언하지 않고 자신의 말을 부정하는 식으로 표현하는 편이 "실은……" 하며 숨겨진 마음을 떠오르게 하기 쉽다. 그 자리에서는 아무 일도 일어나지 않더라도 시간이 지나면서 "헤어지고 싶다"고 생각하는 자신의 마음을 알아차릴 수도 있다. 이런 것이 무의식에 영향을 끼치는 방법이다.

저항을 피하고 상대를 움직일 때 에릭슨이 자주 사용한 한층 수준 높은 기법이 있는데, 그것은 저항하는 힘이나 행동을 역으로 이용해서 상대를 움직이는 방법이다. 합기도의 달인처럼 상대의 힘이나 움직임에 거스르지 않고 능숙하게 받아들여서 저항을 돌파하는 것이다.

가령 상대가 "당신과는 아무 말도 하고 싶지 않다"라고 거부하는 태도를 보였다고 하자. 이때 의기소침해져 아무 말도 하지 않거나 "왜 그런 건지 확실하게 말 좀 해봐!"라고 윽박지르면 오히려 상대는 당신을 더 믿지 못하게 되고 마음을 열지 못한다.

그렇다면 "아무 말도 하고 싶지 않다"며 저항하는 힘을 이용하기 위해서는 어떻게 해야 할까.

다소 거리감이 있는 사람인 경우에는 저항하는 모습을 긍정적으로 평가해서 대화의 실마리를 붙잡을 수 있다. 예를 들면 "말하고 싶지 않다고……. 꽤 분명하게 말해주는구나. 의지가 강해서 좋아. 예전부터 이렇게 단호한 성격이었어?"와 같이 말하는 것이다.

가까운 사이라면 "말하고 싶지 않다"는 저항에 공감해주면서 돌파구를 열 수 있다. "말하고 싶지 않다고……. 네가 그렇게 말하고 싶지 않은 것도 당연하지. 너를 제대로 지켜주지 못해서 미안해. 내가 잘못했어."와 같은 식으로 말하는 것이다.

"말하고 싶지 않다고……. 혹시 화내고 있는 거야? 뭔가 기분 나쁜 일이 있었어? 내가 잘못한 점이 있다면 말해줘." 하며 배후에 있는 상대의 감정에 공감해주는 방법도 유용하다.

좀 더 수준 높은, 묘사라는 기술을 이용하여 상대를 당신의 입장에 서게 해서 어려운 국면을 타개할 수도 있다. 가령 "말하고 싶지 않다고……. 그런 말을 들으니 아무 말도 할 수가 없네. 그게 그렇잖아. 말하고 싶지 않다고 말하는 사람과 말할 수 있는 사람은 없잖아. 참 난처하네. 어떻게 하면 좋을까. 어떻게 하면 좋은지 가르쳐주면 좋겠어." 하며 난처한 입장을 묘사해서 상대를 당신의 입장에 서게 하여 동정을 사고 이야기의 실마리를 찾는 방법이다.

어떤 방법이든 상대의 저항을 부정적으로 받아들이지 않고 존중

하고 있다. 저항은 저항하면 더욱 강화되지만, 그대로 받아들이고 존중을 표하면 오히려 약해진다. 이런 방법으로 마음을 흔들면 처음에는 완고하게 저항하던 사람이라도 손쉽게 마음을 열게 된다.

조작하지 않는 조작

이와 같이 상대의 심리와 행동을 조작하는 경우, 크게 두 가지 접근법이 있다. 하나는 상대를 지배하며 주체성을 빼앗고 마음먹은 대로 조작하는 방법이며, 또 하나는 상대의 주체성을 존중하고 선택권을 지닌 존재로 인정해서 결과적으로 행동을 조작하는 방법이다. 물론 그 중간단계도 있는데 상대의 감정이나 의사결정, 행동에 영향을 미치는 방법은 이 두 가지가 양극에 있다고 보면 된다.

대부분의 경우 '심리 조작'이라고 불리는 상태는 전자를 가리킨다. 상대를 완전하게 의존·종속시켜, 조작하는 사람이 표정이나 기분, 반응으로 지배해서 생각대로 조종하는 것이다. 한쪽에는 버림받는 공포나 공격, 부정, 폭력과 같은 '채찍'을 들고, 또 다른 한쪽에는 승인이나 칭찬, 신체적·물질적 보상과 같은 '사탕'을 내밀며 옴짝달싹 못하게 한다. 스스로 생각하고 판단할 수 없도록 외부의 정보나 타자와의 접촉을 제한하고, 좁은 세계에 가둬둔다. 컬트 종교 집단에 들어가면 컬트 종교의 회원 이외의 사람과는 교제를 끊도록 하는 까닭도 심리 조작에 방해가 되기 때문이다.

하지만 일반적으로 널리 실행되는 심리 조작 기법은 이처럼 언뜻 봐도 분명한(단, 심리 조작을 당하는 본인은 제외하고) 심리 조작이 아니다. 반대로 본인의 주체성이나 의사결정을 최대한 존중하는 태도를 취한다. 그러기 위해 중립적인 선의의 제3자라는 입장에 서려고 한다.

왜 이와 같이 변했을까? 그것은 많은 연구와 실천이 거듭되면서 이제는 이런 방법이 훨씬 효율적이고 한층 많은 사람에게 영향을 주고 필요한 행동으로 이끌 수가 있다는 점이 분명해졌기 때문이다.

이런 흐름 속에서 극적으로 변한 것이 보험 상품을 판매하는 방법이다. 생명보험 영업의 경우, 이전에는 얼굴이 두꺼운 영업사원이 현관 앞에서 고객을 몇 시간이나 끈질기게 물고 늘어져서, 자신을 돌아가게 하기 위해서는 계약을 하는 방법 외엔 없다고 두 손 다 들 때까지 진저리가 나도록 권유를 하는 수법이 중심이었다. 지금도 부동산업계와 같은 곳에는 그런 방식이 남아 있긴 하지만, 그 당시에는 영업사원들의 언변이 능숙하고 뻔뻔했으며 고객이 아무 말도 하지 못하게 쉬지 않고 세일즈토크를 주워섬겨 목적을 달성하는 경우가 대부분이었다.

그런데 오늘날에는 그런 영업방식을 고객뿐 아니라 회사도 기피하게 되었으며, 영업사원 연수에서는 철저하게 "네가 말하지 마라", "판매하려고 하지 마라"라고 지도한다. 고객에게 좀 더 말을 하게 하고, 듣는 쪽이 되고, 물건을 팔겠다는 생각을 보이지 말라고 교육하고 있다. 구시대적 영업방식으로 판매를 해왔던 사람은 무심코 고객을 설득하려고 입을 놀리게 되는데, 그때마다 지적을 받게 된다.

고객에게 판매하고 싶은 상품을 사게 하려고 설득하는 것이 아니라 오히려 고객의 이야기에 귀를 기울이고, 공감하고, 고객에게 가장 필요한 건 무엇인가 등 고객의 니즈를 확실하게 파악하기 위해 힘을 쏟는다. 그리고 고객이 그런 문제를 정리할 수 있도록 도움을 주면 자연스럽게 무엇이 필요한지 분명해질 뿐만 아니라 도리어 고객이 스스로 적합한 상품은 없는지 물어오게 된다. 판매하려고 애를 쓰지 않아도 고객이 먼저 사고 싶다고 나서게 되는 것이다.

중립적인 선의의 제3자로서 상담을 하는 중에 상대의 니즈를 완전하게 파악할 뿐 아니라 신뢰도 획득하는 방법은, 상대를 강인하게 조종하려고 하거나 무리하게 설득하려고 하는 방법보다 훨씬 성공률이 높다.

특히 오늘날과 같이 타자에 대한 경계심이 강하고, 타자의 강요에 거부 반응을 일으키는 개인주의 시대에는 강하게 설득하려고 하는 방식은 적합하지 않다.

영업의 최종 목적이 상품을 판매하는 것이라면, 상품을 사달라고 한마디도 권유하지 않고 고객에게서 꼭 팔아달라는 말이 나오도록 하는 것이 성공적으로 고객의 행동을 이끌어온 것이 된다.

사람의 심리를 조작하지 않는 것처럼 보이지만, 결과적으로는 의도한 대로 행동을 일으키게 하고 있다. 이것은 한층 고도의 심리 조작 기술을 구사한 결과라고 할 수 있다.

이런 방법을 충실하게 지키고 실천하면, 가장 안전하고 자연스럽게 상대에게 접근하여 상대의 행동에 영향을 미침으로써 목적한 바대로 행동하게 할 뿐 아니라 니즈를 확실하게 충족시켜줌으로써 그 뒤에도 양호한 관계를 유지하고 관계를 발전시킬 수가 있다.

연애나 사교의 자리에서도 이런 자세는 안전하고 유효한 접근 방법이다. 자신의 속셈이나 진정한 관심을 들키지 않고 선의의 친절한 제3자로 봉사한다는 자세가 목적 달성에 가장 효과적인 것이다. 어설프게 자신을 어필하거나 상품을 판매하려고 하지 않고 상대를 돋보이게 해주는 역이나 보조역이 되는 데 치중한다. 이런 태도가 신뢰를 얻게 되고 상담을 받거나 부탁을 들어주는 사이에 자연스럽게 친밀도가 생기게 된다.

사교의 장이든 영업의 장이든 상대에게 눈앞의 이익을 위하는 모습이 아닌, 중립적인 선의의 제3자로서 곤란한 상황이나 니즈를 들어주고 함께 생각해주는 태도를 보여주면, 신뢰가 생기기 쉬워진다. 그런 경우 중립성이 가장 중요한 전제가 된다. 중립적인 입장에 서야지 친절이 의미를 갖게 된다. 영업담당자에게 절대 물건을 판매하겠다는 의욕을 보여서는 안 된다는 지도를 철저하게 시키는 이유가 거기에 있다.

5장

행동은
어떻게
조종되는가

잘 알려지지 않은
파블로프의 실험

4장에서는 최면이나 암시를 이용하여 무의식에 접근하는 방법을 토대로 한 심리 조작 기술을 살펴보았다. 그 기술은 최면이나 암시로 교묘하게 이성을 마비시키며 차츰차츰 지배력을 확대시켜가는 방법이었다.

또 다른 유형의 중요한 심리 조작 기술이 있다. 무의식이 아니라 행동에 작용을 가해서 사람을 조종하는 방법이다. 이것은 행동주의 심리학이나 행동심리학이라고 불린다. 간단하게 말하자면 당근과 채찍으로 원하는 행동이나 생각을 자유자재로 만들어내는 '행동의 성형수술'이다. 이것은 기존의 가치관이나 인격을 없앤다는 의미에서 세뇌라고 불리는 기술과도 직결된다.

최면술이나 암시에 의한 심리 조작의 역사가 더 오래되었지만, 근대적인 심리 조작은 여기서부터 시작되었다. 이 기술은 혁명으로 사회주의 체제가 된 러시아에서 비롯되었다. 러시아 사회는 제정러시아가 무너지고 나서도 여전히 구세력의 전통이나 사고방식이 뿌리 깊게 남아 있었다. 진정으로 혁명을 이루기 위해서는 대중과 구세력의 사상을 개조해야 했다.

하지만 아무리 그런 정치적인 요구가 생겼어도 그것을 이루어줄 기술이 없으면 아무 소용이 없다. 바로 그때 그야말로 안성맞춤인 새로운 기술이 러시아에서 등장했다. 그 기술은 이반 파블로프라는 천재 생리학자에 의해 세상에 나왔다. 잘 알다시피 파블로프는 개에게 먹이를 주기 전에 벨을 울리면 그것만으로도 개가 침을 흘리게 된다는 조건반사를 발견한 학자다.

밤낮으로 연구에 매진하던 파블로프는 어느 날 크렘린의 혁명 정부에 불려 갔다. 파블로프가 쭈뼛거리며 크렘린 궁에 들어갔더니, 그의 앞에 혁명의 아버지 레닌이 나타났다. 레닌은 연구 내용에 대해 물어보고, 특히 파블로프의 개에 대한 이야기에 귀를 기울였다. 레닌은 "실로 흥미로운 이야기다"라며 감상을 피력하고, 파블로프에게 크렘린 궁에 잠시 손님으로 머물면서 지금까지 진행한 작업의 개요를 정리해달라고 부탁했다.

파블로프는 석 달에 걸쳐 400쪽의 보고서를 정리해서 제출했다. 레닌은 조금의 쉴 틈도 주지 않고 이튿날 파블로프를 불렀다. 단 하루 만에 보고서를 모조리 읽은 것이었다. 그는 매우 감격한 표정으로 "이로써 혁명의 미래가 보장되었다"라고 말했다.

파블로프는 연구소와 풍부한 자금을 제공받았으며, 마음대로 연구할 수 있는 특권이 주어졌다. 자유롭게 해외에 가는 것도 허용되는 등 구소련에서는 이례적인 특별 대우를 받았다. 파블로프의 연구는 그만큼 특별했으며, 혁명을 성취하는 데 크게 공헌했다는 평가를 받았다.

———

파블로프의 연구가 그토록 높은 평가를 받은 이유는 무엇일까. 이 점을 이해하기 위해서는 파블로프의 연구에 대해 좀 더 살펴볼 필요가 있다. 파블로프는 벨을 울리면 개가 침을 흘린다는 사실만 발견한 것이 아니었다. 그보다 더욱 중요한 발견이 있었다.

먹이를 주기 전에 벨을 울리는 것을 조건형성條件形成이라고 한다. 조건형성을 하면 원래 생리적으로 관련이 없는 자극(벨 소리)에 의해 생리적으로 관련이 있는 자극(먹이)을 대하는 것과 같은 반응을 일으키게 된다. 이것이 오늘날 '고전적 조건형성'이라고 불리는 행동 조작 기법이다.

조건형성은 연합 학습이라고 할 수 있다. 본래는 관계가 없던 두 가지 현상이 몇 번 같은 시기에 일어나면 관계를 맺게 되고, 원래 관계가 없던 자극에 의해 똑같은 반응이 일어나게 된다. 뇌에 자동적으로 회로가 형성되는 셈이다.

이런 조건형성은 다양한 상황에서 의도와 상관없이 발생한다. 가령 지하철에 타고 있을 때 갑자기 몸 상태가 나빠진 경험이 있다고 하자. 그러면 지하철을 타는 일에 불안을 느끼게 되거나 지하철을 타려는 것만으로도 몸 상태가 나빠지게 된다. 실제 몸 상태가 나빠진 원인이 다른 데 있었다고 해도 '지하철'이란 조건과 연결됨으로써 지하철에 타는 모습을 상상하는 것만으로 불안을 느끼게 된다.

영어 수업 중에 교사에게 야단을 맞은 학생이 있다고 하자. 그 뒤 영어가 완전히 싫어져서 영어 책이 도무지 손에 잡히지 않게 된다. 야단을 맞은 불쾌한 체험과 영어라는 조건이 연결되어버린 것이다. 설사 야단을 맞은 이유가 영어와 직접적으로 관계가 없는 일이었다고 해도 영어 그 자체가 싫어지도록 관계가 맺어진다. 이것도 고전적 조건형성의 한 예다.

조건자극이 방아쇠가 되어 어떤 반응을 일으키게 되는 것이다. 무엇이 방아쇠인지 알면 나쁜 반응을 방지할 수 있다. 반대로 좋은 반응이 일어나는 방아쇠를 활용하면 좋은 결과를 낼 수 있다.

왠지 잘될 것 같거나 아니면 왠지 불길한 느낌이 드는 경우에는 과거에 조건이 형성된 신호를 감지하고 성공과 실패의 징후를 느낀 것이다. 성공을 믿으면 실제 성공하기 쉬워지고, 실패할 것 같다고 생각하면 실제로 실패하는 일이 종종 일어나지 않던가.

이런 조건형성을 적절하게 이용하면 기분이나 의욕을 조절할 수 있다. 성공하거나 좋은 결과를 낸 조건을 일상생활 속에서 적극적으로 활용하는 것이다. 가령 일일이 행동을 기록해두었다가 일이 잘 풀렸을 때 했던 동작을 찾아내고, 필요할 때 그 동작을 한다. 일이 제대로 진행되었을 때 듣던 음악을 기억해두었다가 필요할 때 다시 듣는다. 기분이 좋아지는 복장이나 결과가 좋았던 필기도구 등도 기억해두었다가 활용한다. 일이 원활하게 진행되고 있는데 아무 생각 없이 방법이나 생활습관을 바꾼 탓에 성공하는 방법을 잊어버리는 경우도 있다.

이 원리를 응용해서 다른 사람의 행동이나 심리 상태를 조절할 수 있다. 생활과 행동을 유형별로 분류해놓고, 다음 행동이나 생각으로 전환시킬 때 신호가 되는 자극을 주는 것이다. 여기에는 정해놓은 음악을 틀거나 벨을 울리는 행위가 널리 이용되고 있다.

조건자극을 안정제로서 이용할 수도 있다. 가령 일이 원활하게 진행될 때 정해진 말을 해주거나 웃는 얼굴로 가볍게 몸에 손을 댄다. 이런 말이나 동작은 일이 잘될 것 같은 자신감과 안심감을 주는 조건자극이 된다. 본인이 낙담해 있을 때나 마음이 약해졌을 때 정해진 말을 해주거나 웃는 얼굴로 몸에 손을 대면 마음이 안정될 수 있다.

그런데 대다수 사람들은 거꾸로 대응한다. 일이 순조롭게 진행되지 않으면 원활하게 진행되고 있을 때 했던 대로 하지 않고 전혀 다르게 대응한다. 그렇게 하면 그 사람은 의지할 곳을 잃게 되고 상황은 점점 더 나빠지게 된다.

원활하게 진행되지 않을 때도 순조롭게 진행될 때와 같은 반응을 보여주어야지 자신은 버림받지 않았다고 여길 수 있고 잘할 수 있다는 안심감과 자신감을 가질 수 있다.

조건형성도 심리 조작의 중요한 기술이지만 파블로프는 세뇌와 관련된 더욱 중요한 발견을 했다. 벨 소리와 개에 관한 실험을 한 파블로프는 그다음 단계의 실험도 했다.

개는 벨 소리를 들으면 먹이를 주었을 때와 마찬가지로 침을 흘리는데, 파블로프는 이 단계를 '등가적 단계'라고 불렀다.

하지만 일단 조건형성이 성립된 뒤라도, 벨을 울리고 먹이를 주지 않는 등 일관성 없이 대응하면 점차 침을 흘리는 반응도 제멋대로 변하고 예측할 수 없게 된다. 즉 벨 소리를 들었을 때 반응하기도 하고 안 하기도 하게 된다. 게다가 작은 벨 소리에는 크게 반응하면서 큰 소리에는 반응하지 않는 등 반응이 거꾸로 나타나는 경향도 볼 수 있다. 이런 점에서 파블로프는 이 단계를 '역설적 단계'라고 불렀다.

역설적 단계는 혼란 상태라고 말할 수 있다. 이전의 규칙이나 틀을 믿을 수 없게 되며, 진행해야 할 방향이나 믿어야 할 기준을 잃어버리기 시작한다. 즉 기존의 가치관이나 사고방식을 뒤흔드는 데 유용하게 쓰일 수 있는 것이다.

앞에서 언급한 대로 예측된 사건이 안정제로서 작용하는 것과는 반대로 예상치 못한 사건은 불안감을 높인다. 실제 세뇌에서는 일단 안정제로 의존하게 만들어놓고, 그것을 갑자기 부여하지 않음으로써 불안감에 휩싸이게 한다.

갑자기 이런 상황에 빠지게 되면 본인은 혼란스럽고, 무엇이 잘못되었는지 자신을 돌이켜보며 자책하고 상대의 마음을 헤아려보기 위해 두려움에 떨며 안색을 살피게 된다.

그런 심리 상태에 놓이게 해서 긴장이 높아졌을 때 무엇이 마음에 들지 않는지를 넌지시 알려준다. 불안한 심리 상태에 놓여 있었기에 불안한 상태를 해소할 수만 있다면 기꺼이 타협하고 상대가 말하는 대로 따라하게 된다.

이것은 변덕스럽고 지배적인 인물이 의존적인 사람을 조종하는 전형적인 방법이기도 하다. 이런 경우에는 지배하는 사람의 긍정적인 반응이 안정제로 작용한다. 그리고 지배받는 사람은 어느 샌가 이 안정제에 의존하게 된다. 그리고 이런 관계를 유지하기 위해서 안쓰러울 정도로 노력하고 상대에게 헌신하게 된다.

역설적 단계는 도무지 납득이 가지 않는 행동을 이해하거나 타인의 행동을 조작할 때 유용하다. 하지만 세뇌를 하기 위해서는 그다음 단계로 나아가야 한다.

———

파블로프는 전혀 예측하지 못한 사건으로 놀랄 만한 발견을 하게 되었다. 이것은 다행스런 우연이라기보다 불행한 재앙이라고 말할 수 있다. 1924년 레닌그라드에 대홍수가 덮쳐 파블로프의 실험실도 피해를 입었다. 많은 물이 흘러들어와 기자재나 우리가 물에 잠겼고, 실험용 개들은 도망치지도 못한 채 허우적거리며 물에 빠져 죽기 일보직전이었다. 그때 조수 한 사람이 간신히 실험실에 도착해서 개들을 구해낼 수 있었다.

홍수 피해를 수습하고 실험을 재개할 수 있게 되었을 때 연구자들은 기묘한 사태가 일어나고 있다는 사실을 알게 되었다. 벨 소리를 들어도 개들이 반응하지 않았던 것이다. 몇 번을 해도 마찬가지였다. 믿을 수 없게도 몸에 배어 있던 조건반사가 없어진 것이다. 물에 빠져 죽을 뻔한 충격적인 사건이 조건반사를 없애버렸다고 추측할 수밖에 없었다.

실제 파블로프는 또 한 번 조건형성을 조작해서 조건반사가 일어나게 했다. 그러고 나서 똑같이 우리에 물을 흘려보내 개들을 죽음의 위기에 놓이게 하자 역시 조건반사가 없어졌다.

학습시킨 조건반사가 없어졌을 뿐만 아니라 그 밖에도 이상한 일이 일어났다. 개의 성격이 정반대로 바뀌곤 했다. 얌전하던 개가 난폭해져 사람을 물거나, 반대로 난폭하던 개가 얌전해지기도 했다.

이와 같이 심적 외상 체험으로 이전의 조건형성이 사라졌을 뿐만 아니라 정반대라고 할 수 있는 상태가 일어나는 현상을 파블로프는 '초역설적 단계'라고 불렀다.

파블로프의 연구가 소련의 세뇌 기술 발전에 기여한 역할을 연구한 정신과 의사 윌리엄 사잔트William W. sargant에 의하면, 생존과 관련된 외상 체험에 의해 그 전까지 믿어왔던 행동양식이나 가치관이 전혀 도움이 되지 않는 사태에 직면하면 그것이 완전히 바뀌는 반응이 유발된다고 한다.

지금까지 믿어왔던 가치관이 붕괴되었을 때 딴사람처럼 행동하게 되는 일은 종종 경험하는 바다. 사잔트의 설명은 내가 실제 환자를 치료했을 때 느꼈던 사실과도 일치한다.

극한 상태로 내몰렸던 경험이 좋은 쪽이든 나쁜 쪽이든 행동을 180도 바꾸는 계기가 된 것이다. 바꾸어 말하자면 벼랑 끝에 서게 되었을 때 기존의 프로그램이 해제되고, 새로운 프로그램으로 바꿔 쓰기 쉽게 된다.

세뇌를 당할 때나 자발적으로 개심改心할 때 어떤 극한 상태가 중요한 계기로 작용하는 경우는 흔히 볼 수 있다. 반대로 말하자면 극한 상태가 없으면 가치관의 역전이 일어날 수 없다고 볼 수 있다.

세뇌를 목적으로 발전한 다양한 기법들은 사람을 극한 상황으로 몰아세운다는 공통점이 있다. 짧은 수면 시간, 영양 결핍, 고독하고 단절된 환경, 불규칙하고 예측할 수 없는 생활, 자존심 박탈, 가혹하고 단조로운 일상 업무, 비난과 자기부정, 매도와 폭력에 의한 굴욕적 체험, 고통스런 생활, 쾌감이나 오락을 일체 허용하지 않는 일, 불합리하고 조리에 맞지 않는 취급 등등. 이래도 참을 수 있겠냐는 듯이 고통과 굴욕과 불안을 안겨준다.

가령 선종에서도 수행할 때 스승이 제자를 대하는 방법은 지극히 불합리하고 무의미한 학대에 가깝다. 이 불합리한 학대 행위에 숨겨진 의미가 있다. 새로운 경지에 이르기 위해서는 훌륭한 지식이나 직위 등은 아무런 도움도 되지 못하기 때문에 갓난아기와 같이 무력하다고 느끼는 극한 상태가 필요하다.

세뇌와 종교적 수행은 종이 한 장 차이의 행위이며 그것을 통해

해탈과 세뇌가 이루어진다. 이는 기존의 가치관을 없애버린다는 점에서 공통된다.

이런 조건형성을 더욱 교묘하게 구사하면 행동 방식을 바꾸거나 동기부여를 강화하거나 약물 의존 상태를 고칠 수도 있다.

파블로프의 조건형성은 어떤 조건자극을 어느 반응에 연결하여 조건반사의 회로를 만드는 것으로 고전적 조건형성이라고 불린다. 고전적 조건형성은 원래 존재하는 생리적 반응(음식을 보면 침이 나온다)이나 정동적 반응(상처를 입으면 화가 난다)이 조건형성을 한 자극에 의해 일어나는 것이다. 침이 나오거나 화가 나는 것은 생득적 반응이지 반응 자체를 만들어낸 것이 아니다.

인간의 행동을 조작할 수 있다는 파블로프의 생각은 많은 사람에게 영감을 주어 더욱 폭넓은 행동에도 응용할 수 있으리라는 기대와 야망을 낳게 된다.

딴 사람이 된
추기경과 전쟁 포로들

파블로프의 연구는 미국으로 건너가 행동주의라고 불리는 새로운 심리학 영역을 발전시켰다. 행동주의의 아버지라고 불리는 존 왓슨John B. Watson이나 그 후계자 버러스 스키너Burrhus F. Skinner가 한 시대를 풍미하였다. 그들은 파블로프의 이론을 더욱 발전시켜 조작적 조건형성이라고 불리는 방법을 확립했다. 스키너는 자신의 방법을 사용하면 어떤 반응이라도 자유자재로 만들어낼 수 있으며, 행동이나 인격조차도 원하는 대로 바꿀 수 있다고 호언했다.

조작적 조건형성의 원리는 단순하다. 바람직한 행동을 하면 칭찬(기분 좋은 자극)을 해서 긍정적으로 강화시키고, 잘못된 행동을 할 때는 벌(불쾌한 자극)을 주어 부정적으로 강화시키는 것이다. 이런 간단한 방법을 수미일관되게 실행하면 바람직한 행동이 증가하고 잘못된 행동이 감소한다.

조작적 조건형성은 조작적 학습이나 강화 학습이라고 불리듯이 학습으로 이해해도 무방하다. 환경에 적합한 행동을 학습함으로써 행동이 변화하는 것이다.

조작적 조건형성은 민달팽이와 같은 단순한 신경계밖에 지니지 않은 생물이라도 효과를 발휘한다. 하지만 인간처럼 높은 지능을 지닌 동물은 오히려 효과가 없는 경우도 있다. 지적 작용이나 감정적 작용이 조작적 조건형성을 방해하는 것이다. 요컨대 잘못한 행동을 꾸짖거나 실패한 원인을 하나하나 파고들지 않는 편이 좋다. 기계적으로 담담하게 학습을 되풀이해서 행동을 자동화하고 자연스럽게 행동의 변화를 이끌어내는 것이 더 좋다.

조작적 조건형성이 실패하는 이유는 감정적으로 화를 내거나 설교를 하면, 되레 오기가 생겨 기대와 반대되는 행동을 하거나 쓸데없는 긴장이 생기기 때문이다. 또 지나치게 강한 벌을 주어도 감정적인 문제가 생기고 순조롭게 진행되지 않을 때가 있다. 단,

적절하게 실행하면 조작적 조건형성의 효과는 굉장하다.

왓슨은 아이의 기호가 간단하게 바뀌는 모습을 실험으로 보여주었다. 11개월 된 아기에게 익숙한 하얀 쥐를 주고 함께 놀게 했다. 하얀 쥐는 바로 아이의 친구가 되었다. 그런데 친근감을 공포로 바꾸는 작업은 간단했다. 하얀 쥐가 아이 곁에 올 때마다 불쾌한 소리를 들려주는 조작을 몇 번 되풀이했더니 아이는 하얀 쥐를 보기만 해도 울상이 되었다. 좋아하고 싫어하는 기호조차 간단하게 조절할 수 있게 된 것이다.

이런 사례를 보자면 행동주의는 인간적이라고 하기 힘든 면을 지니고 있다. 실제로 행동주의 심리학은 인간의 마음을 완전히 무시했다. 행동으로 표현되는 것이 전부라고 생각했기 때문이다. 스키너는 자신에게 한 아이를 맡겨주면 어떤 성격이라도 만들어낼 수 있다고 장담했다.

스키너의 영향력이 강했을 무렵, 미국의 일부 형무소에서는 조작적 조건형성으로 수감자들의 행동을 바꾸려고 했다. 긍정적인 행동을 했을 때 칭찬해주는 방법은 그럭저럭 효과가 좋았으나, 잘못된 행동을 했을 때 독방에 가두거나 몸을 구속하는 벌을 이전보다 더 주게 되었다. 그에 따라 수감자와 인권옹호단체가 맹렬하게 반발했으며 결국 무참하게 실패했다.

한편, 정신병원에서는 더욱 불쾌한 일이 시행되었다. 환자가 반항할 때 전기 충격을 가한 것이다. 이런 방법이 다소나마 치료를 위해 실행되는 경우도 있었다. 예를 들어, 원격조작을 할 수 있는

1 파블로프의 실험은 많은 연구자에게 인간의 행동을 조작할 수 있다는 믿음을 주었다.
2 윌리엄 사전트는 ECT나 수정마취법 등 다양한 치료를 시행했으나, 기억 장애와 같은 부작용을 피할 수는 없었다.
3 스키너는 어떤 반응도 자유자재로 만들어낼 수 있다고 호언장담했다. (ⓒSilly rabbit)
4 행동주의 심리학의 아버지라고 불리는 존 왓슨

혐오 자극기를 허리에 매달아놓고 잘못된 행동을 했을 때 가벼운 전기 충격을 주는 것이었다. 혐오자극을 주기 전에 경고로서 톤 신호(음성 주파수대의 가청 주파수 신호)만을 보낼 수도 있었다. 톤 신호만으로 행동을 자제하면 벌을 주지 않고 끝낼 수 있기 때문이다. 이런 장치는 실제로 자해 행위나 공격적 행동을 줄이는 목적으로 사용되었다. 행동을 수정한다는 점만 보면 분명히 효과가 있었다.

그런데 이런 조건형성 조작이 정말 단시간에 인간의 사상이나 신조까지 바꿀 수 있을까? 아무래도 고개를 갸웃거릴 수밖에 없다. 놀랍게도 공산주의 진영에서는 이미 이런 비인간적인 일이 진행되고 있었다. 자세한 사항은 베일에 가려져서 오랫동안 알려지지 않았고, 자유주의 진영에서는 1950년대에 이르러서야 이런 일이 단순한 공상이 아니라 현실에서 일어난 사건임을 알게 되었다.

———

그 시초라고 할 수 있는 사건이 헝가리에서 일어났다. 1948년 11월에 일어난 이 기묘한 사건은 한 남자가 일요 미사를 마치고 돌아가려다가 차에서 납치되면서 시작되었다.

행방불명된 남자는 헝가리 가톨릭교회 추기경의 비서로 일하는 신학자였다. 그는 5주가 지난 후 돌아왔는데 모습이 눈에 띄게 이상했다. 눈에는 초점이 없었고 얼빠진 표정으로 옆에 있는 경찰과 허물없이 대화를 나누었다. 우쭐대며 경찰을 지하실로 안내하고는 바닥의 한 곳을 가리키며 그곳을 파보라고 말했다.

경찰이 손가락으로 가리킨 곳을 파보았더니 그곳에서 금속제 상자가 나왔다. 그 안에는 추기경의 극비 서류가 빼곡히 들어 있었다. 오랫동안 충성을 다해온 추기경과 헝가리 가톨릭교회를 파멸시키는 행동을 하면서도 신학자는 득의양양한 표정으로 히죽히죽 웃고 있었다. 그날 추기경은 국가반역죄로 체포되었다.

추기경이 체포된 것 이상으로 누구보다도 충성심이 높았던 사람이 추기경을 배신했다는 사실에 관계자들은 큰 충격을 받았다. 상식적으로 도저히 생각할 수 없는 일이 그 신학자에게 일어났다고 생각할 수밖에 없었다.

하지만 5주 뒤 한층 더 놀라운 일이 일어났다. 법정 피고석에 국가전복죄를 뒤집어쓰고 등장한 추기경이 완전히 딴사람이 되어 있었던 것이다. 줄곧 안절부절못하며 앞뒤로 몸을 흔들었고, 눈꺼풀이 반쯤 내려앉은 눈은 몽유병 환자처럼 생기가 없고 흐리멍덩했다. 기계처럼 억양 없는 말투로 이야기했고, 말은 뚝뚝 끊어지고 종종 멈추고 침묵하기도 했다. 높은 교양과 뛰어난 지성으로 알려진 인물의 흔적은 전혀 찾아볼 수가 없었다.

그는 법정에서 어마어마한 사실을 증언했다. 헝가리의 비보秘寶로 알려진 왕관을 훔쳐서 합스부르크 가문의 오토 대공에게 바치고 그를 왕으로 추대하려고 했으며, 공산당 정권을 무너뜨리고 정권을 빼앗을 생각이었다고 자백한 것이다. 이것은 그동안 추기경이 보여주었던 행동이나 가치관과는 완전히 모순되고 황당무계한 내용이었다.

추기경을 만나본 그의 어머니는 아들이 이전의 아들이 아니라는 사실을 알아챘다. 추기경은 처음에 어머니도 제대로 알아보지 못했다. 의지도 자기의식도 감정도 잃어버린 것 같았다. 필적도 이전과 전혀 달랐다. 추기경은 마치 로보토미 lobotomy ˙라도 받은 것처럼 주체성과 인격을 빼앗기고 시키는 대로 조종되는 좀비가 되어 있었다.

최면에 의한 세뇌에 주목하고 있던 CIA는 이 사건의 배후를 최면에 의한 심리 조작으로 보았다. 공개된 CIA의 극비 자료에는 추기경에게 최면을 걸어 거짓 자백을 시킨 두 사람이 독일인 오르소스 교수와 헝가리의 뛰어난 최면술사 페렌츠 뵐지에시였다고 적혀 있다.

하지만 최면에 의한 사건으로 보기에는 다소 억지스런 면이 있었다. 지시된 특정한 행동이라면 몰라도 재판까지 조종해서 진행하는 일은 현실적으로 어렵기 때문이었다. 그렇다면 대체 무슨 일이 일어났던 것일까.

사실 이런 종류의 일은 훨씬 이전부터 수없이 일어났다. 다만 스탈린 체제의 소련에서 일어났기 때문에 서방 국가에 그다지 알려지지 않았을 뿐이었다. 스탈린은 혁명의 동지였던 사람들에게 누명을 씌워 체포하고 숙청했다. 그런데 어이없게도 공개재판의

■ 전두엽백질절제술. 대뇌의 신경회로를 뇌의 다른 부분에서 잘라내는 수술로 조현증 치료에 사용되었다.

피고석에 앉은 사람들은 완전히 꾸며낸 혐의에 대해 자신을 변호하기는커녕 오히려 자신을 비난하고 자발적으로 자신의 인격이나 행동을 책망하는 증언을 했다. 스스로 자신을 반역자나 살인자라고 불렀고, 절대 살려두어서는 안 되며 그저 조용히 처형장에 서기만을 바란다며 사형을 강하게 주장했다.

이런 괴이한 사건의 배후에는 대체 어떤 일이 있었던 걸까. 그 진상이 베일을 벗은 것은 시간이 더 흐른 뒤였다.

———

헝가리에서 추기경 사건이 일어나고 얼마 안 되서 한국전쟁이 일어났다. 이후 몇 년간 중국과 소련을 등에 업은 북한과 미국의 원조를 받던 남한이 치열하게 싸웠다.

그런데 전선이 교착 상태에 이른 1953년쯤부터 기묘한 현상이 일어났다. 포로가 된 미국 병사들이 이상한 행동을 하기 시작했던 것이다. 그들은 적극적으로 중국이나 공산주의를 칭송하고 모국인 미국은 비난하는 활동을 했다. 게다가 이런 활동은 강요당한 것이 아니었으며 자청해서 이루어졌다.

특히 전투기가 격추되어 사로잡힌 공군 조종사들의 행동이 크게 주목을 받았다. 그들은 잇달아 미군이 세균병기를 사용하고 있다고 고발했다. 그중에는 고급장교인 프랭크 H. 슈와블 대령도 포함되어 있었다. 그는 세균전에 관련된 병사의 이름과 계급을 자세히 폭로하고, 미군이 부끄러운 행동을 하고 있다고 비난했다. 신빙성 높은 고발에 전 세계가 술렁였다.

하지만 그 뒤 한국전쟁에서는 세균병기가 사용되지 않았다는 사실이 분명하게 밝혀졌다. 포로가 된 군인들은 전혀 근거가 없는 고발을 했던 것이다.

추기경 사건과 미군 포로들의 이해할 수 없는 행동으로 의문은 더욱 증폭되었다. 나아가 그들이 고문이나 협박에 의해 생각을 바꾼 것이 아니라는 점이 전문가들의 머리를 아프게 했다. 만약 그렇다면 포로 상태에서 풀려났을 때 증언을 강요받았다고 폭로할 수도 있기 때문이다.

하지만 실제로 일어난 일은 전혀 달랐다. 그들은 포로수용소에서 해방된 뒤에도 공산주의 국가를 위해 선전 활동을 하거나 모국으로 돌아가기를 거부했다. 이들의 행동은 자신을 탄핵하는 재판에서도 스스로 나서서 자신의 죄를 입증하려고 안간힘을 쓰며 엄벌을 원했던, 스탈린에게 숙청된 사람들의 행동과 비슷한 구석이 있었다.

이전의 자신을 완전하게 부정할 정도로 강력한 인격과 사상의 변화가 단기간에 일어났다고 볼 수밖에 없었다. 소련이나 중국 공산당이 원래의 인격을 파괴하고 사상을 조종하는 세뇌 기술을 지니고 있는 것은 아닐까 하는 의혹이 강해졌다.

이런 상황에서 당시 공산주의 국가들에서 실행된 심리 조작 기술에 대한 조사가 극비리에 이루어졌다. 그중에서도 특히 미국 정부의 요청으로 정신과 의사 로런스 힝클Leurence E. Hinkle과 신경학자

해럴드 울프Harold G. Wolff를 중심으로 모인 전문가들의 조사 결과 중요한 사실이 밝혀졌다. 그들은 미국에 귀환한 전쟁 포로를 면담한 뒤 그 결과를 분석했다. 연구 결과는 CIA의 보고서로 정리되어 훨씬 뒤에야 공개되었다.

보고서에 따르면, 소련에서 진행된 방법의 1단계는 저항을 없애고 태도를 부드럽게 만드는 기간이었다. 우선 상당한 기간에 걸쳐 감금시킨다. 혼자만 있게 해서 고독하게 만드는 것이다. 보통 4주에서 6주동안 외부와 완전히 차단하고 인간적인 교류가 전혀 없는 상황에 있게 했다. 언젠가 이곳에서 나가겠지 하며 기다리지만 아무 면담도 신문도 없이 버려진 상태에 놓인 것이다. 자신이 누구인지조차 잊어버린 것이 아닐까. 모두 나를 포기한 것이 아닐까. 이대로 영원히 갇힌 상태로 살아가는 것이 아닐까. 이와 같은 불안과 공포를 느끼도록 그대로 놓아두는 것이다.

지극히 단순하게 정해진 일을 하는 것 외에 다른 행동은 일체 허용되지 않았으며 말을 주고받을 수도, 누군가의 질문에 대답할 수도 없었다. 정해진 일이란 단조롭고 무의미한 일이었다. 가령 일정한 자세로 벽을 향해 계속 서 있게 했다. 이것을 조금이라도 지키지 않으면 욕설을 퍼붓고 난폭하게 다뤘다.

방에는 창문이 없어 햇살도 전혀 들어오지 않았다. 인공 불빛만이 밤낮없이 켜져 있기 때문에 시간조차 알 수가 없었다. 그뿐만이 아니라 식사 시간이나 일과 시간도 불규칙했다. 30분이 지난 뒤에 식사가 나오는가 하면, 한나절 동안 아무것도 주지 않을 때도 있었다. 호출하는 시간도 제멋대로여서 예측할 수가 없었다. 그렇게 함으로써 시간 감각과 현실 감각을 혼란시켰다.

식사는 형편없었고 실내는 추웠다. 체력을 약화시키고 정신적인 저항력을 빼앗기 위해서였다. 심지어 불편한 침대와 소음, 지나치게 밝은 불빛으로 잠도 제대로 잘 수가 없었다.

또한 언제 신문이나 가혹한 고문이 시작될지 모르니 극도로 불안한 상황에 마냥 놓이게 됐다. 이런 환경에서 한 달 정도 보내게 되면 대개 정신적으로든 육체적으로든 지칠 대로 지치고 완전히 기력을 잃게 되며 맥을 못 추게 된다. 훌쩍훌쩍 울거나 중얼거리며 기도하거나 혼란 상태에 빠져 환각까지 경험하게 된다. 이런 상황까지 몰아세운 뒤에 2단계로 이행했다.

―――

2단계는 완전히 지배하고 조종할 수 있게 만드는 단계였다. 이런 상태로 만들기 위한 교묘한 기술 중 하나는 원하는 답을 가르쳐주지 않는 것이다. 가령 정치범이나 사상범의 경우에 자신이 어떤 죄로 고발되었는지 알 수가 없는데, 절대 그것을 가르쳐주지 않았다. 자신을 어떤 잘못으로 잡아들였는지 알 수가 없는 것이다. 그리고 난 뒤 잘못이나 죄상을 물어보고, 거기에 대해 고백하게 하고 모든 것을 털어놓으라고 지시했다. 입으로 말하게 하는 경우도 있지만 주로 글로 쓰게했다.

대체 자신이 잘못한 일이 무엇인지, 상대가 무엇을 어디까지 알고 있는지도 모른 채 불확실한 사실이나 자기변호적인 사실을 쓰면 눈앞에서 북북 찢어버리고 다시 쓰게 했다. 어디가 잘못되었는지 가르쳐주지 않았으며, 앞에서 썼던 사실과 모순되는 사실을 써도 욕을 하고 폭력을 휘두른 뒤 다시 쓰라고 명령했다.

거짓말이나 자기를 변호한 내용이 있으면 대소변이 나올 때까지 화장실에 보내지 않거나, 몇 시간이고 손을 들고 있게 하거나 자존심을 짓밟고 경멸하는 말을 퍼붓고, 반면 자신의 죄를 솔직하게 인정하는 발언을 했을 때는 칭찬하며 담배나 커피를 주곤 했다.

이런 일을 수없이 되풀이하는 사이에 글을 쓰는 사람은 무엇이 사실인지는 어찌 되든 상관 없는 문제로 여기고, 상대의 마음에 들기 위해서 무엇을 고백하면 좋을지만 생각하게 됐다. 상대의 미묘한 반응의 차이에서 무엇을 요구하고 있는지 눈치 채고, 내용을 거기에 맞게 쓰게 된 것이었다.

나아가 칭찬과 벌을 주는 것조차 변덕스러워지고, 지금까지대로라면 인정받을 만한 내용이 갑자기 부정당하거나 욕을 먹게 되기도 했다. 도대체 어떻게 하면 좋을까. 더욱더 머릿속이 혼란스러워지고 논리나 일관성 등은 아무 상관없이 단지 상대의 말에 복종하고 상대가 시키는 대로 하게 됐다.

이 단계에 이르면 이제 이전에 갖고 있던 신조나 존엄 따위는 어찌되든 상관없고, 단지 "이제 끝났으면 좋겠다"는 마음만 남게 된다. 가령 그것이 자신의 유죄를 입증하는 자백이든 목숨과 명예를 빼앗는 일이든 개의치 않게 된다.

자신이 완전하게 복종하지 않으면 절대 신문이 끝나지 않는다는 사실을 깨달았을 때, 제물이 된 사람은 스스로 나서서 사실을 조작해 고백하고, 그 사실을 어떡하든지 신문관이 믿게 하려고 눈물겨운 노력을 하게 된다. 그 결과 지극히 효율적으로 자신의 죄를 스스로 납득하게 된다.

　게다가 이 과정은 의식적인 과정이 아니라 그만두려야 그만둘 수 없는 상황에서 일어나는 무의식적인 과정이기 때문에 본인은 자신을 기만하고 있다는 의식조차 없다. 스스로 자신이 말한 사실을 필사적으로 믿게 된다.

　힝클과 울프의 보고서는 왜 피고들이 스스로 나서서 조작된 죄를 증명하려고 했는지, 모국이나 자신의 명예에 피해를 주는 이야기를 왜 사실이라고 주장했는지를 납득할 수 있게 해주었다. 그들의 보고서는 행동심리학적인 조작을 중시하고 최면이나 약물에 의한 조종은 그다지 다루지 않는다는 특징도 있다.

　세균병기의 '존재'에 관한 거짓 증언을 해서 세계를 놀라게 한 슈와블 대령도 이와 같은 방법으로 심신을 소모시키고 몰아세운 경우였다. 해방을 미끼로 내세우며 으르자 한 발 물러나 정보를 건네주었고, 그것으로 그의 운은 다하고 말았다. 해방의 약속은 휴지 조각처럼 버려지고 더 중요한 정보를 털어놓으라고 요구받아 결국 거짓 증언까지 하게 된 것이다.

　그 뒤 귀환한 대령의 회상에 의하면, 당시에 그는 다른 군사기밀을 누설하게 될 것을 두려워했다. 그렇기 때문에 사실무근의 세균 병기에 대해서 신문이 진행되자 오히려 '잘됐다'며 쾌재를 불렀다. 아무 근거도 없는 이야기임이 분명하기 때문에 그렇게 조작된 것은 어차피 아무런 도움도 되지 않으며 자신이 지키려고 하는 군사기밀로부터 적의 주의를 돌릴 수 있는 절호의 기회라고 생각했다고 한다. 그것은 슈와블 대령이 자신을 합리화하기 위한 변명이라고 여겨질지도 모르지만, 이는 허위 자백이 만들어지는 심리적 메커니즘의 한 모습을 보여주고 있다. 여하튼 적은 그가 만든 이야기를 보란듯이 이용하고 반미 감정을 부채질하는 프로파간다로 활용했다.

다만 슈와블 대령의 고백은 세뇌를 받고 상대의 손에 함락된 것으로 보이는 상태에서도 계속 갈등하며 눈앞의 구제와 책무, 양심 사이에서 흔들리며 최악의 사태를 피하려고 벼랑 끝의 흥정을 하고 있는 사람도 있다는 사실을 보여주고 있다. 심리 조작을 당한 사람은 결코 0 아니면 100의 상태에 있는 것이 아니라 오히려 경계선상에서 괴로워하고 있는 사람이 많은 것이다. 이 사실은 그들이 '귀환'할 수 있다는 가능성을 보여주고 있다.

전체주의 심리학과 세뇌 기술의 발견

미국의 정신과 의사 로버트 제이 리프턴의 《사상 개조와 전체주의의 심리학》은 힝클과 울프의 보고서와 거의 같은 주제에 대해 쓴 책이다. 1961년에 출판되었으며 시기적으로 힝클과 울프의 보고서보다 늦었지만, 먼저 책으로 출간되었기에 큰 반향을 일으켰다.

리프턴은 1954년부터 1955년에 걸쳐서 25명의 서구인과 15명의 중국인을 대상으로 면담 조사를 했다. 이 40명은 모두 중국에서 붙잡혀 강제수용소에서 사상 개조를 받은 경험이 있었다. 《사상개조와 전체주의의 심리학》은 이 결과를 바탕으로 당시에 중국에서 이루어진 세뇌의 실상을 밝히고 세뇌의 핵심을 정리해놓은 책이다.

리프턴은 힝클과 울프와는 조금 다른 관점에서 분석했다. 그는 사상 개조를 하는 데 중요한 역할을 하는 요소를 여덟 가지로 정리했다.

첫 번째로 환경을 조절한다. 사상 개조를 방해하는 외부 정보나 사람의 접촉을 차단할 뿐만 아니라 내면의 생각까지 규제한다. 유일하고 절대적인 정치적 도그마만이 진실이며 그 외의 것은 모두 부정된다.

두 번째로 신비성을 조작한다. 사회주의 사상과 신비성이란 말은 어울리지 않아 보이지만, 리프턴에 의하면 당이나 지도자는 특별히 선택된 존재로서 일종의 신비성을 띠고, 엄숙한 아우라를 두른 채, 사상이 개조된 사람 앞에 나타난다고 한다. 신비성은 위대한 목적을 이루기 위해 주어진 사명을 다하고 있다는 강한 신념에서 생긴다. 종교 집단의 교주와 같은 영향력을 지니게 되는 것이다.

세 번째로 순수성을 요구한다. 전체주의 이데올로기에서는 완전히 순수하든지 아니면 완전히 불순하든지 둘 중 하나밖에 없다. 절대적인 선 아니면 절대적인 악만 존재한다. 또한 전체주의에서 불순한 존재는 부끄러운 존재이며 죄 많은 존재이다. 세뇌를 받은 사람은 죄책감과 부끄러움에 시달려서 자신의 불순함을 스스로 비판하게 된다. 자기비판을 하면 할수록 자신이 순화된다고 믿기 때문이다.

네 번째로 자신을 순화시키기 위해 자아비판을 하게 한다. 경쟁하듯이 자신의 죄를 밝혀내고, 자기폭로와 자아비판을 하면 할수록 순화되고 또한 동료끼리 서로 자신의 죄를 고백함으로써 연대감을 높이게 된다.

다섯 번째로 성스런 과학으로서 이념을 자리 잡게 한다. 사회주의의 기본적인 전제인 이념 그 자체를 의심하는 일은 일체 허용되지 않으며 이것은 경외해야 할 신성하고 절대적인 것이며, 동시에 그 밖의 일에는 엄밀한 과학성이 요구된다. 이념은 종교이면서 동시에 '성스런 과학'인 셈이다. 그렇기 때문에 이념을 의심하는 것은 신을 의심하는 것과 같은 죄다.

여섯 번째로 교조주의적인 상투적 표현을 사용한다. 언어를 자유롭게 사용할 수 없으며, 완전한 선을 나타내는 '해방', '인민', '프롤레타리아적 견해'와 완전한 악을 뜻하는 '자본가', '부르주아', '제국주의'와 같은 이분법적인 표현만 사용할 수 있다. 이에 따라 자기도 모르는 사이에 가치관이나 사고가 조종된다.

일곱 번째로 이념이 개인보다도 높은 위치에 놓이게 된다. 이것은 전체주의의 중요한 특징이기도 하며, 동시에 컬트 종교에서도 볼 수 있는 특징이다. 이념은 절대적인 것으로 간주되고, 개인의 경험이나 삶보다 우선된다. 개인에게 요구되는 것은 각자의 특성에 따른 성장이 아니라 획일적인 교리에 완전하게 합치되는 것이다.

　여덟 번째는 '생존 불허'라는 사고방식이다. 전체주의적 가치관에서는 존재를 허락받은 사람과 그 외의 사람만이 있다. 이념에 일치해 완전하게 선한 존재에게만 생존이 허락되고, 그 밖의 존재에게는 생존이 불허된다. 요컨대 처형되는 것이다. 생존을 이어가는 유일한 희망은 이념에 완전히 합치된 사람으로 다시 태어나는 것이다. 중국에서 사형 집행유예 판결이 내려지는 것은 이런 의미에서다. '사형, 집행유예 2년'의 의미는 2년 사이에 사상 개조에 의해 아무 결점 없는 사회주의자가 되지 않으면 생존이 불허된다는 의미이다.

　옴진리교에서 교의의 하나로 사용한 '포와Phowa'■라는 개념은 '생존 불허'라는 뉘앙스를 띠는데, 이것은 선이냐 악이냐 하는 이분법적 가치관을 지닌 극단적인 종교나 사상에서는 널리 인정받는 개념이다.

■　본래 티벳 불교에서 사용되는 개념인 포와는 '죽음의 순간에 육체와 의식을 분리하는 수행'이라는 의미이다.

사상 개조를 하는 데 중요한 역할을 하는 8가지 요소

1 환경을 조절한다.
2 신비성을 조작한다.
3 순수성을 요구한다.
4 자아비판을 하게 한다.
5 이념을 성스러운 과학으로 자리 잡게 한다.
6 교조주의적인 상투적 표현을 사용한다.
7 이념이 개인보다도 높은 위치에 놓이게 한다.
8 '생존 불허'라는 사고방식을 심는다.

리프턴의 책이 본의 아니게 밝혀낸 사실은 전체주의나 파시즘이 컬트 종교와 지극히 비슷한 특성을 지녔다는 사실이다. 특히 선이냐 악이냐 하는 이분법적인 가치관과 독선적인 면이 중요한 공통점이다.

얄궂게도 리프턴이 이 책에서 경고한 일은 비인도적이고 획일적인 심리 조작을 방지하는 방향으로 활용되지 못하고 그 뒤 수많은 컬트 종교에서 재현되게 된다.

─────

미국에서는 CIA를 중심으로 세뇌 기술에 대한 연구가 비밀리에 진행되었다. CIA가 직접 한 연구도 있지만, 외부 연구자에게 위탁한 연구도 있었다. CIA는 종종 실체를 숨긴 단체를 통해 자금을 제공했기 때문에 연구자 중에는 자신이 CIA의 자금으로 세뇌 기술에 관한 연구를 하고 있다는 사실조차 모르는 경우도 있었다.

아마 모르는 것이 약이 되지 않았을까.

1950년에 처음 블루버드 계획이 실행되었으며, 이듬해에 아티초크 계획으로 프로젝트 이름이 바뀌었고, 1953년에는 악명 높은 MK 울트라 계획으로 발전하게 되었다.

CIA가 캐나다 몬트리올에 있는 맥길 대학을 세뇌 연구의 거점으로 삼았던 사실은 널리 알려져 있다. 그중에서도 CIA가 접근해 기초적인 연구를 후원한 사람이 심리학 주임교수였던 도널드 헤브Donald O. Hebb 박사이다. 그는 이 영역에서 파블로프에 버금가는 지대한 공헌을 하게 된다.

헤브 박사는 뇌의 발달에 대해 연구하고 있었는데, 어느 날 스코티시테리어 새끼를 일정 기간 현실 세계와 격리해두었더니 이상한 일이 일어났다. 강아지를 원래의 장소로 돌려보내자 강한 공포 반응을 보였고 발달 상태가 후퇴했으며, 위험에서 몸을 지키지도 못했다. 냄새를 맡으려고 불 속에 코를 들이밀어 불에 타 죽는 강아지도 있었다. 명백히 현실 감각을 잃어버린 것이었다.

그의 연구는 미국과 영국의 군사전문가나 정보기관의 관심을 끌었다. 헤브 박사는 그들에게서 자금을 제공받고, 이번에는 인간을 실험 대상으로 연구를 하게 되었다. 그래서 X-38이라는 암호명이 주어진 연구가 맥길 대학 심리학과 건물의 최상층에서 비밀리에 진행되었다.

실험실에는 챔버Chamber라는 직육면체 캡슐을 몇 개 준비해놓았다. 피험자는 소리가 완전히 차단된 챔버 안에 누워 있어야 했으며 불투명한 유리로 된 고글을 쓰고, 두꺼운 장갑을 끼고, 손과 발은 판지로 만든 통 속에 넣고, 일체 다른 물건에 접촉할 수 없게 했다. 게다가 가공 고무로 만든 베개에 파묻어놓은 스피커에서는 "쏴-" 하는 백색 소음이 흘러나왔다. 즉 감각적인 자극을 일체 차단한 상태에 놓여 있게 했다.

피험자에게는 하루 20달러라는 당시로서는 매력적인 보수가 지급되었으며, 원하는 만큼 얼마든지 그 상태로 지낼 수 있었다. 원하면 식사를 하거나 용변을 볼 수도 있었다. 그저 누워서 아무것도 하지 않고 지내면서 큰돈을 벌 수 있는 실속 있는 일이었다.

그런데 실제로 실험을 시작해보았더니 그것은 상상도 못할 만큼 가혹한 일이라는 사실이 밝혀졌다. 22명의 피험자 중 24시간 이상 챔버에서 지낸 사람은 불과 절반인 11명뿐이었으며, 이틀을 지낸 사람은 거의 없었다. 피험자들에게는 눈에 띄게 이상한 일이 일어났다. 한 사람은 자동차를 몰고 집으로 가다가 충돌 사고를 냈고, 또 다른 사람은 화장실이 어디 있는지 알 수 없게 되었다. 시간이나 장소를 알 수 없게 되거나 방향 감각 장애가 생기고 거리 감각이 이상해졌다. 집중력이나 사고력 장애도 일어났다. 평소라면 냉철하게 생각할 수 있는 일도 조리 있게 생각할 수 없게 되었다.

심지어 몇 사람은 있지도 않은 것을 보거나 나지도 않은 소리를 들었다고 했다. 어떤 사람은 실험을 시작한 지 20분 만에 환각을 보았다. 빛의 모양이 의미 있는 영상으로 바뀌고 꿈이라도 꾸는 듯이 기묘하거나 웃긴 장면이 생생하게 보이기도 했다. 또 어떤 사람은 나무 욕조에 몸을 담근 노인이 머리에 투구를 쓰고 벌판을 미끄러져 가는 광경을 보았다고 했으며, 다른 사람은 벌거벗은 여인들이 숲 속에 있는 수영장으로 뛰어들어 수영을 하고 있는 모습을 보았다고 말했다.

즐거운 환상을 볼 때까지는 큰 문제가 없었다. 그런데 점차 피해망상으로 바뀌기 시작했으며, 그런 영상을 헤브 박사가 기계를 사용해 자신의 머릿속에 보냈다고 생각하는 사람들이 생겼다. 개중에는 여러 개의 검은 안경이 자신을 보고 있다는 망상에 사로잡혀 공포를 느끼는 피험자도 있었다. 잠을 잘 수가 없게 되었고 자고 있는지 깨어 있는지, 꿈을 꾸는지 자신도 알 수 없다고 하소연하는 사람들이 속출했다.

헤브 박사의 실험은 감각 차단이 방향 감각 장애와 같은 감각 장애뿐만 아니라 환상이나 피해망상을 일으킨다는 사실을 분명하게 밝힌 최초의 실험이었다. 하지만 이것뿐이라면 정신을 파괴하는 일은 할 수 있어도 심리 조작에는 그다지 도움이 되지 않는다.

헤브 박사가 심리 조작의 역사에 남을 중요한 발견을 한 것은 그 다음 실험이었다.

헤브 박사는 피험자들에게 "솨–"하는 백색 소음을 듣든지, 아니면 단조로운 내용이지만 음악이나 강의 녹음테이프를 듣든지 둘

중 하나를 고르게 했다. 그러자 모두가 한결같이 백색 소음이 아닌 녹음테이프를 선택했다. 미국 민요인 '언덕 위의 집'이 반복해서 흘러나오는 테이프, 주식시황을 방송하는 테이프, 6세 아이를 대상으로 한 종교 이야기가 담긴 테이프 등이었는데, 단조롭고 지루한 내용이라도 백색 소음보다는 기분 전환이 되는 모양이었다.

헤브 박사는 거기서 더 나아가 흥미로운 실험을 했다. '언덕 위의 집' 대신 초현실 현상에 관한 이야기가 담긴 테이프를 들려주자 놀라운 일이 일어났다. 챔버에 들어가기 전에는 전혀 초현실 현상을 믿지 않았던 사람이 챔버에서 나오자 초현실 현상에 대한 견해가 완전히 바뀌어 있었다. 심지어 도서관에 가서 초현실 현상에 대해 진지하게 조사하는 사람이나 실제 유령을 보게 된 사람까지 나왔다!

헤브 박사의 실험은 감각 차단 상태에서 자극을 주면, 평소와는 전혀 다를 정도로 인간의 정신이나 뇌에 엄청나게 강한 영향력을 미친다는 사실을 밝혀내었다. 그것은 동시에 이 기술을 악용하면 사람의 사상이나 생각을 완전히 바꿀 수도 있다는 것을 뜻했다.

헤브 박사는 3년 반 뒤에 이 실험을 중지했다. 그 뒤 그와 같은 감각 차단 실험을 더욱 진행시킨 사람은 프린스턴 대학의 연구자 잭 버넌Jack Vernon이었다. 버넌은 헤브 박사와 마찬가지로 챔버를 사용해서 똑같은 실험을 했는데, 그의 실험 목적은 세뇌에 있었다. 피험자에게 기독교에 관한 지루한 내용이 담긴 30분 분량의 테이프를 반복해서 들을 것인지, 이슬람교에 흥미를 갖게 하는 내용이 담긴 테이프를 시리즈로 연달아 들을 것인지를 선택하게 했다. 대다수 피험자가 이슬람교의 내용이 담긴 테이프를 선택했다. 그리고 챔버에서 나왔을 때는 이슬람교에 대해 아주 호의적인 견해를 갖게 되었다.

이런 실험을 통해 밝혀진 사실은 우리 뇌가 정상적으로 기능하기 위해서는 적당한 양의 자극이 필요하다는 점이다. 자극은 바꿔 말해 정보라고도 할 수 있다. 입력 정보가 지나치게 부족하면 뇌는 정상적인 기능을 유지할 수 없게 된다.

입력 정보가 극도로 부족한 상태에 놓이면, 뇌는 어떤 정보라도 받아들이고 흡수하려고 한다. 그 전까지 믿고 있던 신념과 다른 내용의 정보라도 별 다른 저항 없이 흡수하려고 한다. 그 결과 그 정보가 강하게 침투하여 신념이 바뀌는 일이 일어난다. 이것이 그야말로 세뇌의 원리다.

세뇌를 가능하게 하는 또 다른 원리로는 정반대의 방법도 있다. 정보 차단이나 감각 차단과는 반대로 정보나 자극을 과잉으로 제공받는 상태에 마냥 있게 두는 것이다.

정보 과부하 상태가 계속되어도 뇌는 차츰 주체적인 사고력이나 판단력을 잃어버리게 된다. 처음에는 강한 반발과 저항감을 불러일으키는 생각이라도 계속해서 듣게 되면, 차츰 그것이 올바른지 잘못되었는지 판단하지 않게 되고 수동적으로 받아들이게 된다.

고독한 삶이 당연한 시대가 되고 밤낮으로 대중매체를 통해 대량의 정보를 받아들이며 생활하는 현대인은 감각 차단과 정보 과부하라는 위험에 직면해 있다고 할 수 있다.

▌기억을
▌다시 쓰는 기술

외상적인 기억을 없애고 이를 무해한 기억으로 바꿀 수 있다는 사실을 실제 치료를 통해 보여준 사람은 프랑스의 천재 학자 피에르 자네였다. 그는 최면을 사용해서 증상을 일으키는 원인이 되는 기억까지 거슬러 올라가 그 기억을 다른 기억으로 바꾸었다.

하지만 그 뒤 정신의학은 최면술로 무의식에 접근하는 방법을 버리고, 자각과 이성의 힘으로 외상적 기억을 조절하는 방향으로 전환됐다. 외상적 기억을 없애지 않아도 그것과 마주 보는 작업을 되풀이하면 정신적으로 동요하는 일 없이 그 기억을 받아들일 수 있게 된다.

다만 이 작업을 하기 위해서는 상당한 노력과 시간과 기술이 필요했다. 누구든 좋은 결과가 나오는 간단한 일이 아니었다. 1년 혹은 2년을 들여서 작업을 해도 반드시 좋은 결과가 나오는 것이 아니라 오히려 악화되는 경우도 있었다.

정신분석이나 심리요법이 대화를 중시하며 좀처럼 결과가 나오지 않는 치료에 매달리고 있자, 그런 상황을 더는 보지 못하고 좀 더 빠르고 누구라도 가능한 기술로 외상적인 기억을 없애거나 유용한 기억으로 바꿀 수 없을까 하는 생각을 갖는 사람들이 나오기 시작했다.

그중 한 사람이 캐나다의 정신과 의사인 도널드 캐머런Donald E. Cameron이었다. 캐머런은 영국 스코틀랜드에서 나고 자랐으며 그 뒤 캐나다로 이주해 온 인물로, 뛰어난 지능과 야심을 갖고 노벨상을 꿈꾸었다.

그런 캐머런에게 정신과 치료는 지나치게 느긋했다. 환자가 하는 말을 아무리 들어줘 봤자 조금도 증상이 나아지지 않는 것에 실망한 캐머런은 점차 대화로 하는 치료보다 물리적이며 기계적인 치료에 관심을 갖게 되었다. 그가 처음 열의를 갖고 시작한 것은 전기경련요법ECT, Electroconvulsive Therapy이었다.

전기경련요법은 환자의 관자놀이에 전극을 대고 100볼트의 전압을 가해 간질 발작을 일으킴으로써 뇌를 리셋시키는 치료법이다.

이것은 간질 발작이 일어나면 환자의 정신 상태가 일시적으로 좋아지는 현상을 보고 떠올린 방법이며, 지금도 실제 우울증 치료 등에 사용되고 있다. 다른 치료법이 없던 시대에 조현병이나 인격 장애 등의 치료에도 사용되었기에 지나치게 무분별하게 사용된 면이 있다.

전기 자극을 주면 환자는 흰자위를 드러내고 몸을 활처럼 휜 다음 그대로 의식을 잃고 대발작(전신경련, 의식 소실을 동반하는 간질 발작)을 일으키는 상태가 된다. 전기 자극을 받을 때의 공포와 불쾌감을 피하기 위해 지금은 마취를 하고 시행한다. 또한 경련으로 근육 등이 다치는 일이 없도록 근이완제도 투여해서 '무경련 ECT'라고 불린다.

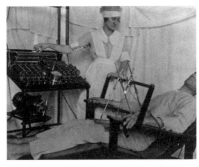

제1차 세계대전 무렵 시행되던 전기치료의 한 장면 (ⓒReeve041476)

반대로 속칭 '저전압'이라고 불리는 악질적인 방법이 있다. 이는 간질 발작이 일어나는 전압보다 낮은 전압으로 전기 자극을 주는 방법이다. 간질 발작이 일어나지 않기 때문에 의식을 잃지 않으며, 대량의 전류가 뇌 속으로 흘러가서 피험자는 말 그대로 뇌가 불길에 휩싸이는 듯한 격렬한 고통과 공포를 느끼게 된다. 이 방법을 폭력적인 환자에 대한 징벌로 이용했던 무서운 과거도 있다. 이 방법은 비단 정신 치료에만 사용되지는 않았다. 비밀경찰이나 정보기관에서는 아무 외상도 남기지 않고 뇌를 불태우는 듯한 고통과 공포를 맛보게 할 수 있다는 점에서 무엇보다도 편리한 고문 수단으로 사용했다.

게다가 ECT는 '건망(기억 장애)'이라는 부작용을 동반한다는 점에서 환영받았다. 이른바 역행성 건망이라고 해서 뇌에 전기 자극을 받기 전 시점의 기억이 없어졌다. 요컨대 자신이 ECT를 받았다는 사실조차 잊어버렸다. 한 번 정도 전기 자극을 받으면 단기간의 기억만 잃기 때문에, 보통 치료 효과를 올리기 위해서는 몇 차례 자극을 받아야 했고, 그로 인해 경우에 따라서는 기억 장애의 범위가 더욱 확대되었다.

치료를 하는 데는 바람직하지 않은 부작용이지만, 이로 인해 전기 자극은 정보기관이 불리한 기억을 없애고 싶을 때 더할 나위 없는 수단으로 쓰이게 되었다. 저전압으로 고문해서 정보를 캐낸 뒤에 한층 높은 전압으로 자극을 주어 간질 발작을 일으키면, 눈을 떴을 때 자신의 몸에 무슨 일이 일어났는지 전혀 알지 못할 수도 있었다.

어떤 도구이든 사용하는 방법에 따라서 좋게도 쓰이고 나쁘게도 쓰이는 법이다. 캐머런은 물론 환자를 치료하는 일에 쓰기 위해서 실험을 했을 것이다.

————

캐머런은 ECT 치료를 하면서 한 가지 사실을 알게 되었다. 일반적으로 기억의 일부분이 사라진다는 것은 부작용으로 여겨지지만 정말 그런 걸까. 이 치료로 환자의 상태가 좋아지는 것은 떠올리고 싶지 않은 기억을 머리에서 없애주기 때문이 아닐까. 만약 그렇다면 '유해한 기억'을 물리적으로 없애서 한층 더 효율적으로 치료를 할 수 있지 않을까.

유해한 기억은 환자의 병적이고 습관화된 생각과 관련이 있다. 그렇다면 유해한 기억을 습관화된 사고 패턴과 함께 없애버리고, 좀 더 유익한 사고 패턴을 심어놓으면 완벽한 치료가 될 수 있을 것이다.

기억을 없애는 방법으로는 ECT가 안성맞춤이었다. ECT를 완벽하게 시행해서 기존의 기억과 사고 패턴을 없앨 수 있었다. 그런데 그 뒤에 새로운 사고 패턴을 심어주기 위해서는 어떻게 해야 되는 것일까.

그때 우연히 광고 하나가 캐머런의 눈에 들어왔다. 당시 막 판매되기 시작했던 수면학습장치 광고로, 그 아이디어가 새로운 치료에 사용될 수 있으리라는 생각이 퍼뜩 떠올랐다.

수면학습장치는 맥스 셰로버라는 미국인이 고안했으며 잠자고 있는 사이에 학습하고 싶은 내용을 반복해서 들으면 어느새 학습이 되는 장치이다.

이 장치의 유효성을 실험하기 위해 셰로버는 다음과 같은 실험을 했다. 여름 캠프에 참가한 소년들 중 손톱을 깨무는 버릇이 있는 20명에게 그 장치를 이용해서 "내 손톱은 상당히 맵다"라는 말을 하룻밤에 600회 정도 들려주었다. 그러자 한 달 뒤 여름 캠프가 끝날 무렵에는 20명 중 8명이 손톱을 깨물지 않게 되었다. 이 밖에도 자기도 모르는 사이에 외국어가 유창해진 체험담도 있어 수면학습장치는 날개 돋친 듯 팔렸다.

캐머런은 셰로버에게 수면학습장치에 대해 물어봤고 장치의 단순한 원리를 알게 되었다. 그는 고액의 장치는 사지 않고, 전기 회로에 훤한 조수에게 지시해서 치료용 수면학습장치를 만들게 했다.

이로써 ECT로 기억을 소거하고, 수면학습장치로 사고 패턴을 재구축하는 캐머런의 치료법이 세상에 나오게 되었다. 캐머런은 이 치료법의 전반부를 '패턴 소거depatterning'라고 부르고, 후반부를 '정신적 구동Psychic driving'이라고 불렀다. 기존의 유해한 사고 패턴이나 기억을 완전히 없애고 새로운 사고 패턴을 말뚝 박듯이 심어놓는다는 뜻이다.

정신적 구동이 순조롭게 진행되기 위해서는 환자가 가능한 한 수동적인 상태가 되고, 되풀이해서 들려주는 말을 무비판적으로 받아들여야 했다. 캐머런은 환자의 저항을 한층 더 없애기 위해서 LSDLysergic acid diethylamide*나 쿠라레curare**와 같은 약물을 사용했다.

캐머런의 병동은 중세의 성처럼 생긴 로열 빅토리아 병원의 앨런 기념 연구소에 있었다. 우아한 외관과는 달리 그곳에서 실행된 치료는 가혹하기 그지없었다. 병동에 끌려온 환자는 ECT를 6회 연속 시행하는 치료를 하루에 두 번, 30일에 걸쳐서 매일 받았다.

이렇게 과도한 ECT 시술을 받은 환자들 중에는 기억을 완전하게 상실하는 경우도 드물지 않았다. 자신이 누구인지, 이곳이 어디인지 알 수 없는 것은 물론이며, 시간 감각이나 공간 감각도 없어지고 어린아이와 같은 상태에 빠졌다. 차차 기억이 조금씩 회복되는 경우도 있었지만, 상실된 채 다시는 돌아오지 않는 경우도

■　강한 중독성을 지닌 마약으로 국소 마취에 사용되나, 대량 사용시 정신착란이나 환각 등을 일으킬 수 있다.
■■　브라질의 아마존 강 유역에 사는 원주민들이 화살촉 등에 바르는 독초.

있었다.

캐머런은 환자들을 아이처럼 수동적이고 백지 같은 상태로 만드는 것이 목적이었다. 그를 위해 다음 단계가 준비되어 있었는데, 바로 건전한 사고로 바꾸는 조작을 실행하는 것이었다.

———

전반부는 일어나 있을 때든 자고 있을 때든 문제점에 대해 지적하는 말을 반복해서 들려주기에 '부정적 구동negative driving'이라고 불렀다. 가령 "당신은 그 누구에게도 스스럼없이 다가서지 못한다. 그러면 그 누구와도 친해질 수가 없다."와 같은 말을 되풀이해서 들려준다.

이런 작업이 일정 기간 동안 이뤄진 뒤 이번에는 '긍정적 구동positive driving'으로 옮겨가서 긍정적인 메시지를 반복해서 들려준다. 예를 들면 "당신은 다른 사람과 친하게 지내는 것을 좋아한다. 당신은 그 누구와도 잘 지낼 수가 있다."와 같은 말을 들려주는 것이다.

캐머런은 효과를 알기 쉽도록 이런 방법을 썼다. "바닥에 종이가 떨어지면 당신은 그것을 줍는다."라는 문장을 삽입한 것이다. 그러자 치료를 받은 환자들은 바닥에 종이가 떨어져 있으면 바로 줍게 되었다. 그와 더불어 사고 패턴이나 행동 패턴에 뚜렷한 변화가 보였다.

캐머런은 치료를 시작하고 2년 동안 100명이 넘는 환자를 '캐나다 식으로 세뇌'하는 데에 성공했다고 자랑스럽게 보고했다. 캐머런은 대화로 마음의 갈등을 다루는, 시간이 오래 걸리는 작업을 하지 않아도 해로운 기억을 없애고 건강한 기억으로 바꿀 수 있다는 사실을 증명했다고 믿었다.

분명히 극적으로 개선된 사람도 있었다. 하지만 그렇지 않은 사람도 있었다. 기억 장애라는 부작용을 일으키고 그보다 더 심한 부작용을 겪는 사람도 있었던 것이다. 같은 말을 계속 들려준 결과 그 말이 새로운 강박관념으로 머릿속에 각인되어 제대로 생활을 할 수 없게 된 사람도 나왔다.

특히 부정적 구동으로 계속 듣게 된 말이 나쁜 영향을 미쳤다. 이 말로 인해 더욱더 자신감을 상실하고, 혼자서는 아무것도 할 수 없는 사람조차 있었다. 치료를 받고 나서 수십 년이 지난 뒤에도 그 말이 머릿속에 각인되어 사라지지 않거나 종이를 보면 강박적으로 주워야만 했다.

캐머런은 그 후 환자들에게 소송을 당해 명성이 땅에 떨어졌다. 하지만 그 이전부터 캐머런은 자금 부족에 허덕이고 있었다. 이민자의 아들로 캐나다에 튼튼한 지지 기반이 없었기에 야심적인 그의 연구를 적극적으로 밀어주는 후원자를 구하기 어려웠다.

그때 CIA의 외곽 조직이 접근했다. 그들은 캐머런의 연구에 관심을 보이며 연구비를 지원하고 싶다고 나섰다. 미래의 이용 가치를 생각했던 것이다. 캐머런은 그곳이 CIA라는 사실도 모르고 자금을 받아 연구비로 썼다.

캐머런과 비슷한 생각을 지닌 인물로, 생물학적인 치료 방법을 생각하던 사람이 영국에도 있었다. 런던의 세인트토머스 병원의 정신과를 이끌던 윌리엄 사잔트다. 사잔트도 정신분석이나 심리 요법에는 관심이 없었으며, 우울증이나 정신병을 생물학적인 요인에 의한 장애로 보고 신체적인 치료가 필요하다고 생각하고 있었다.

사잔트가 약물요법이나 ECT, 로보토미에 관심을 갖게 된 것은 당연한 이치였다. 몸도 머리도 컸던 사잔트는 '인간 발전기'라는 별명을 가진 상당히 강한 인물로 알려졌지만, 과거에 우울증에 시달린 경험이 있었다. 그때의 경험으로 우울증은 단순히 심리적인 문제가 원인은 아니라는 생각을 갖게 되었다.

사잔트는 치료하기 힘든 환자를 기꺼이 떠맡았고, 그 환자들은 그의 전용 병동에 모여 집중적인 치료를 받았다. 사잔트는 한때 로보토미에 몰두한 적이 있는데, 로보토미를 시술한 후에 우울증에 걸리는 경우가 적다는 사실을 알게 되었고, 정신병으로 보이는 증상에 우울증이 숨어 있는 것이 아닌가 하는 생각을 갖게 되었다. 그래서 로보토미를 시술하기에 앞서 우울증 치료를 했다. 충분한 양의 항울제와 ECT를 조합한 치료를 시행했으며 그래도 반응이 없을 때만 로보토미를 시술했다.

다른 치료자는 고칠 수 없는 환자들만 사잔트를 찾아왔기에 당연히 그는 일반 상식을 넘어선 치료를 시행해야만 했다. 대량의 약물을 투여하고, 더욱 자주 ECT를 시행했다. 하지만 ECT에는 기억 장애 같은 부작용과 함께 또 다른 불쾌한 부작용이 있었다. 그것은 뇌에 전기 자극을 주는 순간의 격렬한 공포와 뇌가 불타는 듯한 고통이었다. 이 문제 때문에 ECT 치료를 거부하는 환자들이 많았다. 고개를 내젓는 환자를 강제로 제압하고 전기 충격을 가하는 일은 그다지 기분 좋은 일이 아니었다.

사잔트는 그런 불쾌감을 없애고 좀 더 인간적으로 치료하기 위해 환자를 재우고 ECT를 시행하는 방법을 생각해냈다. 식사 시간이나 용변을 볼 때 외에는 대부분의 시간 동안 잠들게 하고 그 사이에 ECT를 시행했다.

결과는 상당히 좋아 보였다. 눈을 뜰 때마다 환자의 상태는 좋아졌다. 오랜 시간 잠을 잠으로써 그들을 사로잡고 있던 유해한 사고 패턴도 완화되는 것 같았다. 거기서 나아가 사잔트는 더 올바른 사고 패턴으로 수정하려고 했다.

사잔트는 상대의 마음에 정중히 귀를 기울이는 사람이 아니었다. 그는 자신이 올바르다고 여기는 생각을 환자에게 일방적으로 주입시키려고 했다. 환자가 바람직하지 않은 말을 하면, 그 자리에서 부정하고 바람직한 생각으로 바꾸어 말해주었다. 그리고 환자가 바람직한 말을 하면 "아주 좋아요." 하며 만족스런 표정으로 고개를 끄덕였다.

환자가 수동적인 상태에 있게 되자 사고 패턴을 바꾸는 작업은 별다른 저항 없이 진행되었다. 환자는 지금까지의 사고방식을 버리고 새로운 방식으로 생각하게 되었다. 이렇게 해서 사잔트가

'수정마취법modified narcosis'이라고 부르는 치료법이 확립되었다. 하지만 개중에는 이런 환경에 놓여도 계속 저항하는 환자도 있었다. 사잔트는 그런 경우에는 냉정하게 방치하는 벌을 주었다.

————

환자를 절대적으로 수동적인 상태에 있게 하고, 일방적으로 수정을 가해 치료한다는 점에서 캐머런과 사잔트의 기본 원리와 수법은 같았다. 그런 점에서는 비밀경찰이나 정보기관, 컬트 교단이 행한 세뇌 기술과 다를 바가 없었다.

다만 그 차이는 '환자를 치료한다'는 선의에 의한 행위라는 점뿐이다. 하지만 캐머런과 사잔트는 환자에게 치료 방법이나 목적을 설명하고 이해를 얻는 과정을 충분히 준비하지 않았다는 점에서 비밀경찰이나 컬트 교단과 별 차이가 없었다. 자신은 치료자라는 교만에 사로잡혀 있었으며, 이는 자신은 신의 대행자라는 교만과 다를 바가 없었다. 부작용을 포함해서 모든 것을 상세하게 설명한 뒤에 치료를 시행했다면 상황은 조금 달라졌을 터이다.

하지만 이 치료법에는 환자가 받아들이기 어려운 몇 가지 중대한 문제가 있었다. 그중 하나는 오랜 시간 잠자는 상태에 놓여 있게 된다는 것이었다. 당시에는 원인이 분명히 밝혀지지 않았지만, 갑자기 죽어버리는 경우도 꽤 있었다. 혈전이 생기고 그것이 혈류를 타고 다니다가 폐색전증이나 뇌경색과 같은 치명적인 상태를 일으켰을 것이다.

또 하나는 역시 기억 장애다. 일반적으로는 수차례밖에 하지 않는 ECT를 집중적으로 수십 번이나 시행했기에 뇌에 심각한 타격을 입혔다.

한 예가 사잔트의 치료를 받은 앤 화이트라는 여성이다. 그녀는 오랫동안 우울증에 시달렸다. 그녀는 아이를 출산할 때마다 우울증이 악화되었다가 다음 번 임신 때 조금 나아졌다. 하지만 세 번째 아이를 낳은 뒤 결국 자살을 기도할 정도로 증세가 심각해져서 사잔트 병동에 보내졌다. 그런데 그녀는 사잔트의 치료를 받은 후 중증 기억 장애가 생겼다. 우울증은 개선되었지만, 10대의 기억을 대부분 잃어버리고 말았다. 그녀는 아이가 셋이나 있었지만 아이들의 갓난아기 때 기억도 사라졌다.

하지만 그 뒤 앤 화이트는 의학부에 들어가서 의사가 되었을 뿐 아니라 내과 교수까지 되었다. 사잔트의 치료가 효과를 보았기 때문일까. 아니면 가혹한 투병 생활이 그녀가 원래 갖고 있던 힘을 일깨웠기 때문일까.

새로운 심리 조작 기법의 등장

냉전 시대에는 필연적으로 세뇌 기술에 대한 관심이 높아졌다. 쿠바 미사일 위기, 케네디 암살, 베트남 전쟁으로 이어지는 시기에는 특히 긴장이 고조되었고, 그에 따라 1950년대 후반부터 1960년대 전반에 걸쳐서 세뇌 연구가 활발하게 이루어졌다.

하지만 냉전 시대가 막을 내리고 긴장이 완화되자 차츰 세뇌 기술에 대한 관심이 시들해져갔다. 1964년에는 MK 울트라 계획이 종료되었다. 그 후 MK 서치 계획으로 이어졌지만 예산이 대폭 축소되었다.

1972년에 발각된 워터게이트 사건은 1974년 닉슨 정권의 붕괴와 함께 막을 내렸는데, 이 대통령 스캔들은 CIA 등 정보기관에도 영향을 미쳤으며 권력을 남용하거나 법을 무시하는 행위에 대한 사회의 감시가 엄격해지는 계기가 되었다. 워터게이트 사건 당시에 CIA 국장이었던 리처드 헬름스는 MK 울트라 계획 등 세뇌 기술과 관련된 문서를 파기하라는 명령을 내렸다. 그러나 대통령 자문위원회는 1975년에 파기되지 않은 문서와 함께 조사 보고서를 공개했다. 이것으로 정부에 의한 심리 조작 연구는 종지부를 찍게 되었다.

이렇게 해서 정보기관이나 경찰이 반체제적이라고 간주한 국민을 감시하고 심

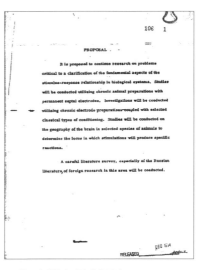

MK 울트라 계획의 기밀 해제 문서

리를 조작하기 위해 사용된 연구는 일단 정체기를 맞이하게 된다.

한편 정보기관이나 비밀경찰이 장악했던 심리 조작 기술은 이제 사회학자나 정신과 의사들이 책으로 소개하면서 서서히 일반에 알려지게 되었다. 이와 더불어 심리 조작 연구는 정부에서 민간으로 옮겨졌으며, 연구 성과가 사회 전면에 등장하면서 신도나 고객을 확보하거나 선거 때 표를 획득하는 데 이용되었고 새롭게 발전하게 되었다.

———

심리 조작의 역사를 살펴볼 때 서브리미널 Subliminal 효과를 발견하고 실용화한 연구도 빼놓을 수 없다.

지각할 수 없을 정도로 순간적인 자극이 인간의 판단이나 행동에 영향을 미칠 가능성에 대해서는 19세기부터 일부에서 관심을 가지고 연구해왔다.

하지만 이 연구가 널리 일반의 흥미를 끌기 시작한 것은 1957년부터이다. 그해에 제임스 비커리 James Vicary라는 마케팅 컨설턴트가 50명의 기자를 초대해서 대대적인 회견을 열어, '서브리미널' 영상을 삽입한 영화를 보여주면서 그 효과에 대해 발표했다.

비커리는 〈피크닉〉이란 영화의 영상에 '팝콘을 먹어라'나 '콜라를 마셔라'라는 문자를 순간적으로 비치게 하고 그 효과를 조사했다. 이에 따르면 팝콘은 57.7%, 콜라는 18.1% 매출이 신장되었다고 한다. 비커리는 처음으로 '서브리미널'이라는 말을 사용해

이 기법을 설명했다.

그는 이렇게 잠재의식에 미치는 자극은 감각적으로 지각할 수 없을 뿐만 아니라 이성으로도 판단할 수 없지만, 본능적인 욕구를 자극할 수는 있다고 보았다.

때마침 같은 해 미국에서는 사회학자인 밴스 패커드Vance Packard 가 광고업자들이 상품을 사게 하기 위해 온갖 방법을 동원하고 있는 실태를 폭로한《은폐된 설득자들》이란 책을 출간했다. 이 책은 100만 부 넘게 팔린 베스트셀러가 되며 장안의 화제가 되었다.

비커리는 시기적절한 때에 발표를 했다. 영상 매체를 이용한 심리 조작에 대한 인식이 높아졌으며 서브리미널 효과가 일반인들에게도 널리 알려지게 되었다.

MK 울트라 계획으로 대표되듯이 종래의 심리 조작 기술은 최면, 전기 충격, 조건형성 조작, 약물 모두에 공통적인 한계점이 있었다. 격리나 구속을 하고 노골적으로 인권을 침해하고 다양한 조작을 강요해야 한다는 것이었다. 이런 방식은 나중에 물의를 일으키게 되고 비인도적인 방법으로 규탄을 받게 되었다.

이에 반해 서브리미널 효과를 이용한 방법은 두 가지 면에서 혁신적이었다. 사람들이 눈치 채기 어렵고, 한 번에 수많은 사람에게 효과를 줄 수 있다는 점이었다. 바야흐로 새로운 심리 조작 기법이 등장한 것이었다.

서브리미널 효과를 노골적으로 이용한 기법은 그 뒤 사회의 경계심이 강화되면서 규제 대상이 되었지만, 부드럽게 암시 효과와

조합되어 잠재의식에 영향을 미치는 기법은 현재도 널리 이용되고 있다.

상업광고에서는 판매하고 싶은 상품과 긍정적인 이미지를 연결지어 반복해서 내보낸다. 경쟁 후보를 공격하는 네거티브 선거에서는 사악하고 불쾌한 영상이나 음악을 이용하여 적대하는 후보와 부정적인 이미지를 연결시킨다.

직접적으로 경쟁 후보를 사악한 사람이라고 공격하지 않아도 그런 이미지와 연결시킴으로써 사람들의 뇌에 부정적인 이미지를 강력하게 심어놓을 수 있다. 이런 효과도 이성이라는 여과기를 빠져나가 직접적으로 감정의 중추에 이르는 것이기에 서브리미널 효과라고 말할 수 있다.

하지만 서브리미널 효과를 활용하기 위해서는 TV 방송국이나 영화 배급사에 거액의 돈을 지불하고 광고 시간을 구매한 뒤, 또 광고 대리점에도 거금을 지불하여 교묘하게 이미지를 조작해야 한다. 게다가 공공 전파나 대중적인 언론매체에 삽입해 유포하기 위해서는 당국의 검열도 피해야 한다.

건전한 비즈니스 이야기라면 통과될 수 있겠지만, 국가 간의 정치적인 문제나 군사적인 문제라면 서브리미널 효과를 이용해서 적대국에 영향을 미치기가 어렵다. 적대 국가의 TV 방송국 전파를 이용해서 이쪽이 원하는 이미지를 흘려보낼 수는 없기 때문이다.

나아가 급속하게 보급되는 인터넷이 신문, TV 등 기존 언론 매체의 영향력을 약화시키고 있다. 자본을 지닌 대기업이 광고주가

되어 광고를 구매해서 내보내는 방식에 변화가 생기면서 프로파
간다의 형태도 변모하고 있다.

노엄 촘스키가 말하던 '필터'는 이제 기능하지 않고, 무명의 개
인이라도 거대 자본을 지닌 대기업과 같이 정보를 발신하고 프로
파간다를 실행할 수 있는 시대가 온 것이다. 정보의 발신량이 천
문학적인 수준에 이르고 있기 때문에 영화나 TV의 서브리미널 효
과처럼 당국이 일괄적으로 규제할 수도 없다.

———

인터넷이 널리 보급된 세계는 이제 미국과 같은 강력한 군사 국
가조차 완전하게 통제할 수 없는 마굴魔窟이 되었다. 위키리크스
사건은 이 사실을 전 세계에 강렬하게 보여주었으며, '아랍의 봄'
을 보면 알 수 있듯이 인터넷은 정부조차도 전복시키는 힘을 지니
고 있다.

이런 흐름 속에서 세계 제일의 군사대국의 위치를 유지하려는
미국은 새로운 가능성을 시도하고 있다. 인간의 사고나 감정을 순
식간에, 게다가 원격으로 조종하여 마음먹은 대로 움직일 수 있다
면, 궁극의 병기가 되지 않을까 하는 생각에서 연구를 시작한 것
이다. 이처럼 세뇌와 관련된 연구가 군사적인 필요성에서 다시 부
상하게 된 데는 또 다른 이유가 있다.

그것은 핵무기 확산 방지와 축소의 목소리가 세계적으로 높아
졌기 때문이다. 1970년에 발효된 핵 확산 방지 조약에서 시작되

어, 1987년에는 중거리 핵전력 전폐 조약, 1991년에는 제1차 전략 병기 삭감 조약이 체결되어 실행되었다.

이런 흐름 속에서 살상 무기의 대표 격인 핵무기와는 정반대로 사람을 죽이지 않고 적의 반격 능력을 빼앗아 군사적인 승리를 거두는 기술의 필요성이 새롭게 대두된 것이다.

이 계획을 실현하기 위해 부시 정권이 내세웠던 프로젝트가 '고주파 활성 오로라 활동 연구 프로그램HAARP, High-Frequency Active Auroral Research Program'이다. 이 프로젝트는 베일에 싸여 있지만, 전자파로 발생시킨 자기장의 작용으로 지구상의 일정 지역에 있는 사람들의 정신이나 행동에 영향을 미치는 방법을 개발하고 있을 것이라고 여겨진다.

너무 기발해서 도리어 얼토당토않은 아이디어처럼 보이지만, 10년 이내에 인류를 달에 보낼 것이라는 아폴로 계획을 내세웠을 때도 HAARP보다 훨씬 더 실현하기 어려운 동화와 같은 이야기라고 생각했다. 애초에 이런 아이디어가 국가적 프로젝트로서 채용되었다는 사실은 어느 정도 가능성이 있다는 것을 뜻한다.

전자파로 뇌에 영향을 미칠 수 있다는 가능성이 현실적으로 인식된 것은 실은 베트남 전쟁 때였다. 미군은 적이 포로를 신문할 때 사용한 LIDALearning Intelligent Distribution Agent라는 장치를 압수했다. LIDA는 일정한 주기의 전자파와 음파를 일으키는 장치로, 이것을 장착하고 전자파를 피험자의 뇌에 조사 照射하면, 피험자의 뇌파에도 동기화된 전자파가 나타난다.

스트로보를 발광시키면 그 빛의 자극에 의해 일부 사람에게 이런 현상이 생긴다는 사실이 알려져 있는데, LIDA 장치는 이 현상을 전자적인 파동으로 생기게 하는 것이다. 간질뿐만이 아니라 피암시성이 강한 히스테리 성격을 가진 사람에게도 이런 동기화 현상이 일어나기 쉽다. 최면에 잘 걸리는 사람에게는 이런 현상이 일어나기 쉬운 것이다. 실제 LIDA로 동기화 상태를 일으키면, 트랜스 상태와 비슷한 정신 상태가 된다. 따라서 최면에 걸린 듯이 신문이나 세뇌를 하기 쉽다.

지금은 그보다 훨씬 고도의 방법을 목표로 전자파나 자기장을 가하여 뇌의 상태를 직접적으로 조종하는 장치를 개발하고 있다. 이런 시도의 일부는 이미 임상에도 응용되고 있다. 경두개자기자극술TMS, Transcranial Magnetic Stimulation이라고 불리는 방법으로 현기증이나 이명, 두통, 뇌경색 후유증, 파킨슨 증후군, 우울증, 환청 등의 치료에 시도해 효과를 봤다는 보고가 있다.

이 영역에서 특이한 공헌을 한 연구자 호세 델가도Jose M. R. Delgado는 뇌에 삽입하는 칩을 개발했다. 삽입식 칩은 파킨슨병 등을 치료할 때도 실제로 사용되고 있다. 증상에 따라 전기 펄스의 빈도를 바꾸어서 신경전달물질인 도파민의 분비를 조절한다.

그 뒤 델가도는 뇌에 칩을 삽입하지 않고 뇌의 상태를 조절하는 방법에 관심을 갖게 되었다. 그 결과 그가 생각해낸 방법은 역시 전자 펄스를 뇌에 가하는 방법이었다. 전자 펄스의 주파수를 조절하여 기분이나 사고에 영향을 미칠 수 있다고 한다. 게다가 거기에 필요한 에너지는 얼마 안 되며, 자연계에 존재하는 전자파의 에너지보다 훨씬 작은 에너지로도 가능하다고 한다.

델가도의 연구에 일찍부터 CIA 등이 관심을 보였는데, 그것을 계승하여 훨씬 큰 규모로 발전시킨 것이 HAARP라고 할 수 있다. 얼마 전만 해도 정신병적 망상이나 SF 같은 이야기였던 일이 바야흐로 현실이 되고 있는 것이다.

6장

심리 조작의
원리와 기법은
무엇인가

지금까지 무의식의 심리학과 행동의 심리학이란 두 가지 관점에서 심리 조작의 원리나 새롭게 개발된 기법을 역사적으로 살펴보았다.

심리 조작이 마음을 조작할 의도로 사용되었을 때는 지극히 비인간적인 결과를 초래한다. 악질적인 심리 조작은 주체적으로 생각할 수 없게 하며, 집단이나 리더에게 의존하고 있는 상태를 계속 유지시키려고 한다. 한 개인으로서 성취해야 할 자립을 방해하는 기법인 것이다.

게다가 조작당한 사람이 의존 상태라는 점을 이용해서 다양한 형태로 착취하고 사기를 친다. 그중에는 마치 스스로 원해서 행한 것처럼 보이게 하는 '자기희생'이라는 이름의 착취도 있다.

지금은 널리 알려졌지만 컬트 종교도 이런 원리를 교묘하게 이용하고 있다. 컬트 교단은 매우 강력한 심리 조작을 사용하고 있으며, 신도가 된 자식을 빼내기 위해 입교를 가장해서 교단에 잠입한 부모들이 오히려 신도가 되거나, 그 종교에 현혹되었다가 간신히 도망쳐 나오는 경우도 있다. 이런 사실을 보면 심리 조작이 얼마나 강력한지 알 수 있을 것이다.

사전에 충분히 컬트 종교의 위험성을 숙지하고 접근해도 어느새 자신이 잘못 생각하고 있는 듯이 여기게 되며, 오히려 그것이 운명적 만남이자 진실과 대면한 것이라 생각하고 자식이 새로운 삶을 살아갈 수 있는 계기가 되었다고 믿게 되는 일조차 있다. 그야말로 자식을 데리고 나오기는커녕 자신만이라도 무사히 빠져나오면 다행일 정도로 무서운 심리 조작이 시행되고 있는 것이다.

이런 악질적인 심리 조작은 인도주의에 반하는 범죄 행위이지만, 심리 조작의 원리가 올바른 목적으로 온화하게 사회적으로도 인정받는 형태로 활용되면 긍정적인 결과를 낳을 수 있다. 다양한 교육, 계발, 단련 등이 그 예이다.

실제 운동선수나 수험생을 지도하거나 영업 사원이나 관리직 사원의 능력을 계발시킬 때 활용할 수 있으며, 잘못된 습관을 고치거나 의욕을 높이거나 행동을 교정하는 일에도 응용할 수 있다. 다만 잘못 사용하면 문화대혁명 시절의 사상개조소나 북한의 강제수용소와 같이 강압적인 곳으로 바뀔 수 있다는 점을 명심해야 한다. 여하튼 목적은 다르더라도 기본 원리에는 공통점이 많기에 어떤 점이 다른지를 확실하게 이해해둘 필요가 있다.

6장에서는 지금까지 소개했던 다양한 심리 조작의 원리를 다섯 가지로 정리하여 돌아보면서 심리 조작이 어떤 의미를 갖고 있는지에 대해 다시금 생각해보고자 한다. 주체성을 빼앗고 인생을 착

취하는 방법으로만 사용되는 것이 아니라 긍정적으로도 사용될
수 있다는 점과 그 속에 잠재해 있는 위험성에 대해 살펴보겠다.

▌제1의 원리:
▌정보 입력을 제한하거나 과잉되게 한다

심리 조작을 할 때 무엇보다도 먼저 정보 입력을 조절한다. 인간
의 뇌는 정보처리장치이다. 또한 인간의 뇌는 처리할 수 있는 능
력이 제한되어 있으며, 적절한 양의 정보가 주어졌을 때 원활하게
기능할 수 있다.

정보 입력이 극단적으로 부족해지거나 과잉되면 사고 패턴이나
행동 패턴이 변하는 계기가 된다. 다만 이 두 가지는 전혀 다른 의
미를 지닌다.

정보가 극단적으로 부족하게 입력되는 상태는 감각 차단 상태
이다. 감각 차단 상태에 놓이면 인간의 뇌는 정보에 굶주리게 되
고, 어떤 정보라도 입력시키고자 하는 과잉 흡수 상태가 된다. 본
래는 수용하기 어렵던 사상도 정보에 굶주린 상태에서 접하게 되
면 쉽게 받아들이게 된다.

세뇌의 기본은 사람을 외부 세계와 격리하고 외부 사람과 말 한
마디 나눌 수 없는 고독하고 단절된 상태에 있게 하는 것이다. 터
널 상태를 만들어놓고 정신적인 시야협착 상태에 빠지게 한다. 목

적에만 관심을 집중시키고 그 밖의 일은 생각하지 않게 해서 오로지 목적을 향해서만 나아갈 수 있게 한다. 정보 입력이 극도로 제한되면 세뇌가 일어나기 쉽다는 사실은 감각 차단 실험 등으로 증명되었다.

컬트 교단이 포교 활동을 펼치고 사람들에게 신앙을 심어줄 때는 물론이고 독재국가의 비밀경찰이나 정보기관이 정치범이나 적국의 스파이를 '개종'시켜 앞잡이로 만들 때도 이 원리가 이용되어왔다. 격리를 통해 철저히 고독하고 자극이 없는 상태에 있게 하고, 외부의 정보뿐만 아니라 감각적인 자극도 차단한다. 또, 제대로 수면을 취하지 못하게 해서 피로가 쌓이게 하고 단조로운 생활을 강요해서 주체적으로 생각하는 능력을 빼앗는다.

이렇게 정보와 자극에 굶주리게 만들어 저항력을 빼앗은 상태에서, 교화나 사상 개조 시간만이 매력적이고 인간적인 자극을 받을 수 있는 시간이 되도록 한다. 자극에 굶주린 뇌는 이제 이전의 신념에 맞든 말든 자기도 모르게 강요되는 사상을 받아들이고 머릿속 깊이 흡수하게 된다. 뇌가 의식을 뚜렷하게 유지하기 위해서는 그럴 수밖에 없기 때문이다. 그렇게 외부에서 주입된 생각이 어느새 자신의 생각으로 바뀌게 된다.

수많은 컬트 교단이 입교 대상자를 좁은 곳에 가두어 외부와 접촉을 끊게 한 후 입교를 권유하는 것도, 옴진리교가 신도를 외부와 격리된 사티암에 살게 하고 단조로운 수행 이외에는 아무것도 할 수 없게 하는 것도 정보를 차단해서 뇌가 정상적으로 기능하지 못하게 하여 본래의 판단력을 빼앗기 위해서다.

테러 집단도 테러리스트를 양성할 때, 그들을 격리된 환경에서 살게 하고 면회나 외출을 엄격하게 제한할 뿐만 아니라 TV나 신문 같은 외부의 정보도 제한한다. 강제수용소나 비밀경찰에서는 더 나아가 그 누구와도 대화를 나눌 수 없는 독방에 오랜 기간 감금한다. 그 결과 새로운 정보나 신념을 받아들이거나 심리 조작에 걸리기 쉬운 상태가 된다.

스탈린 치하의 소련에서는 정치범이나 억울한 누명을 쓴 사람들을 오랜 기간 격리하여 정보 유입을 제한시키자 취조관의 기분에 맞춰 자신의 죄를 꾸며낼 뿐만 아니라 그것을 진실이라고 믿는 일까지 일어났다. 감각 차단 상태로 생기는 심리 조작의 힘은 이처럼 상상 이상으로 크다.

교육 효과를 높이고 능력을 계발시킬 때도 이와 같은 원리가 적용된다. 극적인 변화를 일으키려면, 정보나 자극을 최소한으로 줄여서 뇌를 지루한 상태에 놓이게 해야 한다. 일정한 기간 동안 단조로운 생활을 하게 해서 자극이나 정보에 굶주리게 하면 약간의 지식만 가르쳐줘도 마른 모래가 물을 빨아들이듯이 흡수하게 된다.

평소라면 지루하기 그지없는 단조로운 자극조차 즐거운 일이 될 수 있다. 예전부터 학문이나 기예를 배울 때 기숙사에 살게 하거나 합숙을 시켰던 까닭은 집단생활을 익히게 하고 경쟁을 시킨다는 의미도 있지만, 그것보다는 이것이 외부와의 접촉을 줄여 쓸데없는 정보를 차단하는 방법이라는 이유가 더 컸다. 일종의 터널을 만들어 한 점의 빛만을 바라보고 나아가는 상태를 만드는 것이다.

정보 입력이 지나치게 많으면 아무래도 집중력이 흐트러지거나 의욕이 저하되기 쉽다. 정보 입력을 줄이면 스스로 정보를 요구하고 신속히 흡수하게 된다.

감각 차단과 같은 극단적인 방법은 신경계를 혼란시키기에 바람직하지 않지만, 적당하게 자극을 낮추면 의욕이나 관심을 높이는 데 상당히 효과적이다. 특히 스스로 생각하는 힘을 기르고 유지하는 데는 정보 입력을 줄이는 방법이 유용하다.

정보가 많이 들어오지 않으면 사람은 적은 양의 정보만으로 생각하게 된다. 공백 부분을 생각하거나 상상해서 채우려고 한다. 감각 차단과 같은 극도의 결핍 상태에 놓이면, 공백 부분을 메우기 위해 생각이나 상상이 폭주해서 환각이나 망상에까지 이르게 되지만, 적당하게 정보 입력을 줄이면 오히려 차분히 생각하고 사물을 돌이켜볼 수가 있다.

아이를 교육시킬 때나 재능을 키울 때도 정보 입력의 원리는 매우 중요하다. 성과를 빨리 내기 위해 지나치게 많은 정보를 주면, 정보를 수용하는 사람은 흥미와 의욕을 잃어버린다. 그보다 더 나쁜 일은 주체적으로 생각하지 않게 된다는 점이다.

반대로 말하자면 상대의 주체성을 빼앗아 꼭두각시나 로봇으로 만들고 싶으면 항상 정보 과잉 상태에 있게 하고, 뇌를 정보 처리로 허덕이게 해서 아무것도 스스로 생각할 수 없는 상태로 만들어 놓으면 된다.

실제 세뇌에는 이런 방법이 곧잘 사용된다. 끊임없이 음악이나 녹음테이프의 소리가 흘러나오는 방에 있게 하고, 이른 아침부터 밤늦게까지 이야기를 들려준다. 고통을 주고 불안감을 조성해서 한시도 편안하게 있지 못하게 하여 뇌를 지치게 만들고 집중력을 빼앗는다. 그리고 지칠 대로 지쳐 처리 능력이 저하된 시점에 사정없이 대량의 정보를 제공한다. 그러면 뇌는 용량 초과 상태에 놓여 주체적으로 정보를 선택할 수 없게 되고, 생각하는 힘과 저항하는 힘을 잃게 된다.

이런 상황은 방대한 정보에 노출된 상태에서 지친 몸으로 살아가는 현대인의 모습과도 겹친다. 성장하는 아이들도 예외가 아니다. TV, 인터넷, 게임, 만화, 휴대전화……. 아이들은 지금 홍수처럼 넘쳐나는 정보에 빠져 허우적거리며 자라고 있다. 아이들의 주체성이나 창조성, 생각하는 힘이 약해지고 있는 데는 이런 환경의 영향도 부정할 수 없다.

과잉된 정보에 노출되고 스스로 생각할 수 있는 시간이 없고 항상 무언가를 해야 된다면 좀비와 같은 아이들이 되기 쉽다. 현대 사회에서는 싫든 좋든 이런 환경이 실현되고 있다.

스튜던트 애퍼시Student apathy[*]가 등장한 1970년대 이후로 젊은 사

■   스튜던트 애퍼시란 오랜 수험 공부에서 해방된 학생에게 보이는 무기력증을 말한다.

람들은 갈수록 무기력해지고 감정이 메말라가고 있다. 이것이 강제수용소를 체험한 사람들의 증상과 비슷한 것은 우연의 일치가 아니다. 집에서 생활하면서도 뇌가 혹사당하고 있는 것이다.

제2의 원리:
뇌를 지치게 만들어 생각할 여유를 빼앗는다

제1의 원리를 더욱 강화하기 위해서는 뇌의 용량 자체를 저하시키는 방법이 함께 사용된다. 특히 정보를 과잉으로 주입해서 처리 능력을 넘어서는 상태를 만드는 경우, 그와 동시에 뇌의 처리 능력 자체를 저하시키면 주체적인 판단 능력을 빼앗기가 한층 쉬워진다.

이것은 신경생리학적으로는 뇌의 전달 물질을 고갈시키는 방법이다. 피로, 불면, 영양 부족, 극도의 스트레스로 뇌의 전달 물질이 바닥나면 뇌는 제대로 기능하지 않게 된다.

이 두 가지 방법을 함께 사용하여 강력하게 정상적인 판단 능력을 빼앗고 저항을 약화시켜서, 새로운 정보나 신념을 받아들이기 쉽게 한다. 정보를 처리할 수 없는 상태에 빠지면 뇌는 주체적인 판단을 중단하고, 오로지 수동적이며 기계적인 처리에 의지하게 된다. 이는 저항력이나 판단력을 빼앗을 때 매우 중요한 작업이다.

영업 사원이 큰 소리로 기관총처럼 퍼붓듯이 말하며 물건을 판매하는 행위도 비교적 선량한 목적에서 나온 것이지만 원리는 같다. 거절의 말을 꺼내지 못하게 하려는 심산도 있지만, 정보를 계속 주입시킴으로써 상대가 주체적으로 생각할 수 있는 힘을 **빼앗**고 수동적인 상태로 만들어 심리 조작을 하기 쉬운 상태로 만드는 방법이다.

세뇌를 할 때는 뇌를 끊임없이 움직이게 해서 지치게 만드는데, 주로 제대로 수면을 취하지 못하게 하는 방법을 쓴다.

수면을 방해하는 방법은 크게 두 가지가 있다. 하나는 물리적인 방법을 사용해 노골적으로 수면을 방해하는 방법이다. 소음, 빛, 불편한 침대를 이용해서 수면을 방해하거나 아예 침대에 눕지 못하게 하고 잠이 들만하면 흔들어 깨운다. 이것은 비밀경찰이나 군대에서 고문할 때 쓰는 방법이다. 밤새도록 시끄러운 소리나 비명소리, 위협하는 소리로 구속된 사람이 잠을 잘 수 없게 하는 방법도 쓰인다.

더 비인도적인 방법은 잠에 들려고 할 때 몸이 굴러 떨어지도록 일부러 기울여서 고정한 침대나 너무 좁아 몸을 펴지 못하는 방에서 잠을 자게 하는 것이다. 스피커에서 불쾌한 소리를 계속 내보내는 방법도 사용된다.

아침부터 밤늦게까지 교대로 신문하거나 밤중에 갑자기 깨워서 신문하는 일은 기본적인 방법이다. 또한 창문이 없는 깜깜한 방이나 하루 종일 밝은 전등을 켜놓은 방에 감금해두고, 의도적으로 식사 간격을 길게 하거나 짧게 해서 생활 리듬을 흐트러뜨려 체내시계를 교란시키는 방법도 사용된다. 사람은 생활 리듬이 일정하지 않으면 평소의 몇 배나 되는 피로와 스트레스를 느끼게 된다.

또 다른 방법은 한결 교묘하고 우아하다. 언뜻 보면 수면 방해가 목적이 아닌 듯 보일 정도이다. 유익하고 즐거운 활동처럼 보이는 일을 시키지만 결과적으로 수면을 빼앗고 몸을 지치게 만든다. 학습, 자기계발, 수련, 진리 탐구를 목적으로 내세우고, 이른 아침부터 밤늦게까지 끝없이 이야기나 강의를 하고 집회를 한다.

언제 쉴 수 있는지, 언제 해방될 수 있는지는 전혀 예측할 수 없으며, 이제 끝났다고 생각할 때쯤 다음 과제나 할 일을 부여해서 피로의 한계를 넘어서게 한다.

처음에는 별다른 저항이 없는 수준의 유익하고 즐거운 내용을 중심으로 한다. 하지만 수면 부족이 거듭되고 지칠 대로 지쳐 사고력이나 심리적인 저항력이 저하되었을 때 차츰 핵심적인 내용을 내놓고 설득하기 시작한다.

수면 부족과 피로와 강한 불안이 며칠이고 이어지면 아무리 굳은 의지를 지닌 사람이라도 차츰 심리적인 저항력을 상실하게 되는 법이다.

또 하나 흔히 사용되는 방법은 당질이나 비타민, 단백질, 지방, 미네랄 등 영양소를 부족하게 만드는 방법이다. 이에 따라 뇌가 정상적인 기능을 유지할 수 없게 된다.

더불어 중노동이나 단조롭고 보람 없는 작업을 오래 시켜서 피로를 축적시킨다. 무의미한 일을 시켜서 성취감이나 작업의 기쁨을 빼앗고 한층 스트레스가 쌓이게 하는 것이다.

더욱이 앞날을 예측할 수 없게 해서, 항상 불안하고 긴장된 상태에 놓이게 하고 희망과 절망 사이를 오가게 함으로써 정신적으로 소모시킨다. 친절하게 대하는가 싶으면 느닷없이 심한 욕설을 퍼부어 충격을 준다. 그것도 별다른 이유 없이 태도를 싹 바꾸는 식이다. 정신을 혼란케 하기 위해서다.

이런 상황에 오랜 시간 놓이면 주체적으로 행동할 수 없게 되고, 상대의 안색을 살피며 거기에 맞춰서 행동할 수밖에 없게 된다. 이런 상태는 학대를 계속 받아온 아이의 상태와 비슷하다.

사람은 예측할 수 있는 일에 대해서는 어느 정도 마음의 준비를 하고 대처할 수 있지만, 예측할 수 없는 상태에 놓이면 약한 모습을 보인다. 정신이 좀먹기 시작하는 사람도 수두룩하다. 파블로프의 역설적 단계가 이미 만들어진 행동 패턴을 흔드는 데 상당히 효과적이었듯이 앞날을 예측할 수 없게 하는 방법은 세뇌나 사상 개조에 큰 효과를 발휘해왔다.

난폭하게 대하지 않더라도 무슨 일이 일어나는지 알 수 없고, 무조건적으로 오랜 시간을 기다리게 하는 것만으로도 사람은 병들기 시작한다.

사실 이런 일은 전쟁 전의 일본에서도 이루어졌다. 공산주의나 사회주의를 통해 사회를 구제하고자 했던 젊은이들이 치안유지법으로 체포되는 경우가 수두룩했다. 당시에 일본에는 본격적인 세뇌 기술이 없었으며 주로 고문을 하며 취조하면서 사상을 전향하도록 강요했다.

하지만 고문이나 폭력은 사상 개조에는 그다지 효과적이지 못했다. 폭력으로 무언가를 강요하면 할수록 상대방은 완고하게 입을 다물고 의지를 굽히지 않았다. 고바야시 다키지小林多喜二 ▪ 와 같이 고문을 받아도 계속 저항하여 결국 목숨을 잃는 사람도 있었다.

그와는 반대로 전향하는 사람도 있었다. 특히 지식인 중에 그런 사람이 많았다. 그들은 전향하기 직전까지는 전향을 강요받았다고 주장했지만, 일단 전향하면 태도가 180도 바뀌었다. 이제 공산주의자나 사회주의자가 아니라 오히려 그 적대자나 반대자가 되었다. 심지어 그들은 스스로 나서서 이전의 동료를 배신했다. 전향한 사람에게는 자신이 잠시 동안 공산주의자나 사회주의자였다는 사실은 과거의 실수에 지나지 않았다.

이렇게 전향을 시키는 데는 고문보다는, 언제 끝날지 모르는 격리나 단조로운 생활을 강요해서 정보를 결핍시키고 고독과 불안에 떨게 하고 허무하게 소비되는 시간에 대해 초조감을 느끼게 하는 방법이 효과적이었다.

▪ 고바야시 다키지는 일본 프롤레타리아 문학 작가로 대표작 〈게 공선〉으로 널리 알려져 있다.

반대로 심리 조작을 당한 사람을 탈세뇌하는 경우에도 뇌에 과부하를 일으키는 방법이 사용되곤 한다. 뒷장에서 살펴보겠지만, 컬트 종교나 조직의 손아귀에서 빼내어 격리시켜놓은 뒤에 밤낮을 불문하고 논쟁을 벌여 교의나 신조의 모순을 따지면서 상대의 주장을 철저하게 논파하는 것이 유효한 방법이 될 수가 있다.

알카에다 같은 테러리스트를 신문할 때도 이런 방법이 채택되고 있다. 포로수용소에서 포로들을 잔인하게 고문한 사실이 발각되어 국제적인 비난을 받은 미국 정부는 신문 방법을 쇄신해서 비인도적인 행위에 의지하지 않는 방법으로 테러리스트의 마음을 돌리고자 했다.

그런 방법 중 하나로 종종 사용되는 것이 신문 대상자에게 연달아 질문을 던져 뇌의 처리 능력의 한계를 넘어서게 하는 것이다. 스타카토 퀘스천 Staccato question 이라고도 불리는 이 기법은 매우 효과적이다. 천천히 하나하나 질문을 하면 조리에 맞게 거짓말을 할 수가 있지만, 틈을 주지 않고 연관성이 없는 질문을 잇달아 퍼부으며 몰아세우면 정합성을 생각하면서 대답할 수가 없게 된다. 같은 질문에 대해 미묘하게 답이 달라지는 순간, 그것을 놓치지 않고 집요하게 파고들면 거짓말임이 밝혀지고 이야기가 뒤죽박죽 된다. 그때 더 집요하게 추궁해서 작은 정보라도 말하게 하면, 작은 구멍으로 인해 둑이 무너지듯이 이윽고 모조리 털어놓게 된다.

그들에게 있어서 정보를 건네주는 것은 동료를 배신하는 것을 의미하고, 더는 테러리스트로서 가슴 펴고 활동할 수 없게 된다는 것을 뜻한다.

그래서 동시에 그들의 신조나 행동에서 모순된 사실을 찾아내어 논쟁을 벌이면서 계속 흔든다. 그들이 저지른 행동의 결과를 객관적으로 보게 하기 위해 테러 장면을 기록한 영상이나 희생자의 무참한 사진을 보여주는 경우도 있다. 이론뿐 아니라 감정에도 호소하고 혼란을 일으켜서 심리 조작을 깨는 것이다. 정보와 함께 정서적인 자극도 과잉되게 쏟아부어 뇌에 구멍이 나게 한다. 이에 따라 논리적인 파탄이나 신조의 역전을 일으키기 쉬워지는 것이다.

무차별한 살상을 정당화했던 테러리스트에게도 가족이나 친구가 있다. 마음이 얼어붙어 있어도 전혀 틈이 없는 것은 아니다. 희미한 표정의 변화나 반응을 일으키면 여러 사람이 꼼꼼하게 살펴봐서 무엇을 두려워하는지 무엇에 동기부여를 받고 있는지를 찾아낸다. 그 결과 드러난 약점이나 터진 자리에 한층 더 가차 없이 파고들어 상대의 심리를 흔든다.

이런 일련의 조작들도 뇌를 정보 과부하 상태에 놓이게 해서 처리 능력의 한계를 넘어서게 함으로써 조작하는 힘을 없애는 원리를 바탕으로 이루어지고 있는 것이다.

회사와 같은 평범한 조직에서도 자칫 잘못하면 독재국가나 컬트 교단에서 볼 수 있는 이상한 일이 일어날 수 있다. 날마다 늦게 퇴근하는 회사에서는 직원들이 만성적인 피로를 안고 있을 뿐만 아니라 주체적인 판단력이나 독창적인 발상을 갖지 못하게 된다. 피로가 쌓일 대로 쌓여 있는데 못하겠다는 말도 못하고 결국 몸과 마음이 피폐해져 간다.

그런 회사가 사원을 희생시켜 일시적으로 실적을 올리며 발전하더라도 그것은 컬트 교단이 신자를 착취해서 번영하는 것과 마찬가지이며, 그곳에서는 독창적인 기술 혁신이 이루어질 수 없고 지속적으로 발전할 수도 없다. 언젠가 직원들이 활력을 잃고 더는 참지 못해 내부 고발로 부정행위가 드러나서 파산하는 운명에 놓이기 십상이다.

아무 의미 없이 만성적인 피로 상태를 강요하는 조직이나 생활에는 미래가 없다. 여유를 갖고 몸과 마음을 좋은 상태로 유지해야 의미 있고 자신다운 행복한 인생을 살아갈 수 있는 법이다.

이것은 아이들 교육에도 해당되는 말이다. 어렸을 때부터 지나치게 공부를 시키면 매사에 의욕을 느끼지 못하는 아이로 성장하게 된다. 아이를 항상 피곤한 상태로 두어서는 안 된다. 무리하게 공부를 시키지 않아야 뭔가를 할 수 있는 여유가 생긴다. 그래야 아이들이 병들지 않고 가능성을 키울 수 있다.

제3의 원리:
구제를 확신하고 불멸을 약속한다

제1의 원리와 제2의 원리로 주체성이나 판단력을 저하시켜 불안감을 높이고, 기쁨이나 즐거움을 잃어버린 상태로 만드는 과정은 사전 준비 단계라고 할 수 있다. 결핍과 불안이 극대화된 상태에 빠지게 하고 정신적인 저항력과 비판적으로 생각하는 힘을 빼앗고 나면 드디어 핵심으로 들어간다. 바로 '당신에게도 구제될 길이 있다'고 말해주는 것이다. 동료가 되어 뜻을 같이하면 멋진 의미를 지닌 인생이 시작된다고 희망을 약속한다.

격리시키고 정보를 차단해서 결핍 상태에 놓여 있는 사람에게 희망이나 사랑을 주면 그것은 한층 더 빛나는 모습으로 다가오게 된다. 희망과 사랑을 부여하는 존재가 강한 확신과 신념으로 가득 차 있으면 구원자로 비춰진다. 그때 리프턴이 말한 신비성을 띤 카리스마가 중요한 역할을 담당한다. 카리스마의 원천은 신념에 대한 흔들리지 않는 확신과 과대 자기에 바탕을 둔 전능감이며, 이것이 경멸당하고 자기부정을 하는 사람의 눈에 거룩하고 성스럽고 의지가 강한 존재로 느껴지게 한다.

이제 그쪽으로 도피할 수밖에 없는데 당사자는 그것이 어쩔 수 없는 긴급대피라고는 생각하지 못하고 오히려 진정한 구원을 만난 것이라고 느낀다. 지금까지의 자신이 어리석었다고 생각하고, 지금 깨달은 사실이 위대한 진리라고 느낀다. 고통에서 도망치기 위해 어쩔 수 없이 택한 방편이 아니라 마음 깊은 곳에서 새로운 신앙에 눈을 뜨게 되는 것이다.

정보와 감각이 차단되고 정신적인 소모가 심해지면 뇌는 극한 상태에 놓이게 되고 유입되는 정보에 강한 영향을 받는다. 게다가 애착 불안이나 의존적인 경향이 강하고, 스트레스나 트라우마를 안고 있고, 사회에서 고립되고 적응하지 못하던 사람은 더욱더 강한 확신을 지닌 존재에 매달리려고 한다. 이런 사람은 지배받는 것에 오히려 안심하게 된다. 격리나 정보 차단은 그런 경향에 박차를 가하고 강력한 의존과 지배의 관계를 만들어낸다.

컬트 교단이나 사상개조소에서 흔히 시행되는 자아비판이나 상호 비판은 애착 불안을 자극해서 자기애를 철저하게 상처 입히고 자기 부정을 강화시킨다. 이런 과정이 심어주려는 근본적인 스키마 schema(인식 체계)는 자신에게는 아무 가치도 없지만 위대한 지도자나 이념에 따르면 멋진 의미가 주어진다는 것이다. 이에 따라 재산도 육체도 목숨까지도 기꺼이 바치는 완전한 심리 조작이 성립하게 된다.

테러리스트나 스파이의 마음을 돌려서 협력자로 길들이는 경우에도 종종 이와 같은 원리가 이용된다. 이대로는 절망과 고통과 죽음밖에 없는 엄격한 현실을 충분히 알게 한 뒤 마음만 먹으면 살아남아서 행복한 생활을 할 수 있다고 구원을 약속하는 것이다. 상대를 몰아붙일 수 있을 만큼 몰아붙이고, 절망의 바닥에 내동댕이친 다음에 갑자기 태도를 부드럽게 해서 따뜻한 손을 내밀면 그 효과는 더욱 커진다.

구세주는 현실적으로 사람들을 구원하는 존재라기보다 구원을 약속하는 존재라고 할 수 있다. 언제가 되면 구원되고, 무엇을 하면 구원된다와 같은 조건이 붙는다. 정말로 구원할 마음이 있다면 언제니 뭐니 하는 약속을 하지 않고 아무 말 없이 구원해주면 좋을 텐데 그러면 구세주라는 개념은 성립되지 않는다. 오로지 나를 믿으면 구원된다고 사람들에게 믿음을 요구한다. 믿음이 없으면 기적은 일어나지 않기 때문이다.

예수나 석가모니와 같은 위대한 구세주조차 그들이 내걸었던 약속이 지켜졌는지 어떤지는 알 수가 없다. 하물며 이전에 영업 사원이나 마사지사였던 구세주가 약속한 구원이 과연 믿을 만하겠는가.

그래도 수많은 사람이 그들이 내건 약속에 매달리는 것은 살고 있는 세상에 희망이 없기 때문이다. 과거 독일에서 젊은이들뿐만 아니라 지식인들까지 한목소리로 나치즘을 찬미하고 열렬하게 갈채를 보낸 까닭은 나치즘에서 새로운 의미와 희망을 느꼈기 때문이다. 강한 확신을 갖고 희망을 약속하는 구세주가 발산하는 매력에는 지식인조차 간단하게 속아 넘어가 스스로 나서서 심리 조작이 되고 만다. 이 또한 희망이 없는 시대가 만들어낸 환상이다.

기쁨이나 희망 그리고 살아가는 의미를 잃어버린 사람들에게 구원이란 말은 강하게 마음속으로 침투하고, 사람들은 기꺼이 거기에 매달린다. 그렇기 때문에 치러야 할 대가가 크더라도 구원되기 위해서라면 그런 것쯤은 하찮은 희생으로 생각한다. 자동차도 팔고 집도 팔아 시주를 하고 헌금을 한다. 심지어 테러리스트가 되어 스스로 목숨조차 바친다.

이것은 결코 남의 일이 아니다. 일본이나 이탈리아에서도 파시즘에 열광적인 지지를 보낸 이들은 지식인을 포함한 일반 시민이었다. 강한 확신을 갖고 희망을 약속하면 사람들은 그 말에 넘어가게 된다. 왜냐하면 모든 사람들은 이루어지지 않는 소망이나 욕구불만이나 불안감을 안고 살아가고 있으며, 희망이나 구원을 추구하고 있기 때문이다.

사랑받고 싶고, 인정받고 싶고, 가치 있는 일을 해내고 싶고, 인생에서 의미를 찾고 싶지만, 대부분의 그런 바람은 짓밟히게 된다. 컬트 종교가 대학생이나 젊은 사람들 사이에 널리 퍼지는 이유도 인생의 의미나 불변의 사랑을 주겠다고 확신을 갖고 접근해오기 때문이다.

우리는 보편적인 가치나 사명을 추구하는 삶을 살고 싶은 바람을 마음속에 간직하고 있다. 이익, 쾌적한 생활, 순간적인 쾌락만을 추구하는 현대사회에서는 충족되지 않는 소망을 가슴속에 품고 있는 셈이다. 자신이 믿고 있던 상식이 좀스럽고 이기주의적인 가치에 입각한 것에 불과하다는 지적을 당하고, '지금 살아가고 있는 모습에 진정으로 만족하는가', 또는 '이 사회가 이대로 가도 좋은가'라는 질문을 받으면, 확고하게 믿었던 상식이 새빨간 거짓말로 이루어진 것이며 자신도 그것을 마음속 깊이 믿고 있지 않았다는 사실을 깨닫게 된다.

보편적인 물음을 던져 세속적인 가치관의 모순이나 기만을 까발리고, 그것이 공중분해되는 시점에 보편적인 가치를 설파하는 교리를 내밀면서 그것에 따르면 참된 삶을 살고 올바른 사회를 이루어낼 수 있다고 설득하는 것이다.

현대인은 대부분 보편적인 가치에 굶주려 있기 때문에 이 점을 노리고 공격하면 휘청거리기 쉽다. 이것은 마치 애정에 굶주린 여성들이 사랑을 속삭이는 말에 현기증을 일으키며 상대에게 넘어가는 것과 같다.

이것은 어떻게 사용되느냐에 따라 엄청난 재앙도 초래할 수 있는 위험한 원리이지만, 좋은 방향으로 사용하면 적극적으로 살아갈 수 있게 해주는 원리이기도 하다.

신앙을 지닌 사람이 평온한 마음으로 하루하루를 살아갈 수 있는 까닭은 어떤 때라도 희망이 약속되어 있다고 느끼기 때문이다. 반드시 구원을 받는다고 믿는 것이다.

암시요법의 효과가 치료자에 대한 일종의 '신앙'에서 생겨나듯이, 믿음은 강력한 암시 효과에 의해 '기적'을 일으키는 경우가 있다. 객관적인 소견보다 "넌 공부를 잘할 수 있게 돼", "당신은 좋아질 것 같은데", "벌써 병이 낫기 시작하고 있는 건지도 몰라"와 같은 말이 때때로 강력한 효과를 발휘하게 된다. 이것은 의사나 교사라면 종종 경험하는 일이다. 뛰어난 임상가나 교육자일수록 이 원리를 능숙하게 활용해서 희망을 약속하고 실제 그것을 현실로 만든다.

제4의 원리: 사람은 사랑받고 싶어 하며 배신을 두려워한다

또 하나 심리 조작에서 빼놓을 수 없는 원리는 인간이 사회적인 동물이란 사실을 역이용하는 것이다. 기본적으로 무리 생활을 하는 인간은 일단 동료라고 인정하면 서로에게 충성을 다하는 본성을 지니고 있다. 그래서 심리 조작을 거는 자는 동료라는 사실을 강조하고 친밀감을 내세우며 애정과 공감을 적극적으로 나타낸다. 만약 불쾌한 경험을 했다면 아무리 설득해도 그 자리에 있으려고 하지 않는다. 어떤 사람이 계속 머무르려고 한다면 그곳에는 외부 세계에서는 느낄 수 없는 쾌감을 주는 요소가 있는 것이다.

가령 '애정 폭탄love bomber'이라는 것이 있다. 집중포화를 하듯이 신도들이 입교 후보자에게 "사랑합니다"라고 계속해서 말해주는 방법이다. 입에 발린 말이라도 "사랑합니다"라는 말을 들으면 기분이 나쁘지 않다. 게다가 그중에는 매력적인 이성도 있다. 부끄럽기도 하고 자신이 받아들여지고 소중하게 대접받고 있다는 감정을 느끼게 된다. 이것은 평소에는 맛볼 수 없는 쾌감이고 기쁨이다.

사람은 마음이 평온해지는 경험을 하면 또다시 그것을 추구하게 된다. 그런 경험을 하게 해준 사람들이나 그 자리에 애착과 친밀감을 느끼고 긍정적으로 생각하게 된다. 자신을 이렇게까지 사랑해주는 존재가 나쁜 사람일 리가 없다고, 이성보다 본능이 그렇게 생각하게 된다. 이것이야말로 지금까지 자신이 마음속 깊이 추구해오던 경험이며 지금까지 만난 사람들과 사회에서는 한 번도 받아본 적이 없는 것이라는 생각을 갖게 된다.

지금까지 만난 사람들은 얼마나 냉담하고 무뚝뚝하고 냉혹했는가. 이 얼마나 다른가. 이들은 아낌없이 애정을 표현해준다……. 이런 느낌에 익숙해지면 그동안 살아왔던 세상은 극한의 땅이 되고, 그런 곳에서 지금까지 용케도 버텨왔다고 생각하며 지금까지 갖고 있던 상식을 의심하기 시작한다.

그리고 친밀감과 호감을 갖게 된 사람이 하루만 더, 일주일만 더 세미나에 참석해보지 않겠냐며 권유하면 냉담하게 거절하지 못하게 된다. 조금씩 보여주면서 단계적으로 끌어들이다가 어느새 푹 잠기게 하는 것이 이들이 권유할 때 쓰는 상투적인 수법이다.

컬트 종교에서 종종 사용하는, 성행위를 미끼로 권유하는 방법에도 따뜻한 정에 결박되어 저항할 수 없게 하려는 의도가 숨겨져 있다. 물론 그것은 어디까지나 미끼이며, 낚아 올린 뒤에도 그런 보상은 주어지지 않는다.

인간은 사회적인 동물이기에 일단 관계를 맺은 사람은 손쉽게 배신하지 못하고, 이런 특성은 공동생활을 함으로써 더욱 강화되게 마련이다. 컬트 교단이든 반사회적 집단이든 테러 집단이든 이들은 모두 소집단으로 생활하고 침식寢食을 함께 하면서 어떤 연대감이나 관계를 만들려고 한다. 리더나 구루와의 관계뿐만이 아니라 동료끼리의 횡적 관계도 중시된다. 이것이 유사 가족으로 작용하면서 '사명'을 공유함으로써 한층 더 강력한 관계가 된다.

하지만 이런 집단에는 연대감만 작용하는 것이 아니다. 구루나 리더에게 인정받고 싶어 하는 경쟁심도 작용한다. 그 안에는 선배나 동기가 있으며 무심결에 서로의 행동에 영향을 받게 된다. 동기 중 누군가가 높은 평가를 받으면, 자기도 모르게 같은 행동을 하려고 한다. 이런 집단 내의 상호작용이 개개인의 의사결정에 적잖은 영향을 미친다.

사회적 동물인 인간의 인정 욕구는 상당히 강력해서 자신을 인정해주는 존재에게는 긍정적인 감정과 충성심을 갖게 된다. 그 결과 자신을 인정해주는 존재를 배신하는 행위에는 강한 심리적 저항을 느끼게 된다. 이 심리적 저항은 심리 조작의 힘이기도 하다.

컬트 교단의 구루가 새로운 신도를 포섭하는 경우는 물론 폭력단원이 보통 청년을 어둠의 세계로 끌어들일 때도 인정 욕구를 이용하는 경우가 많다. 그리고 처음에 대해주었던 마음이 지속되는 한 그곳을 떠나는 일은 배신이라고 여기게 되어 좀처럼 벗어날 수가 없다.

폭행을 당하고 약물에 중독되고 매춘 행위를 강요받아도 손목의 상처를 부드럽게 쓰다듬으며 "이젠 이런 상처가 생길 일이 없을 거야"라고 속삭여주는 말을 믿는 한, 상대를 배신할 수 없다. 처음부터 속아넘어가 이용당하고 있을 뿐이라도 말이다.

물론 이 원리도 좋은 방향으로 이용하면 큰 힘을 만들어낼 수 있다. 뛰어난 지도자나 리더는 이 원리를 숙지하고 활용하여 부하나 고객, 또는 교섭 상대를 움직인다. 반대로 이 원리를 소홀히 하는 리더에게는 비참한 말로가 기다리고 있을 뿐이다.

앞에서도 언급했지만 테러리스트나 전쟁 포로, 중대사건의 용의자를 신문할 때도 이제는 힘으로 굴복시키는 방법이 통용되지 않게 되었고 새로운 방식으로 바뀌고 있다. 상대가 적의와 불신에 가득 차 있더라도 오히려 공감과 나름의 경의를 갖고 접근해 신뢰 관계를 쌓음으로써 마음을 열게 하는 수법을 사용하게 되었다. 오랫동안 격리되고 고독과 불안에 시달렸던 사람은 부드럽고 친밀한 감정에 굶주려 있다. 그렇기 때문에 인간다운 대우를 받게 되면 자기도 모르게 마음을 열게 되는 것이다.

그렇게 해서 조금씩 마음을 터놓게 되고, 라포가 성립되고, 속마음까지 터놓는 사이가 되면 서서히 마음을 흔드는 작업을 시작한다. 맨 처음 마음이 닫혀 있을 때는 어떤 면에서 보면 마음의 준비가 단단히 되어 있기 때문에 분노를 표출하고 공격을 가해도 움쩍달싹 하지 않지만, 마음을 허락한 상태에서 갑자기 치고 들어오면 제대로 대응할 수가 없다. 질문하고 대답하라며 재촉해서 상대가 말을 얼버무리고 주저하면, 격앙된 목소리로 몰아세운다. 이는 모두 계산된 행동이지만 상대는 갑자기 허를 찔려 어안이 벙벙해져 어쩔 줄 몰라 한다. 때로는 상대를 화나게 했다는 것에 동요하고, 신문관의 기분을 좋게 해주려고 쥐꼬리만 한 정보를 넘기려고 한다. 하지만 그것을 노린 것이며 일단 신문관에게 양보를 하게 되면 함락되는 것은 시간문제다.

2006년, 알카에다의 넘버2라고 불리던 아부 무사브 알자르카위가 미군의 공습에 의해 살해되었다. 이때 알자르카위의 은신처를 알아낼 수 있었던 하나의 단서는 다른 건으로 체포된 용의자가 내뱉은 어떤 정보였다. 그때 신문을 맡았던 매슈 알렉산더는 자신을 '이중인격'이라고 인정하며 동정하는 태도를 보이면서 상대에게 신뢰를 얻었고, 곧 완고하게 입을 닫고 있던 상대의 마음을 서서히 열어갔다. 하지만 단지 공감이나 경의만으로는 사형을 각오한 남자의 입을 열게 할 수 없었다. 알렉산더는 용의자의 입장에 서서 대체 그가 마지막으로 무엇을 원할까, 그를 움직일 수 있는 것이 있다면 과연 그것은 무엇일까에 대해 줄기차게 조사했다.

이윽고 알렉산더는 60세가 된 용의자에게 오랫동안 함께 살아온 조강지처가 있었지만, 이삼 년 전에 그가 두 번째 아내를 맞이했다는 사실을 알아내었다. 이것은 그가 호색한이기 때문이 아니라 그의 외아들에게 아이가 없어, 이대로는 대가 끊길 것이라는 고민 끝에 내린 결단이었다.

하지만 두 명의 아내를 데리고 살기에는 경제적으로 부담이 컸다. 게다가 두 번째 아내는 스무 살을 갓 넘긴 철없는 아가씨로 사치를 즐겼다. 설상가상으로 전쟁 때문에 장사도 시원찮았다. 경제적으로 궁지에 몰린 끝에 결국 남자는 테러리스트의 일을 도와주는 처지가 된 것이었다.

남자는 두 번째 아내를 맞이한 것을 내심 후회하고 있었다. 오랫동안 함께 산 아내의 마음을 아프게 한 일이 평생 한이 되어 있었다. 그런 마음을 알아차린 알렉산더는 두 번째 아내와의 이혼을 인정한다는 정부의 서류를 건네주고, 남자에게서 정보를 빼내는 데 성공했다. 그 뒤 남자는 알렉산더에게 편지를 맡겼다. 조강지처에게 자신의 행동을 사죄하는 내용이었다.

알렉산더는 순간적으로 마음이 흔들렸지만, 그 편지는 아내의 손에 쥐어지지 못했다. 우편함에조차 들어가지 못했으며 위조한 이혼을 인정하는 서류와 함께 문서절단기 속으로 들어갔다.

용의자는 신문을 담당한 알렉산더의 부드러운 태도와 선의에 마음을 허물었고, 이혼 수속을 해주었다고 믿었기에 그 은혜에 보답하고자 동료의 아지트를 가르쳐주었던 것이다. 하지만 알렉산더의 부드러움과 선의는 꾸며낸 것이었다. 반면에 용의자는 테러에 가담하는 잘못을 저질렀지만, 근본적으로는 사람을 배신할 수 없는 선량한 이라크인이었다.

부드럽게 대해주면 배신할 수 없다는 이 원리는 뒤집어 생각해보면 사람은 배신당하는 것을 두려워하는 동물이라고 바꾸어 말할 수 있다. 즉 조직이나 동료에게 인정받고 있다고 믿으며, 스스로 나서서 희생하려고 했어도 만일 그 생각에 의심이 생기면 심리 조작이 풀어진다는 것이다. 경우에 따라서는 그런 의심을 자극하고 팽창시켜서 탈세뇌뿐 아니라 역심리 조작을 하는 일도 가능하게 된다.

본인은 교묘하게 이용되었을 뿐이며 상대는 이상화하고 있던 존재가 아니라는 사실을 나타내는 증거들을 계속 들이대면 그때는 눈을 돌리더라도 이윽고 의심이 생기고 심리 조작을 깰 수 있는 계기가 된다.

동료에게 배신당할 수 있다는 불안을 적극적으로 활용하는 방법 중에 '죄수의 딜레마'라고 불리는 기법이 있다. 공범자들이 따로따로 조사를 받고 있는 상황에서는 동료들이 죄를 가볍게 하기 위해 자신을 배신하지 않을까 하는 불안이 싹트게 된다. 그런 불안을 노리고 "동료는 모든 것을 털어놓았다"와 같은 말을 은근히 속삭여주는 것이다. 신문 중에 알아낸 사소한 비밀이나 공범자 외에는 알 수 없는 사실을 슬쩍 흘려놓으면 동료들이 배신한 것이 아닐까, 자신만 나쁜 인간이 되고 마는 것이 아닐까 하는 불안을 억누를 수 없게 된다.

주변에서 흔히 볼 수 있는 일로 고자질을 하거나 누구누구가 당신 욕을 하고 있다고 친절을 가장해 알려주는 행위 등이 이 원리를 역이용한 것이라고 할 수 있다. 배신당했다는 생각이 사실과는 관계없이 이제 그 사람을 이전과 같이 신뢰할 수 없게 한다. 대신

'친절하게' 그 일을 알려준 상대를 신뢰하게 된다. 이 또한 흔히 겪을 수 있는 심리 조작이다.

▌ 제5의 원리:
▌ 자기 판단을 불허하고 의존 상태를 유지시킨다

희망을 약속하고 그 사람의 가치를 인정하는 제3의 원리와 제4의 원리는 결코 그 자체가 나쁜 것이 아니라, 오히려 사람을 격려하는 데 있어 기본이라고 할 수 있다. 문제는 이것이 악질적인 심리 조작으로 실행되면 주체적인 행동이나 자립으로 이어지지 않는다는 점이다.

이것은 심리 조작의 또 하나의 중요한 원리와 관계가 있다. 그것은 스스로 생각하거나 결정하지 못하게 하고, 지배하는 사람만이 의사 결정을 하고 다른 사람들은 다만 거기에 따르게 하는 것이다.

컬트 종교나 위험한 조직과 건전한 단체의 결정적인 차이는 바로 이 점에 있다. 자유로운 발상이나 주체적인 판단이 얼마나 존중되는가에 달려 있는 것이다.

컬트 종교는 신도마다 멘토(상담역)가 되는 선배가 있으며, 세세한 일까지 모조리 멘토와 상담하게 한다. 모든 것이 자신 이외의 존재에 의해 결정된다. 아무리 인생의 의미와 희망을 약속해준다고 해도 스스로 자신의 인생조차 결정해갈 수 없다면, 인생의 의미를 잃어버렸다고 할 수 있지 않을까. 그 뒤에 무슨 희망이 있다는 말인가.

하지만 이런 상황은 상류층 아이들에게도 일어나기 쉽다. 어렸을 때 엄마가 아이 대신에 모든 것을 판단하고 의사결정까지 해주었다면, 아이가 성인이 되고 나서도 여전히 대신해주는 경우가 드물지 않다.

옷을 고르거나 학교를 선택하는 일도 엄마의 도움이 없이는 할 수 없다. 그나마 이 정도는 양호한 편이며 교제 상대를 선택하거나 프러포즈에 대한 답변까지 엄마에게 의존하는 경우가 있다. 이렇게 되면 주체성을 갖지 못하고 완전히 타자에게 의존하고 있다는 점에서 컬트 종교의 신자와 오십보백보라고 말할 수 있다.

이와 같이 심리 조작의 원리를 다시 한번 살펴보면, 거기에는 심리 조작의 기법이니 뭐니 하는 문제를 넘어서서, 우리 인간이 안고 있는 본성적인 약점이나 과제가 관련되어 있다는 사실을 깨닫게 된다. 그런 약점이나 과제는 사람과 사람의 관계나 사회가 붕괴될 때 한층 심각하고 깊은 문제로 나타나기 쉽다. 스트레스나 상처받은 마음을 끌어안고, 보편적인 가치나 애정에 굶주린 고독한 현대인이 자신을 지키기 위해서는 이런 함정이나 위험을 인식하고 면역력을 기르는 방법 외에는 달리 방법이 없다고 해도 과언이 아닐 것이다.

7장

심리 조작은
풀 수 있는가

"세뇌된 것이 아니라 제가 원해서 옴진리교에 들어간 것입니다."

이것은 옴진리교를 탈퇴한 한 여성 신도가 리프턴과의 인터뷰에서 한 말이다. 심리 조작은 조작하는 사람이 일방적으로 조작하거나 지배했기 때문에 일어나는 문제가 아니다. 이 점을 잊어서는 안 된다. 이미 그것을 원하는 마음을 갖고 있기 때문에 심리 조작을 당하는 것이다. 강하고 흔들림 없는 존재와 동일시되고 싶은 마음이 심리 조작 기술에 걸리게 만든다.

이것은 나치즘에 열광했던 독일의 젊은이나 지식인에게도 해당되는 말이며, 조직폭력단의 수족이 된 청년이나 폭력적인 남성에게 매달리는 여성에게도 해당되는 말이다.

따라서 심리 조작을 해제시키기 위해서는 심리 조작을 거는 사람의 잘못이나 죄를 밝혀내는 것만으로는 불충분하다. 심리 조작에 걸린 사람이 자신보다 강력한 존재에게 의존하고 싶어 하고 그렇게 하지 않으면 자신을 지탱해갈 수 없다는 생각을 바꾸지 않는 한 실패로 끝나고 만다.

결국 의존과 자립의 문제다. 스스로 자신을 지탱해가는 일이 당장은 어려울지 몰라도 신뢰할 수 있는 가까운 사람의 도움을 받으면서 자립해나가는 것이 심리 조작에서 벗어나는 가장 올바른 길이다.

그런 준비가 충분히 되지 않은 채 의존하던 존재에 대한 환멸만 갖게 되면 불안정하고 위험한 상태에 놓이게 되어 우울증에 걸리거나 자살을 기도하는 경우도 있다. 또는 망상에 빠져 현실을 부정하고 계속 의존하려고 하거나 다른 의존 대상에 달라붙게 된다. 어찌 되었든 모두 진정한 회복도 자립도 아니다.

하지만 이런 일이 일부 전문가에게 인식되기 시작한 것은 최근의 일이다. 그 이전에는 단지 조작하는 쪽의 잘못만을 인식하고, 일단 의존 대상에게서 분리시키고 강제적으로라도 설득하는 방법만 알려져 있었다. 실제 그런 방법은 '탈세뇌(디프로그래밍)'라고 불리기도 했다. 이것은 외과수술처럼 침습성이 강한 방법이며 다양한 부작용을 초래했다.

마지막 장인 7장에서는 심리 조작에서 벗어나는 방법에 대해 서술할 텐데, 우선 탈세뇌가 주류였던 시대부터 살펴보자.

정면 대결, 디프로그래밍

일본은 물론 미국에서도 1960년대의 '정치의 계절'이 끝나고 70

년대를 맞이하자, 대학 캠퍼스에도 국가나 사회에 대한 이야기보다 자아 실현이나 내면 세계에 관심을 지닌 젊은이들이 다수파를 차지하게 되었다. 그 무렵부터 신좌익 분파를 대신해 컬트 교단의 활동이 활발해졌으며, 컬트 종교에 빠진 자식을 되찾으려는 가족과 자식 그리고 교단 사이에 문제가 일어나는 일이 증가했다.

일본보다 종교 문제에 민감한 미국은 특히 컬트 교단이 중대한 사회문제가 되었다. 탈세뇌를 직업으로 삼는 디프로그래머가 등장했으며, 그들이 부모의 요청으로 자식에게 걸려 있는 심리 조작을 해제하는 작업을 하였다. 테드 패트릭도 컬트 교단에 빠진 아들을 빼내온 일이 계기가 되어 디프로그래머가 되었다.

디프로그래밍(탈세뇌)은 달리 보면 역세뇌라고도 할 수 있는데, 세뇌한 측이 시행하는 방법을 뒤집어 적용하는 방식이기에 그 과정에 공통되는 부분이 많다. 세뇌가 피험자를 격리하고 방해가 되는 사람이나 정보를 차단시키듯이 디프로그래밍도 우선 본인을 교단이나 동료 신도와 격리시켰다. 심리 조작을 걸어놓은 존재에게서 떨어져 있지 않는 한 거기에서 벗어날 수가 없기 때문이다.

하지만 이것이 무엇보다도 어려운 작업이었다. 테드 패트릭과 같은 디프로그래머들은 위험을 감수하고 교단에 침투하거나, 당사자가 나올 만한 곳에서 잠복했다가 납치를 했다. 아무리 부모의 양해를 얻었다고는 해도 이것은 명백히 위법 행위다. 여하튼 그들은 심리 조작 피해자를 납치한 뒤 자동차에 강제로 쑤셔 넣고 미리 마련해둔, 남들 눈에 띄지 않는 방으로 데리고 갔다. 미국에서는 지하실이 있는 집이 흔한데 주로 이런 지하실이 감금 장소로 사용되었다.

창문이 있는 방에서는 유리를 깨고 도망가거나 소동을 피워 경찰이 들이닥칠 수 있었다. 납치된 신도는 가족이나 디프로그래머를 사탄의 무리로 생각하고, 기회만 있으면 교단으로 돌아가려고 했다. 우선 몸을 구속하고 아무도 방해하지 못하게 한 후, 다음 단계로 들어간다.

다음 단계에서는 본인의 신념에 타격을 주어 비집고 들어갈 틈을 만든다. 교단의 문제점이나 교리의 모순점을 밝혀내고, 단지 이용되고 착취되고 있을 뿐이라는 사실을 깨닫게 한다. 세뇌를 당한 사람은 당연히 거짓말이라든지 근거 없는 중상모략이라고 반박하면서 제대로 듣지 않기 때문에 다양한 증거를 준비해서 줄기차게 설득해야 한다.

일반적으로 카운슬링은 수용을 중시하지만, 디프로그래밍은 이와 대조적으로 정면 대결이 핵심이다. 진상과 문제점을 들이대서 본인이 믿고 있는 조직이나 인물의 허상을 파헤치고, 모순점을 지적해가며 신념을 무너뜨리는 싸움을 되풀이하면서 철저하게 우상을 파괴하는 작업을 한다.

세뇌할 때 정보 과부하 상태를 만드는 것이 유효했듯이 탈세뇌할 때도 마찬가지다. 천천히 시간을 들여서 설득하는 것보다 단기간에 일사천리로 진행해서 승부를 보는 방법이 효과적이다. 게다가 시간을 들이면 오히려 다양한 위험이 생긴다. 도망칠지도 모르고 자살할 수도 있다. 또한 자신들의 신변이 위험해질 수도 있다.

애초에 정면 대결 기법은 철저하게 공격해서 백기를 들게 하지 않으면, 오히려 대립이 심화되어 신념을 강화시키거나 한층 집착하게 만들어 역효과가 날 수 있다. 만일 탈세뇌시키지 못하면 격렬한 적의나 증오를 갖게 되어 그 뒤에 대처하기가 한결 어려워진다. 성공하면 자식을 되찾은 가족에게서 사례를 받겠지만, 실패하면 교단으로 도망쳐 간 자식은 불법 행위나 인권 침해를 주장하고 자칫 잘못하면 고소를 당한다. 하지만 그런 위험을 무릅쓰더라도 가족을 되찾고 싶은 사람들이 수두룩했다.

컬트 교단에 착취당하는 모습을 그대로 보고만 있을 수는 없다는 의견과 종교의 자유를 보장해야 한다는 의견은 양립할 수 없는 면이 있다. 성인인 만큼 어떤 인생을 살더라도 본인의 책임이라고 방치한 끝에 도쿄 지하철 사린 사건과 같은 범죄에 가담하게 된다면, 역시 개입했어야 하나 하고 후회하게 마련이다.

종교의 자유도 공공복지를 훼손하지 않는 한도 내에서 보장되어야 하며, 공공복지에 반하는 교단은 종교의 자유도 제한받아야 한다는 법률론도 성립할 수 있다. 또한 여기서 말하는 공공복지에는 신도 본인의 건강이나 복지 또한 포함된다고 생각할 수 있다. 이런 관점에서 보면 본인의 의사에 반하더라도 공공과 본인의 복지를 크게 훼손할 위험이 있다는 점에서, 자식을 지키는 것이 부모의 의무이자 사회의 의무라는 생각도 이끌어낼 수 있다.

본인의 자유의사가 중요한가, 아니면 복지가 중요한가 하는 문제는 의존증 치료를 둘러싼 논쟁과 흡사하다. 알코올 의존증이나 약물 의존증을 치료할 때 이전에는 정신병과 같이 강제로 입원 치료를 시켜야 하는 질환이 아니라는 생각이 일반적이었다. 자유의사를 존중하고 고치겠다는 의사가 없는 사람에게는 손을 댈 수 없다는 견해다.

하지만 요즘에는 의존증을 심각한 질환으로 보고 정신병과 같이 병식病識(자신이 병에 걸려 있다는 자각)이 없는 질환이라고 생각하게 되었다. 이와 더불어 필요에 따라 강제적인 입원 치료도 시행하게 되었다.

다른 사람뿐만이 아니라 자신을 해칠 수 있다면 그것은 건강한 상태가 아니며 자유의사는 제한받아야 한다는 생각이 우세해지고 있다. 이전에는 자유의사를 좀 더 신뢰할 수 있다고 생각했는데 지금은 자유의사도 믿을 수 없다는 생각으로 바뀌었다.

지나치게 많은 정보와 물질에 노출되어 항상 욕망이 자극받고 불안을 느끼며, 다양한 형태로 심리 조작을 받으면서 살아가는 현대인에게는 이제 자유의사라고 불릴 만한 것이 거의 없을지도 모른다.

심리 조작은 강한 의존 상태를 기반으로 삼는다. 주체적으로 의사를 결정할 수 없게 되는 것이 의존의 본질이라고 한다면, 심리 조작의 문제는 의존증의 문제와 겹치게 된다. 의존증에 대해 강제적인 개입이 필요한 경우가 있다면, 심리 조작 문제에도 강제적인 개입이 필요한 경우가 있지 않겠는가.

하지만 유감스럽게도 현재 정신질환의 진단 카테고리에는 '심리가 조작된 상태'라는 항목이 없다. 앞으로 그런 진단이 가능해지면 의료적으로 보호받을 수 있는 길도 열릴 것이다.

———

남의 일이라면 이제 성인이니 본인의 의사에 맡길 수밖에 없다고 냉정하게 생각할 수도 있겠지만, 자식이나 형제가 세뇌를 당했다면 차마 그럴 수가 없다. 본인이 원한 일이라고 팔짱 끼고 보고만 있을 수 있겠는가.

내가 아는 사람도 마찬가지였다. 대학생이 된 지 얼마 되지 않은 스무 살 남자아이가 대학에 다니지 않게 되었다. 여섯 살 많은 형이 하숙집에 연락을 했더니 요즘엔 통 모습이 보이지 않는다고 했다. 불길한 생각이 든 형은 사방팔방으로 동생을 찾으러 다녔고, 같은 과 친구에게 물어본 결과 동생이 최근에 어떤 연구회에 다녔다는 사실을 알게 되었다. 그 연구회가 컬트 교단의 비밀 조직이란 사실도 알아냈다.

형은 사태의 심각성을 깨닫고 바로 행동에 나섰다. 그는 학생 운동을 했던 투사였기에 뛰어난 행동력을 갖추고 있었고, 다양한 문제에 정통한 사람이었기에 이 방법 저 방법을 써서 동생이 있는 교단을 찾아냈다.

그곳에 들어가서 동생에게 면회를 요청하자 예상대로 단박에 거절당했다. 그들은 동생이 만남을 거부하고 있으니 당장 돌아가라고 했다. 하지만 그대로 물러설 형이 아니었다. 동생에게 직접 그 말을 듣지 않고서는 믿을 수 없다며 일단 얼굴을 봐야 돌아가겠다고 으르렁댔다. 형의 끈질긴 독촉에 두 손을 든 교단이 잠깐이란 조건 아래 면회를 허락했다. 그런데 직접 만나 보니 동생은 마치 딴사람이 된 듯한 얼굴이었다. 어딘가 멍한 눈빛이었으며 형을 봤는데도 아무런 감정을 보이지 않았다. 어머니와 아버지가 걱정하고 있다고 해도 아무 관심 없다는 표정으로 가족과는 인연을 끊겠다는 말을 내뱉었다.

보통 일이 아니라고 확신한 형은 아무튼 이곳에서 동생을 데리고 나가야 한다고 판단하고, 이런저런 이유를 대며 얼굴이 너무 말랐으니 밥이라도 먹이고 싶다고 고집을 피워 금세 돌려보내겠다는 조건으로 밖으로 데리고 나오는 데 성공했다. 밖으로 데리고 나오자 서둘러서 택시를 잡아 동생을 밀어 넣고는 그길로 역으로 향했다. 동생은 저항했지만 멱살을 잡고 위협하며 강압적으로 데리고 갔다. 그리고 동생을 시골집으로 데리고 가서는 잠시도 한눈 팔지 않고 가족이 교대로 동생 곁을 지켰고, 동생이 말하는 논리를 철저하게 반박하여 깨뜨렸다.

일주일가량 지나자 동생의 휑한 눈이 이전의 사람다운 빛을 되찾고, 자신이 뭔가 착각을 하고 있을지도 모른다며 그동안 겪었던 일을 눈물을 흘리면서 털어놓았다. 격리된 환경, 짧은 수면 시간, 아침부터 밤까지 이어지는 교육, 가족을 부정하고 신을 위해 살아갈 것을 요구당한 일, 그런 삶에 보편적인 진실이 있다고 여기며 가족을 버릴 결심을 했다는 이야기 등을 했다. 이것은 컬트 종교에 사로잡힌 수많은 젊은이들이 경험했던 과정이기도 했다.

만약에 이 형과 같은 지식과 행동력이 없었다면 동생은 지금도 컬트 교단의 신도로서 살아가고 있을지도 모른다.

이 학생도 그랬지만 심리 조작이 되어 광신적인 신념을 가졌다가 거기에서 벗어났을 때 눈의 표정이나 광채가 달라진다. 이것은 수많은 체험기나 전문적인 문헌에서도 볼 수 있는 현상이다.

심리 조작을 받은 사람은 눈에 생기를 잃고 표정이 없으며, 미국의 어느 문헌은 이것을 '상어처럼 죽은 눈'이라고 표현했다. 그런데 탈세뇌에 성공하면 눈에 생기와 광채가 돌아온다.

심리 조작을 받아 꼭두각시 인형이 되었기 때문이기도 하겠지만, 눈에 생기나 광채를 잃는 것은 교단을 부정하는 가족이나 디프로그래머에 대한 경계심 때문이 아닐까. 즉 마음을 닫고 있는 것이다.

그 증거로 그들이 교단 동료들과 있을 때나 다른 활동에 종사할 때는 생기 없는 퀭한 눈을 하고 있지 않다는 점을 들 수 있다. 오히려 그들의 얼굴은 행복한 웃음으로 가득 차 있는 경우가 많다. 그들의 신념을 공격해올지도 모르는 존재나 가족 앞에서 그런 반응을 보였던 것뿐이다.

심리 조작이 되면 좀비나 꼭두각시 인형처럼 변한다는 의견은 이상한 종교나 신념에 대한 편견에서 기인하는 부분도 없지 않다.

다만 컬트 종교에 들어간 뒤 망상적으로 변한 경우에는 표정이 사라져버리는 일을 적지 않게 경험했다. 인간의 정신이 발랄하고 건강한 상태이려면 역시 주체성과 자유가 필요한 것이 아닐까.

세뇌를 깨트리는
가장 효과적인 방법

신도가 부모에게 이끌려가서 교단을 떠나는 일이 잇달아 일어나자 신경이 날카로워진 교단은 신도들을 단속하고 외부에 대한 경계를 강화했다. 그에 대한 대비책으로 만일 가족에게 납치되어 디프로그래밍을 받게 될 때 대처하는 방법까지 미리 가르쳐주었다.

앞에서 언급한 대로 디프로그래밍은 정면 대결이 기본이다. 그런데 이 방법은 상대가 도망치지 않은 채 마주 앉아 있지 않으면 제대로 사용할 수 없으므로 효과를 얻을 수 없다.

즉 애초에 대화를 거부하는 것이 디프로그래밍에 대처하는 방법이다. 설득을 할 때 그 말에 대해 반론을 하면 그에 대한 재반론이 돌아온다. 이런 식으로 논쟁을 계속하다 보면 결국 설득되게 마련이다. 하지만 처음부터 대화를 거부하고 일체 귀를 기울이지 않으면 상대는 설득을 하려야 할 수가 없다.

디프로그래밍의 핵심은 논박이며 세뇌된 신념이 산산이 부서질 때까지 논쟁을 해서 격파하는 것이다. 결말이 나고 자신의 신념이 잘못되었다는 점을 깨닫고 그것을 버릴 때까지 논쟁을 계속한다. 하지만 논쟁에 응하지 않는 사람을 논파할 수는 없다.

그런데 대화를 하지 않기 위해서는 어떻게 하면 좋을까. 실제 이용된 방법 중 하나는 단순한 동작을 반복하는 일에만 신경을 쓰고 상대의 말을 귓등으로 흘리는 것이다. 가령 몸을 앞뒤로 계속 흔든다든지, 몸을 가볍게 치는 동작을 한다든지, 아무 상관없는 노래를 계속 부르든지 한다. 어떤 말을 꺼내더라도 무시하거나 단순한 동작을 되풀이하는 방법을 쓰면 디프로그래밍을 시도하는 사람은 여간 애를 먹는 게 아니다.

그런 경우에는 장기전을 각오하고 누가 더 오래 버티는지 경쟁하는 수밖에 없다. 오랫동안 함께 있는 것 자체가 애착을 낳고 마음을 돌이킬 수 있는 실마리가 된다. 아무리 저항해도 초조해하지 말고 다가가서 함께 있어야 한다.

설득하는 사람이 오히려 궁지에 몰려서 폭력적인 행위를 하게 되는 경우도 있다. 대화를 거부하는 상대의 어깨나 멱살을 잡고 흔들거나, 얼굴을 바짝 들이대고 말을 하거나, 윽박지르거나 울부짖거나 해서 상대의 감정을 흔들리게 할 수가 있다.

이것은 물론 최선의 방법은 아니지만 더러는 유효할 때도 있다. 아무리 못 본 척하고 있더라도 필사적으로 호소하면 굳게 닫혔던 마음이 잠깐이나마 열리게 되고, 그 틈을 비집고 들어가 흔들어놓을 수가 있다. 일단 빈틈이 생기면 급격하게 허물어지게 마련이다.

완고하게 마음을 닫고 대화를 거부하는 경우에는 모욕을 주거나 경멸하는 태도를 취하거나 일부러 자존심이나 신앙에 상처를 주는 말을 내던지는 방법을 쓰기도 한다. 디프로그래머들은 교조의 명예를 훼손하는 말을 일부러 내뱉는 경우가 많다.

그래서 더 이상 참지 못하고 반박해오면 쾌재를 부른다. 철저하게 논쟁을 해서 신념이 지닌 모순점을 지적하고 철저하게 무너뜨린다. 완전하다고 믿었던 논리가 깨지면 그들의 신념은 힘을 잃어간다. 논리로 설득당해서 심어진 신념은 그 논리가 잘못되었다는 사실을 자각한 순간에 지배력을 잃게 된다. 논리적인 반박으로 신념을 무너뜨리는 일이 디프로그래밍의 핵심인 것이다.

또한 세뇌할 때 언제까지 이어질지 몰라 앞날을 예측할 수 없다는 점이 정신적인 굴복을 재촉했듯이 디프로그래밍을 할 때도 신념을 바꿀 때까지 끝없이 논쟁을 계속하겠다는 자세를 관철시켜야 한다.

실제로 디프로그래머들은 길어도 한나절 이내에 탈세뇌를 해내는 일이 보통이며, 하룻밤 철야로 논쟁해서 성공하는 일도 적지 않았다. 상대가 잠을 자지 못하게 계속 이야기를 하는 것은 세뇌와 마찬가지로 매우 유효한 방법이다. 잠을 못 자고 피로가 누적되면 심리적인 저항이 약화되고 논리적으로 반론하는 능력도 약해진다. 논전을 계속하면 할수록 완전히 격파되어 논리적인 파탄에 빠지기 쉬워지고 신념이 무너지기 시작한다.

신념에 구멍이 났다고 해서 절대 공격을 멈추어서는 안 된다. 조금 쉬게 하거나 생각을 재정립할 시간을 주면, 버리려고 했던 신념이 되살아나는 경우가 많기 때문이다. 약해지기 시작한 신념이 부활하게 되면 이제 면역이 생겨서 똑같은 설득은 효과가 없게 되고, 그 논리에 반론하는 방법을 발견해서 재무장하게 된다.

이런 일을 방지하기 위해서도 신념이 무너지기 시작할 때는 쉴 틈을 주지 않고 계속해서 몰아붙여 자신이 잘못되었다는 점을 인정하고 신념을 버리겠다는 말을 확실하게 토해내게 해야 한다. 자신의 몸에 일어난 위험을 자각하고 다시는 돌아가지 않겠다고 단언할 때까지 단숨에 끝까지 밀어붙여야 한다.

상대가 눈물을 흘리고 아이처럼 훌쩍훌쩍 울기 시작하는 것도 종종 일어나는 반응인데, 그 모습을 보고 동정해서 공격을 완화시키면 다시 일어설 수 있는 시간을 주게 된다. 울먹이던 얼굴이 갑자기 격렬한 분노의 표정으로 바뀌어 강하게 반격하는 일도 생긴다. 느닷없는 기습 공격에 디프로그래머가 당황하면 형세는 완전히 역전된다.

논쟁 끝에 광신적인 신념이 붕괴되면 분명한 변화가 보인다. 멍하니 있는 사람도 있고 쓰러져서 눈물을 흘리는 사람도 있다. 신생아가 으앙 하고 첫울음을 내듯이 소리 높여 우는 사람도 있다.

하스이케 가오루蓮池薰는 북한에 납치되어 20년 이상을 살다가 일본에 잠시 귀국했다. 그의 형은 북한에서 세뇌당해 북한 체제를 정당화시키려는 가오루와 밤새워 논쟁했다. 결국 가오루는 다음 날 아침 세뇌가 완전히 풀려서 북한에 돌아가지 않겠다는 생각으로 바뀌게 되었다.

하룻밤이라는 제한된 시간 안에 필사적으로 논쟁을 밀어붙여 탈세뇌를 성공시킨 것이다. 북한에서 귀국하여 익숙하지 않은 기자 회견, 장거리 이동 등으로 긴장과 피로가 축적된 가운데 자지 않고 무리하게 논쟁을 계속한 것이 오히려 도움이 되었다. 만약 피곤한 상태라고 배려해서 결론이 나지 않은 채 논쟁을 그만두고 쉬게 했다면 다시 북한으로 돌아갔을지도 모른다.

극도의 긴장감이나 두려움, 피로 등이 세뇌에 이용되듯이 이와 같은 요소들은 종종 탈세뇌에도 활용된다. 디프로그래머 중에는 심리적인 작전으로서 이것을 의도적으로 이용하는 사람도 있다.

———

전설적인 디프로그래머 중 한 사람인 포드 그린은 영화로도 그려진 인물인데, 그가 최초로 행한 디프로그래밍 방법은 그의 스타일을 그대로 보여준다. 컬트 교단에 있는 친구를 구하고 싶다는 의뢰를 받은 그린은 마침 교통사고를 당해 온몸이 상처투성이였다. 그는 그 모습을 그대로 활용했다.

친구들이 젊은이를 납치해 오자, 그린은 안대를 하고 붕대로 상처투성이인 몸을 덮은 괴이한 모습으로 젊은이 앞에 나타났다. 원래 그린은 키가 190센티미터에 가까운 거한이며 단단한 체격이어서 그 자체로도 심리적인 압박감을 주기에 충분했는데, 그런 남자가 미라처럼 괴이한 모습으로 나타난 것이다. 젊은이는 완전히 겁을 집어먹고 생리적인 혐오감과 공포에 사로잡혔다. 그린은 그 모습을 간파한 뒤에 둘만 있게 해달라며 천천히 다른 사람들을 방에서 내보냈다.

그리고 얼굴이 맞닿을 정도의 거리에 마주 앉아 천천히 안대를 벗고 붕대를 풀기 시작했다. 끔찍한 상처가 드러나 젊은이는 당장이라도 기절할 것 같았지만, 간신히 정신을 차리고 두 눈을 부릅뜬 채 바들바들 떨고 있었다.

그러자 그린은 더욱 얼굴을 가까이 들이대고 젊은이의 눈을 들여다보면서 이렇게 말했다. "사랑해요" 완전히 얼이 빠진 젊은이에게 그린은 교단의 교리를 가차 없이 공격했다. 승부는 이미 결정 나 있었다.

그러나 이런 그린도 뼈아픈 실패를 경험한 적이 있다. 자신의 여동생인 캐서린을 어느 교단에서 납치해 와 디프로그래밍을 할 때였다. 그린은 두 명의 사립탐정과 부모를 포함한 대규모 팀을 만들어서 납치한 캐서린을 숙부의 농장 지하실에 감금했다. 하지만 디프로그래밍에 대한 방어법을 교육받은 캐서린은 예상 외로 상대하기가 만만치 않았다.

처음에는 어떤 말도 들으려고 하지 않았기에 결말이 나지 않는 지루한 상황이 이어졌다. 그러던 중에 그린이 더 이상 참지 못하고 격렬하게 분노를 폭발시키자 형세는 일시적으로 그린에게 기우는 듯이 보였다. 하지만 캐서린이 훌쩍거리는 소리를 들은 가족이 더 이상 견디지 못하고 둘 사이에 끼어들어, 그린은 일단 공격을 늦출 수밖에 없었다. 이것이 결국 치명적인 실패로 이어졌다.

장기전에 들어가자 캐서린은 빈틈을 노렸다. 누군가가 부주의하게 들고 온 주스 병을 보자 캐서린은 순식간에 그것을 쥐고 바닥에 던져 깨버린 뒤 유리 조각으로 손목을 그으려고 했다. 간신히 그것만은 막았지만 또 다른 손으로 파편을 꽉 쥐는 것은 막을 수가 없었다. 엄지손가락의 혈관과 인대가 끊어지고 피가 대량으로 흘러나와 바닥에 퍼졌다. 그린이 뛰어 들어갔을 때 캐서린은 승리의 웃음을 띠고 있었다.

그들은 캐서린을 병원에 데려갈 수밖에 없었다. 얌전하게 치료를 받을 것처럼 보이던 캐서린은 응급실로 들어가자마자 갑자기 돌변해서 자신이 납치되어 감금되었다고 소동을 피웠다. 캐서린은 전화기를 요구해서 교단의 동료에게 자신이 있는 곳을 가르쳐주었다. 그린은 경찰에 신고했지만, 캐서린이 교단에 돌아가는 것을 막을 수는 없었다. 그 뒤 캐서린은 개명을 하고 더욱 주의 깊게 자신이 있는 곳을 숨긴 채로 두 번 다시 가족 앞에 나타나지 않았다.

오랫동안 함께 생활했었기에 캐서린은 그린을 포함한 가족의 성격이나 약점을 훤히 알고 있었다. 그녀는 그 약점을 교묘하게 파고들어 탈세뇌를 피할 수 있었다. 탈세뇌 전문가인 그린도 동생의 신념에는 잔인할 정도로 철저하게 공격을 계속할 수는 없었던 것이다.

탈세뇌는 성공하면 친구나 가족을 되찾을 수 있지만, 실패하면 그들에게 최악의 적이 되는 마지막 도박과 같다. 그래서 일단 시작하면 철저하게 공격해서 반드시 성공해야 한다. 어영부영할수록 위험한 방법이다.

탈세뇌를 위한
국가의 개입

하지만 성공을 하든 실패를 하든 디프로그래밍 또한 세뇌이며 신조나 가치관을 강제로 바꾸는 방법이기에 위험이 도사리고 있다. 마음먹기에 따라서는 자식이 부모가 반대하는 결혼을 하려고 하거나 진로를 선택했을 때도 사용될 수가 있다.

실제로 유명한 디프로그래머인 테드 패트릭은 전통적인 그리스 정교의 관습에 따르려고 하지 않았던 두 딸을 디프로그래밍했다고 전해진다.

이는 정신의학에서 종종 문제가 되는 주제이다. 어떤 경향을 '장애'로 보느냐 '개성'으로 보느냐에 따라 치료 대상이 되느냐 마느냐가 결정된다. 본인이 자각하지 못해도 치료가 필요한 경우가 있으며, 병이 아닌데 병으로 취급해서 병을 만드는 경우도 있다. 강제적으로 디프로그래밍해서 지금까지 살아왔던 세계로 데리고 돌아와야 하는 경우도 있으며, 새롭게 바뀐 모습이 건전한 자립이며 성장인 경우도 있다. 후자의 경우에는 오히려 환영해주어야 할 일이며 예전의 신조나 행동으로 바꾸려고 해서는 안 된다. 이와 같이 디프로그래밍이 정당화되느냐 마느냐는 딱 잘라 말할 수 없는 미묘한 문제다.

갈수록 디프로그래머가 증가하면서 이런저런 문제가 생기자 점차 여론이 악화되기 시작했다. 심지어 컬트 종교의 여성 신도를 납치하여 탈세뇌를 해서 기독교로 돌아갔는데, 부모에게서 딸이 유대교 신자였다는 말을 듣고 그제야 다른 사람을 납치해왔다는 사실을 깨닫게 된 황당한 일조차 있었다.

디프로그래머를 찾는 사람들이 늘어나 일에 쫓기다 보니 일어난 실수였다. 그렇다고 용서를 받을 수는 없었으므로 이 디프로그래머는 7년 형의 실형을 선고받았다. 컬트 교단과 디프로그래머는 사람의 마음을 쉽게 조작하려고 하는 교만한 존재라는 점에서 별다를 게 없었다.

언론에서 디프로그래머와 컬트 교단의 관계와 다툼에 대해 소개하면서 사회적으로 알려지기 시작하던 시기에 사회와 언론은 디프로그래머에게 호의적이었다. 사람들은 부모라면 당연히 컬트 종교에 세뇌되어 착취당하는 자식을 그냥 보고만 있어서는 안 되며, 법을 어기더라도 자식을 되찾아 와야 하지 않겠냐고 생각했다.

그런데 이런 풍조가 서서히 변하기 시작했다. 미국에서는 1970년대 전반에 그런 변화가 일어났다. 일본에서도 미국보다는 시기가 다소 늦었지만 여론이 바뀌기 시작했다.

컬트 교단을 경계하고 비난하는 주장이 지지를 받지 못하고, 부모라도 본인의 자유의사를 거스르고 아이를 납치해서 신조나 종교를 강제로 바꾸어서는 안 된다는 입장이 강해졌다.

사회적 분위기가 변하자 자연스럽게 경찰도 사건을 대하는 태도가 바뀌었다. 이전에는 아이를 구해내려는 가족에게 동조하는 태도를 갖고 있었다. 가령 예전에 패트릭이 어떤 부모의 의뢰를 받아 컬트 교단에 빠진 여성을 납치해서 탈세뇌를 시도했는데, 그녀가 빈틈을 노려 도망쳐서 경찰서로 달려간 사건이 있었다. 당시 그녀는 교단으로 돌아가고 싶다고 말했지만, 전후 사정을 알게 된 경찰은 오히려 그녀를 패트릭에게 데리고 갔다. 경찰도 디프로그래머의 행동에 이해를 표하고, 다소의 위법 행위에는 눈을 감아주었으며 오히려 협조해주었던 것이다.

그런데 디프로그래머가 점점 더 지나친 행동을 해서 기소되거나 유죄판결을 받는 일이 늘어나자 사회 분위기가 바뀌었으며, 언론도 컬트 교단에 대한 공격에 싫증이 난 듯 거꾸로 디프로그래머를 비난하기 시작했다.

그런 세상의 변화에 경찰도 순응했다. 패트릭과 같이 널리 알려진 디프로그래머도 기소되어 철창 신세가 되었다. 이렇게 되자 컬트 교단이 일거에 공세를 펴부었다. 잇달아 디프로그래머들을 고소해 눈엣가시 같은 존재들을 싹 없애버렸다. 이제 아무도 징역살이라는 위험을 무릅쓰고 컬트 교단의 먹이가 된 사람들을 구하려고 나서지 않았다. 전적으로 본인의 의사에 맡길 수밖에 없는 상황이 되었다. 미국과 차이는 좀 있지만 일본에서도 사정이 비슷했다. 가족들이 강제로 교단에서 빼내는 과정을 법률이 방해했다.

옴진리교가 사회적으로 문제가 되기 시작했을 때, 자식을 되찾기 위해 애쓰던 부모들은 새삼스럽게 자신들의 무력함을 통감할 수밖에 없었다. 법에 가로막혀 어떻게 해볼 도리가 없었다.

결국 옴진리교 사건이 일어나고 컬트 교단에 대한 사회의 시선이 차가워졌지만, 그래도 그런 교단에서 구원을 찾는 젊은이들이 끊이지 않았다. 하지만 교단이 반사회적인 행위를 하지 않는 한 그것을 막을 수 있는 방법은 없었다. 사람은 누구나 신앙의 자유가 있으며 스스로 판단해 신앙을 선택할 수 있다. 설령 그곳이 위험한 심리 조작의 온상이라고 해도, 스스로 자신의 인생을 지킬 수밖에 없다.

그 뒤 《세뇌》의 저자 도미닉 스트릿필드Dominic Streatfeild는 그린이 구제하는 데 실패한 그의 여동생 캐서린과 인터뷰를 했다. 하버드의 커피하우스에 나타난 캐서린은 두 아이의 엄마가 되어 있었다. 캐서린은 매우 행복한 표정에다 생기가 넘쳤다. 그리고 자신은 결코 세뇌당하지 않았으며 자신의 의지로 교단에 머물고 있을 뿐이라고 말했다.

여동생을 잃은 가족의 마음과 캐서린의 마음이 사뭇 다른 모습이 인상적이다. 또한 이것은 세뇌와 탈세뇌가 종이 한 장 차이의 위험성을 지니고 있으며, 무엇이 행복이며 무엇이 정의인지 알 수 없는 가치관과 가치관의 싸움이라는 사실을 보여준다.

―――――

　이제는 컬트 교단에 빠진 가족을 데리고 나오기 위해 행동할 때도 본인의 주체성, 신념, 신조의 자유 등 기본적인 인권을 존중해야 한다.

　그렇다면 어떤 경우에도 강제적으로 개입할 수 없는 걸까? 그렇지 않다. 경우에 따라서는 강제적으로라도 개입해서 가족을 구해야 한다. 일본의 경우 법적으로 강제 개입이 인정되는 상황은 다음과 같다.

　　① 자해 또는 타해 행위가 이루어지거나 그럴 위험이 높은 경우

　　② 위법 행위가 이루어지고 거기에 휩쓸리거나 그럴 위험이 높은 경우

　　③ 당사자의 기본적인 인권이 손상되고 있거나 다양한 심리적 압박으로 거부나 저항을 할 수 없는 경우

　　④ 미성년자나 아동의 경우, 당사자의 권리가 침해되거나 복지 및 건전한 심신의 발달에 반하는 일이 행해지는 경우

　　⑤ 정신장애가 있고 인지 기능과 현실적인 판단력이 낮으며, 치료나 보호가 필요하다고 인정되는 경우

　이상 다섯 가지 경우에는 정당한 단계를 밟아서 실행하면, 법적 근거를 갖게 된다. 이 경우 본인의 의사와 상관없이 행동 제한, 신

체 보호, 구속, 강제 입원에 의한 치료 등을 실행할 수가 있다.

우선 대상이 아동일 때는 행동하기가 쉽다. 아동복지법이 적용되기 때문에 학교에 다니지 않게 한다든지 충분히 식사를 제공하지 않는다든지 강제로 노동을 시킨다든지 심신의 건강이나 발달에 문제가 생기는 상황이 인정되면 아동상담소 등이 개입해서 보호할 수 있다.

또한 위법 행위에 가까운 일을 하거나 생활이 지나치게 문란해서 법률을 위반할 위험이 있는 경우에는 소년법에 의해 우범소년으로서 경찰 등이 보호할 수 있다.

아동과 함께 적극적인 보호 대상이 되는 사람은 정신장애가 있거나 의심되는 사람이다. 정신보건복지법 제23조에는 "정신장애자 또는 그런 의심이 가는 사람을 알고 있는 사람은 누구라도 그 사람에게 의사의 진찰 및 필요한 보호를 해줄 것을 각 시도의 시장이나 도지사에게 신청할 수가 있다."라고 정해져 있다. 의사의 진찰 결과 정신장애 때문에 자해 및 타해의 위험성이 있다고 인정되면 조치입원 대상이 되며, 또한 그런 위험이 없더라도 보호해서 치료해야 할 필요가 있을 때는 보호자의 동의 아래 의료 보호 입원 대상이 된다.

약물 남용이나 의존, 약물 후유증, 인격장애, PTSD Post Traumatic Stress Disorder (외상 후 스트레스 장애) 등도 정신보건복지법이 말하는 정신장애에 포함되기 때문에 적용 범위가 넓다. 지적장애나 인지 기능 저하로 판단 능력이 떨어져 있다면, 설령 본인이 원해서 하는 행위라도 본인의 이익이 손상되고 있을 때라면 적극적으로 개입할 수 있다.

의존성 인격장애 경향이 있으면 컬트 교단 등에 빠지기 쉽다. 이런 경우는 정신장애로 인정되지 않지만, 그로 인해 자신의 이익이나 복지를 눈에 띄게 손상시키는 일을 하고 있는 것으로 인정되면, 법적으로 의료 보호 입원을 시키거나 후견인을 붙여줄 수 있다. 다만 의존성 인격장애의 상태나 그 위험성에 대해서 정신과 의사들이 아직 제대로 인식하지 못하고 있다는 점이 문제다.

또한 정신보건복지법의 이 조항은 법이 정한 대로 운용되지 않는다는 문제도 있다. 앞서 서술한 바와 같이 법률상에는 모든 사람에게 지정의사 진찰을 신청하는 권리가 인정되고 있다. 하지만 이 제도는 거의 활용되지 않는다. 실제로는 경찰이나 보건소가 통보하고 나서야 비로소 지정의사 진찰이 행해지는 것이 일반적이다. 그런데 가장 그 역할이 기대되는 경찰도 정신장애가 의심되는 경우에는 대응을 머뭇거리기 십상이다.

가족이나 가까운 이웃 중에 정신장애를 앓는 사람이 있으며, 그 사람이 치료도 받지 않고 망상에 의한 행동으로 주변에 큰 피해를 입히고 있는 상황에서조차 경찰은 적극적으로 개입하려고 하지 않는다. 계속 문제가 발생해도 살인이나 상해사건이라도 일으키지 않는 한, 정신장애가 의심되면 오히려 나서지 않는다. 연행해 가도 어차피 기소 대상이 되지 않는다는 생각이 작용하기 때문인 걸까. 이것은 사회 복지라는 면에서, 또 본인을 위해서도 안타까운 일이다. 경찰이 개입함으로써 비로소 치료가 궤도에 올라 안정된 생활이나 사회 복귀로 연결되는 경우가 적지 않기 때문이다. 주위가 피폐해져 가족이 떠나거나, 살인이나 상해라는 불행한 사태가 일어나기 전에 개입하는 것이 마땅하다.

경찰은 마음만 먹으면 환자를 보호해서 의료기관으로 데려갈 수 있으며, 보건소장을 통해 각 지역의 지사에게 통보할 수도 있다. 분명하게 흥분 상태나 착란 상태를 보이지 않으면 안정되어 있다고 간주하고, 신고한 끝에 달려와도 보호하려고 하지 않는 경우가 많다. 망상성 정신장애 등은 정신과의사조차도 시간을 들여 세심하게 진찰하지 않으면 눈치 채지 못하는 경우가 많다. 표면적인 상태를 보고 판단해서는 안 되며 근래 수개월 간의 행위나 언동을 주위 사람에게서 상세하게 청취하는 작업이 반드시 필요하다.

정신장애가 의심되는 경우에는 국가가 적극적으로 개입해야 가족은 물론 동네 주민뿐만 아니라 본인도 구원받을 수가 있다.

정신장애가 강하게 의심되고, 본래 보호가 필요한 경우조차 이런 상황이다.

본인의 인권이나 이익이 심하게 손상되고 있는데도, 명백한 정신 장애나 판단 능력이 저하된 상태임을 나타내는 근거가 없고, 본인 자신도 저항을 할 수 없거나 스스로 원해서 할 때가 가장 개입하기 어려운 상황이다.

단 정신장애가 있는지 없는지 여부는 진단해보지 않으면 알 수 없다. 정신장애가 의심되는 근거가 있으면 의사의 진찰을 신청할 수 있다. 진찰 결과 정신장애가 발견될 수도 있고, 진찰을 하면서 인권이 침해당한 사실이나 위법 행위를 한 흔적이 발견될 수도 있다. 그러면 다른 수단으로 개입할 수 있는 근거가 된다.

옴진리교는 약물을 투여하거나 가혹한 수행이 이뤄지고 있었으니 만약 가족 등이 의사의 진찰을 신청했다면, 몇 사람에게서는 정신장애가 발견되었을 테고 인권을 침해한 사실이 밝혀져서 개입할 수 있는 계기가 생겨 치명적인 상황에 이르기 전에 구출했을지도 모른다. 일반 성인의 경우에는 강제로 개입하기가 어렵지만 전혀 불가능한 일도 아니다. 위법 행위가 증명되면 개입할 수 있는 길이 생긴다.

미국의 판례이지만, 교단이 명백하게 법을 위반하거나 위험한 일을 하고 있다는 사실을 증명할 수 있으면 본인의 의사에 반하는 유괴 행위조차도 긴급피난으로서 인정받고 무죄가 되는 경우가 있다. 물론 교단이나 본인이 위법 행위의 가해자나 피해자인 경우에는 경찰에 수사를 요청할 수 있다. 그에 따라 본인을 보호하는 쪽으로 이어질 수 있다.

경찰이 움직여서 위법성이 증명되면 심리 조작이 풀리는 경우가 많다. 심리 조작에 영향을 입기 쉬운 사람들은 대부분 성실하고 순수하다. 그렇기 때문에 명백하게 나쁜 짓을 했거나 위법이란 사실을 알게 되면 더는 그 종교를 믿을 수 없게 되고, 차츰 자신이 속았다는 생각을 갖게 된다.

　그런 경우에는 위법 행위나 범죄 사실을 구체적으로 파고들어 그에 따라 어떤 고통이나 피해가 생기는지를 보여주어야 한다.

▌주체성을 존중하는 엑시트 카운슬링

탈세뇌의 거친 방법이 비난을 받고 본인의 자유의사가 존중되어야 한다는 분위기가 강해지면서 본인의 건강이나 행복한 삶이 위협받는 경우에도 가족이 개입하기가 어려워졌다.

　하지만 심리가 조작된 사람들 중에는 나날의 생활에 의문을 느끼고 갈등하면서 타성으로 하루하루를 살아가는 사람들이 꽤 있다. 더러는 앞날이 꽉 막혀 있는 듯한 느낌에 스스로 상담을 요청해오는 사람도 있으며, 정면으로 부딪쳐서 탈퇴하지 못해 문제나 사건을 일으켜서 벗어나려고 하는 사람도 있다. 이런 경우에 일으키는 문제나 사건은 간접적인 구조 요청이라고 할 수 있다.

　이런 흐름 속에서 기존의 탈세뇌 기법에 대한 반성으로 새롭게 등장한 기법이 엑시트 카운슬링Exit Counselling(탈퇴 카운슬링, 구출 카운슬링)이다. 이는 강제적인 수단을 쓰지 않고 어디까지나 본인의 주체성을 존중하는 방법이다.

　정면 대결을 중시하는 탈세뇌와는 대조적으로 엑시트 카운슬링은 수용과 공감으로 신뢰 관계를 만드는 것이 핵심이다. 특히 가족 간의 관계를 회복하는 데 중점을 둔다. 왜냐하면 심리 조작의 근본적인 문제는 의존성이며, 가까이에 신뢰할 수 있는 관계가 없기 때문에 타자에게 의존할 수밖에 없게 된 것이다. 반대로 신뢰할 수 있는 관계를 되찾으면 자신의 주체성을 훼손시키는 대상에게 구태여 의존할 필요가 없어지게 된다.

컬트 교단 등 종교 단체뿐만이 아니라 조직폭력단이나 폭주족 또는 약물 의존 모임, 폭력적인 배우자 등에게서 벗어나고자 하는 사람 혹은 약물 의존증을 스스로 극복하고자 하는 이를 지원할 때도 기본적인 원리는 같다.

컬트 종교든 반사회적 집단이든 약물이든 폭력적인 배우자이든 여하튼 대놓고 공격하거나 부정하는 자세를 취하지 않고, 오히려 거기에 마음이 이끌리게 된 과정이나 마음을 공감하고 받아들인다. 그렇게 해서 다양한 사건을 회상하여 털어놓게 하고, 그런 과정 속에서 자신이 처한 상황이나 자신에게 무슨 일이 일어났는지를 객관적으로 돌이켜 보게 한다.

상대방이 믿고 의존하는 존재를 부정하면 마음을 열기가 어려워지고, 오히려 믿고 의존하는 존재를 지키기 위해 방어적으로 변해 더 완고해지고 냉정한 눈으로 사태를 돌이켜 볼 수가 없게 된다.

공감해주면서 중립적인 자세를 유지하면 상대방은 안심하고 있는 그대로 털어놓게 되며, 그에 따라 어떤 일이 일어났는지 객관적으로 바라볼 수 있게 된다.

처음에는 표면적인 이야기만 하더라도 이윽고 내면적인 이야기까지 하게 된다. 지금까지 느꼈던 위화감이나 모순점에 대해 털어놓고, 내면에 있는 양가감정을 자각하게 된다. 하지만 이 단계에서는 떠나야 하는지 계속 있어야 하는지 갈등하는 경우가 많다.

이와 같이 내면에 잠재해 있는 마음을 털어놓는 단계에서는 양가감정을 명확하게 말로 표현하게 하고 그것을 확실하게 받아들이는 것이 중요하다.

무언가를 마음의 지주로 삼고 의존하는 사람은 거기에서 벗어나려고 할 때, 반드시 상반되는 마음 사이에서 흔들리게 된다. 의존 상태에서 벗어나서 자립하고 싶다는 생각을 하는 한편, 의존하지 않고는 살아갈 수 없다는 불안감을 느끼고 자립해서 살아갈 자신도 잃게 된다.

폭력적인 남성에게 억압받으며 살아가는 여성은 헤어지고 싶다고 생각하면서도, 혼자가 되는 삶에 두려움을 느끼고 도저히 헤어질 수 없다는 생각 또한 하게 된다. 약물에 의존하고 있는 경우도 마찬가지다. 약물을 그만두고는 싶지만 끊을 수는 없다고 생각한다.

우선 이런 상반되는 마음을 숨김없이 꺼내놓게 해야 한다. 한쪽 마음만을 강요해서 본인이 그렇게 하겠다고 아무리 결심을 해도, 양가감정이 충분히 해결되지 않으면 다시 간단하게 마음이 바뀌게 된다.

디프로그래밍 기법으로 개종에 성공해 컬트 교단에서 되찾아왔던 사람이 다시 교단으로 돌아가는 경우가 잇달아 일어났다. 대표적인 예가 캐시 크램턴이란 여성이다. 그녀는 당시 '사랑의 가족'이라고 불리던 교단의 신자였는데, 가족이 테드 패트릭에게 디프로그래밍을 의뢰했다. 패트릭은 그녀를 유괴해서 디프로그래밍을 시행했다. 그가 성공리에 디프로그래밍을 끝내는 모습은 미국에서 TV로 방영되었으며 큰 반향을 일으켰다. 그런데 그로부터 며칠 후 크램턴은 교단으로 돌아갔다. 게다가 패트릭은 유괴죄로 기소되었다.

재판 결과 패트릭은 무죄 판결을 받았다. 그 근거는 "부모가 눈앞에 다가온 위험에서 아이를 자신의 손으로 되찾는 일이 물리적으로 불가능하다고 합리적 또는 이성적으로 판단했을 때, 부모는 아이를 지키기 위해 필요한 '이송'을 대리인에게 맡길 수가 있다"는 법률 조항이었다. 그것도 '사랑의 가족'이란 교단이 LSD 등을 종교 의식에 사용한 일이 밝혀졌기 때문에 가능했던 일이다.

일시적으로 성공한 것처럼 보였던 탈세뇌가 허무하게 무너진 것은 디프로그래밍 기법이 지닌 결함에 의한 필연적인 결과라고 할 수 있다. 양가감정의 한쪽을 압살하려고 해도 그렇게 되지 않는 것이 인간의 마음이다. 일단 한쪽 마음이 승리를 거두더라도 양가적인 마음을 충분히 인식하고 극복하지 않으면 간단히 뒤집힌다.

이 단계에서는 오히려 상반되는 마음을 당연한 일로 받아들인 상태에서 각각의 마음이 지금은 어느 정도인지를 묻고, 두 마음에 대해 모두 말하게 해야 한다.

이런 작업을 되풀이하면 서서히 상반된 마음의 근저에 무엇이 있는지 보이게 된다. 자신이 무엇에 이끌리고 무엇에 속박되고 있는가, 자신이 무엇에 지배되고 있는가 하는 점이 점점 분명해진다.

가령 각성제 의존증에 걸린 한 여성은 각성제를 즐겼던 이유로서 각성제가 주는 쾌감뿐 아니라 약물을 함께 하는 동료들을 배신할 수가 없었기 때문이라고 털어놓았다.

또한 조직폭력배 남성에게 지배당하던 여성은 매를 맞아도 헤어질 수 없었던 이유로 그 남성이 속삭여주는 사랑의 말에 속박되었기 때문이라고 말했다. 심한 폭력에 시달려도 그 말을 떠올리면 이렇게 나를 사랑해주는 사람은 이 세상에 없을 것이라는 생각이 들었다고 한다.

이런 사실을 마음속에 숨기고 있는 한 지배력은 좀처럼 약해지지 않는다.

하지만 이상하게도 일단 그런 일을 입 밖에 내놓으면 자신을 얽매는 마음의 정체를 알게 되고 차츰 지배력이 약해진다. 인간은 정체를 자각하지 못하면 지배되기 쉽다. 하지만 일단 정체를 알게 되면 점차 제어할 수 있게 된다.

의존하는 마음의 밑바닥에 자리 잡고 있는 것은 대부분 비슷하다. 애정이나 관계를 추구하는 마음과 자신의 존재나 가치를 인정받고 싶은 마음이다. 관계와 자신의 가치에 대한 욕구. 이것은 사회적이자 형이상학적 동물인 인간의 2대 욕구라고 할 수 있다.

현실 사회 속에서 관계와 자신의 가치에 대한 욕구가 제대로 충족되지 않았을 때, 그 욕구를 채워주는 존재에게 빠질 수 있는 위험이 높아진다.

컬트 교단은 크게 두 가지로 나뉜다. 하나는 가족이나 사랑과 같은 관계를 중시하는 단체이고, 다른 하나는 수행이나 기도로 보통 사람을 넘어서는 힘을 갖추는 데 중점을 두는 단체이다. 대승불교는 전자의 경향이 강하고, 소승불교는 후자의 요소가 강하다. 전자는 대중적이며 서민적인 종교이며 후자는 엘리트 지향적인 종교라고 할 수 있다.

이런 모습 속에는 인간의 2대 욕구, 즉 '관계에 대한 욕구'와 '자기 가치에 대한 욕구'가 반영되어 있다.

유대감과 자기의식의 회복

따라서 컬트 종교든 반사회적 집단이든 약물이든 배우자든, 의존적 관계에서 탈출해서 자립을 이루기 위해서는 원래 있어야 할 관계를 회복하고 자신의 가치를 더욱 건전한 형태로 되찾아야 한다.

그러기 위해서는 가족 간의 관계가 회복되고 신뢰할 수 있는 존재와 긍정적인 관계를 확립해야 한다.

디프로그래밍이 임무를 맡은 사람들을 중심으로 이루어지고 의뢰한 가족이 전면에 나서지 않는 것과는 대조적으로 엑시트 카운슬링은 오히려 가족이 적극적으로 개입하고 신뢰 관계를 되찾으려고 한다. 이것은 어떤 의존 관계이든 거기에서 벗어나게 할 때 명심해야 할 사항이다.

실제 컬트 교단에서 빠져나올 때뿐만 아니라 반사회적인 집단과 관계를 청산할 때나 약물 의존 상태에서 벗어날 때 가족 간의 관계가 얼마나 안정되게 변화하느냐가 무엇보다도 중요하다. 요컨대 애착 관계가 안정되고, 그 사람에게 안전기지가 되는 존재가 확실한 마음의 의지처로서 기능해야 하는 것이다. 왜냐하면 불안정한 애착 관계밖에 갖지 못한 결과 안전기지의 대용으로서 약물이나 컬트 종교에 의존하게 되기 때문이다.

다른 세계로 들어간 아이를 부정하고 비난만 하면 한층 깊은 골을 만들기만 할 뿐이다.

가족이 감정대로 행동하면 더욱더 관계가 악화되고 본인은 매달리던 곳에 계속 매달려 있을 수밖에 없다. 이런 상황일 때 어떻게 대응 하느냐가 승패를 가른다.

제3자가 개입해서 가족에게 조언을 해주어야 한다. 본인의 주장이나 마음을 가족이 받아들이는 것이 출발점이 된다. 그다음에 가족이 느꼈던 점이나 걱정되는 일을 이성적으로 침착하게 전달한다. 그리고 무엇보다도 가족으로서 변함없는 애정을 보여주고, 어떤 상황이 되어도 가족에게 본인이 가장 소중한 존재라는 점을 말해준다.

가족이 이런 점에 주의해서 대하기만 해도 극적인 변화가 일어나는 경우가 많다. 이런 기회를 적당한 간격을 두고 반복하면 금세 신뢰 관계를 되찾고, 동시에 지금까지 의존하던 대상에 대한 마음은 희미해져간다.

이와 같이 가족의 이해나 지지를 얻을 수 있으면 원래의 상태로 회복되기가 쉽다. 하지만 세상에는 그런 행운을 가진 사람만 있는 것은 아니다. 의지할 수 있는 가족이 없거나 가족이 심리 조작의 원흉이 되어 있는 경우도 수두룩하다. 부모가 컬트 교단에 빠져서 아이가 휘말려 들어가거나, 또는 부모가 조직폭력배이거나 약물 의존증인 경우도 있다.

이때 원래의 상태로 회복되기 위해서는 일단 부모에게서 떨어져야 한다. 하지만 대체로 부모와 자식이 서로 의존하거나 지배·피지배의 관계에 있는 경우가 많기 때문에 떨어지기가 어렵다.

부모 없이 살아갈 수 있는 환경을 갖추고 스스로 노력해서 자립하여 살아갈 수 있는 용기를 갖추든지, 부모의 곁을 지키면서 부모를 회복시키면서 살아가야 한다.

관계 회복과 더불어 또 하나 필요한 것은 자신의 가치를 회복하는 것이다. 의존하던 세계에서 벗어나 자신의 가치를 높여야 한다. 지적 능력을 향상시키고 기술을 익혀 사회에 필요한 사람이 되어야 한다.

가령 폭력적인 남편에게서 도망쳐 나온 여성이라면 활기를 되찾기 위해 자격증을 따고 직업을 구해서 경제적으로 자립할 수 있어야 한다. 어느 여성의 경우 전업주부로서 남편에게 경제적으로 의존하며 살았는데, 남편의 폭력이 갈수록 심해지자 가정 폭력 긴급 피난처로 도망쳤다. 그 뒤 그녀는 홈헬퍼 자격증을 취득해서 일하게 되었으며 이윽고 방을 구해 자립했다. 항상 어두웠던 표정이 딴사람처럼 밝아졌으며 하루하루를 즐겁게 보내고 있다.

컬트 종교나 반사회적 집단에 의존하고 있는 사람은 이제 외부 세계에서는 살아갈 수 없다는 생각을 갖고 있는 경우가 많다. 퇴폐업소에 몸담고 살아가고 있는 사람들에게서도 그런 경향이 보인다.

원래 능력이 있던 사람이라도 좁은 세계에서 살아가다 보면 다른 세계에 적응할 자신감도 용기도 잃어버리게 된다. 직업 훈련이나 자격 취득과 같은 이야기를 슬그머니 꺼내어 바깥 세계에서 살아가는 일이 가능하다는 사실을 알려주는 것이 제1단계다. 가슴속에서 변하고 싶다는 마음이 싹트면 스스로 그런 이야기를 꺼내게 된다. 그리고 목표가 생기면 그 목표를 향해서 구체적인 준비를 할 수 있도록 도와준다. 향상된 점을 높이 평가해주고 지금 열심히 하는 일이 앞으로 인생에서 큰 도움이 될 것이라는 사실을 틈틈이 일깨워주며 격려해준다.

심리 조작 문제는 결국 자립과 의존의 문제로 귀결된다. 얼마나 주체적으로 살아갈 수 있느냐가 핵심인 것이다.

스스로 선택했다고 말할 수 있는 삶을 살고 있는가

《심리 조작의 비밀》은 분게슌주文藝春秋 출판사의 안도 이즈미 씨의 전화를 계기로 쓰게 되었다. 그때가 아마 2012년 5월이었을 것이다. 당시 한 여배우가 오랫동안 정규방송에 펑크를 낸 끝에 결국 하차했고 완전히 딴사람이 되었다. 어떤 점쟁이에게 심리 조작을 받았기 때문이라는 의혹이 제기되었고, 그 일로 사회가 떠들썩했다. TV를 잘 보지 않는 나도 그 사건은 들어 알고 있었지만 딱히 흥미는 없었다. 당시 나는 심리 조작이 왠지 퇴색된 과거의 유물이라는 생각이 들었기 때문이다.

심리 조작이 그 이전에 화제가 됐던 것은 옴진리교 사건이 일어나고, 그 실태가 드러나기 시작했을 때였다. 당시에는 유행어가 될 정도로 심리 조작이란 말이 사람들 입에 오르내렸다.

지금 생각해보면 당시 일본은 세계 제2위의 GDP와 높은 무역

흑자를 자랑하는 흔들리지 않는 경제대국이었고, 거품경제의 여운도 진하게 남아 있었다.

그로부터 십수 년 동안 일본은 계속 몰락해갔으며 상황은 크게 달라졌다. 그리고 중국에게 GDP 세계 2위의 자리를 내주었다는 뉴스가 전달된 직후 동일본 대지진과 후쿠시마 원자력발전소 사고가 일어났다.

미증유의 피해와 방사능 오염에 대한 공포, 전력 부족과 경제의 대혼란 속에 일본은 단숨에 무역적자국으로 전락했다. 상대의 약점을 파고들듯이 센카쿠 열도를 둘러싼 영토 문제가 발생하고 국가의 앞날은 갈수록 위태로워졌다. 주간지 제목에는 '전쟁'이라는 말까지 나오기 시작했다.

이렇게 내우외환의 국난을 겪고 있었기에 한 연예인의 몸에 일어난 일은 물론 국민들 개개인의 심리 상태를 살펴볼 여유조차 없었다. 나라가 망하기 시작했다며 모두가 불안과 공포에 떨고 어지럽게 돌아다니는 정보에 우왕좌왕했다. 흑이냐 백이냐는 단순화된 사고에 빠지고 히스테릭한 과잉 반응을 보였다. 냉정하고 조용한 사람보다 확신을 갖고 희망을 약속해주는 존재에게 매달렸다.

나도 이런 사회적인 분위기를 피부로 느꼈기 때문에 심리 조작이란 말조차 평화롭고 풍요로운 시대의 유물 같은 느낌이 들었다. '이런 시대에 왜 이런 주제를?'이라고 의아스럽게 생각하며, 처음에는 탐탁지 않은 마음으로 관련 서적을 들춰보았는데, 그러던 중에 내 생각이 잘못되었다는 사실을 깨닫게 되었다. 진부하기는커녕 모두가 마음의 문제를 살펴볼 수 없는 지금 이런 상황이기에 더욱 심리 조작이라는 주제가 중요하다는 생각을 갖게 되었다. 무엇보다도 거대한 형태로 심리 조작이 일어나는 것은 대부분의 사람들이 미래에 대한 희망을 잃었을 때다.

이 책을 다 읽은 사람은 이 말의 의미를 알 수 있을 터이다. 사람들이 스스로 생각할 여유를 잃고 수동적으로 남의 주장을 그대로 따라하고 그것을 자신의 의사라고 착각하게 될 때, 전체주의의 망령이 사람들의 마음을 사로잡고 배타주의와 전쟁으로 내달리게 된다. 또한 흑이냐 백이냐 결말을 지으려는 결벽성이 심해지고 독선적인 과잉 반응이 일어나기 쉬워진다.

심리 조작이란 주제는 현대인에게 자신의 운명을 스스로 선택하려는 주체성이 있는가를 묻고 있다. 정보가 홍수를 이루고 현실감이 희박한 불균형적인 상황 속에서 살아가는 우리가 과연 스스로 선택했다고 말할 수 있는 삶을 살아갈 수 있는가? 외부에서 들어오는 정보나 공기를 그대로 받아들이는 것이 아니라 자신의 머리로 생각하고, 체험만이 아니라 과거의 역사에 비춰보아서 판단하고, 냉철하게 행동할 수 있는가? 요즘 들어 이런 물음이 한층 중요하다는 생각이 든다.

끝으로 이 책을 집필할 기회를 준 분게순주 편집부의 안도 이즈미 씨에게 감사의 뜻을 표한다.

이 책을 출간하고 나서 3년 남짓 시간이 지났다. 하지만 후반부에 언급한 상황은 전혀 바뀌지 않았을 뿐만 아니라 한층 심각해지고 있는 듯이 보인다. 오히려 문제가 국제화되고 세계적으로 더 영향을 미치게 되었다.

잊어서는 안 되는 것은 심리 조작은 테러리스트와 같은 언뜻 보기에도 위험한 집단의 전매특허가 아니라는 점이다. 상냥한 얼굴을 하고 당신에게 봉사하는 존재로서 어느 결에 당신의 마음속으로 들어와서 당신을 조종하는 수단으로서 활용되고 있다는 것을 마음에 깊이 새겨두어야 한다.

개인이 주체적으로 책임 있는 선택을 하는 것이 더욱더 어려워지는 시대가 되었다. 범람하는 정보의 바다에 삼켜지지 않기 위해서는 항상 자신의 머리로 생각하는 습관을 지니고, 더불어 자신에게 안전 기지가 되는 존재들을 소중히 할 필요가 있다. 방어를 단단히 하고 경계태세를 강화하면 아무 문제가 없다고 장담할 수 없다. 환상의 적과 싸우지 않기 위해서는 불안에 쫓겨 과잉반응하지 않는 것도 중요하다.

오카다 다카시 岡田尊司

심리 조작의 비밀

초판 1쇄 발행 2016년 11월 3일
초판 10쇄 발행 2024년 5월 27일

지은이 오카다 다카시
옮긴이 황선종
발행인 김형보
편집 최윤경, 강태영, 임재희, 홍민기, 강민영, 송현주
마케팅 이연실, 이다영, 송신아 **디자인** 송은비 **경영지원** 최윤영

발행처 어크로스출판그룹(주)
출판신고 2018년 12월 20일 제 2018-000339호
주소 서울시 마포구 동교로 109-6
전화 070-8724-0876(편집) 070-8724-5877(영업) **팩스** 02-6085-7676
이메일 across@acrossbook.com **홈페이지** www.acrossbook.com

한국어판 출판권 ⓒ 어크로스출판그룹(주) 2016

ISBN 979-11-6056-001-5 03190

만든 사람들
편집 김수경 **디자인** 여상우 **조판** 성인기획